MÉNAGE ET FINANCES

DE VOLTAIRE

OUVRAGES DU MÊME AUTEUR :

Études sur les Grands Hommes. 1 vol. in-8º . . . 5 fr. »

Ménages et Finances de Voltaire. 1 vol. in-8º (*Épuisé*)

Histoire de la Table. Curiosités gastronomiques de tous les temps et de tous les pays. 1 vol. grand in-18. . . . . 3 fr. 50

Journal de Louis XVI. 1 vol. grand in-18, papier vergé. . . . . 5 fr. »

Les Cours et les Salons au dix-huitième siècle. 1 vol. grand in-18 . . . . 3 fr. 50

La Confession de Sainte-Beuve. 1 vol. grand in-18. 3 fr. 50

L'Impeccable Théophile Gautier et les Sacrilèges romantiques. Brochure. . . . . 2 fr. »

La Fontaine et la Comédie humaine, suivi du Langage des Animaux. 1 vol. in-18 . . . . 3 fr. 50

MÉNAGE ET FINANCES

DE VOLTAIRE

PAR

LOUIS NICOLARDOT

NOUVELLE ÉDITION

> Pour qu'un homme soit un coquin, il faut qu'il soit un grand personnage, il n'appartient pas à tout le monde d'être fripon.
> VOLTAIRE.

DEUXIÈME VOLUME

PARIS.
DENTU ET Cⁱᵉ, ÉDITEURS
PALAIS-ROYAL, 15-17-19, GALERIE D'ORLÉANS
—
1887

MÉNAGE ET FINANCES
DE VOLTAIRE

CHAPITRE QUATRIÈME (suite)

HISTOIRE DES LIBÉRALITÉS DE VOLTAIRE.

III. — *Voltaire et la famille Corneille.*

Parlons maintenant de Mlle Corneille, que Voltaire regardait comme sa fille adoptive, suivant sa lettre, du 1er mars 1768, au duc de Richelieu, et qu'il appelait sa fille, dans une autre lettre, du 10 mai 1764, à Cideville.

Cette adoption a été, de toutes les actions de Voltaire, celle qui a eu le plus de retentissement. Les philosophes la vantèrent comme le *nec plus ultrà* de la générosité de leur parti et maudirent quiconque ne partageait pas leur engouement. Aussi Dalembert disait-il, le 12 février 1763, à Voltaire, que, dans l'épitaphe de l'auteur de *la Henriade*, on devrait un jour lire ces mots : « Il maria la nièce du grand Corneille. » De son côté, Grimm s'écriait dans sa *Correspondance littéraire*, de mai 1764 : « La postérité consacrera avec une sorte d'admiration la mémoire des bienfaits de M. de Voltaire envers le seul rejeton de la race d'un grand homme. Si M. de Voltaire a compté obtenir de ses contemporains la justice que la postérité lui rendra, à cet égard, au centuple, il s'est bien trompé. Trop de cœurs sont infectés du poison de l'envie, et nous ne serons jamais équitables qu'envers ceux que le temps, ou la distance des lieux, a assez éloignés de nous pour que nous ne soyons pas blessés de leur supériorité. Que je hais ces âmes de boue, remplies d'une basse jalousie, qui s'applaudissent, et croient avoir remporté un triomphe, lorsqu'elles pensent attribuer une action généreuse ou honnête à quelque sentiment bas, à quelque vil motif!. Eh! la vanité elle-même ne cesse-t-elle pas d'être blâmable, ne s'anoblit-elle pas, lorsqu'elle se porte sur des objets louables, et qu'elle se borne à nous faire faire des actions grandes et honnêtes? Mais rien ne peut désarmer l'envie, et il faut que son souffle impur flétrisse tout ce qu'il peut atteindre, jusqu'à ce que la main du temps ait passé sur ce qu'il a terni, et rendu à la vertu et à la vérité son éclat naturel. Alors les yeux se dessillent; les esprits fascinés s'éclipsent; une nouvelle génération se porte à admirer avec enthousiasme celui qui a été l'objet de la calomnie. O Athéniens, vous n'êtes que des enfants; mais vous êtes quelquefois de cruels et de sots enfants! »

Fréron écrivait, en 1760, dans son *Année littéraire*: « Vous ne sauriez croire le bruit que fait dans le monde cette générosité de M. de Voltaire. On en a parlé dans les gazettes, dans les journaux, dans tous les papiers publics; et je suis persuadé que ces annonces fastueuses font beaucoup de peine à ce poète modeste, qui sait que le principal mérite des actions louables est d'être tenues secrètes. *Il semble d'ailleurs par cet éclat que M. de Voltaire n'est point accoutumé à donner de pareilles preuves de son bon cœur, et que c'est la chose du monde la plus extraordinaire que de le voir jeter un regard de sensibilité sur une jeune infortunée.* »

M. Bungener (1) apprécie ainsi cette action de Voltaire : « Est-ce à dire qu'aucun instinct généreux n'aura part à ce qu'il va faire pour l'héritière d'un tel nom? Il serait pénible de le penser, et rien heureusement ne nous y force. Voltaire était capable de sentiments élevés ; mais il a fait tant de bruit autour de cette bonne œuvre, *il y a si manifestement cherché et trouvé son profit, qu'on aurait de la peine à définir ce qu'il y resta de beau.* »

La remarque de Fréron était trop juste et trop spirituelle pour être oubliée ; c'était l'épigramme la plus sanglante qui pût frapper de mort une action pharisaïque. Voltaire n'y répondit que par des injures, suivant son habitude. Grimm n'y opposa que le mépris et la grossièreté, à défaut d'autre raison. Voyons si la correspondance de Voltaire nous autorisera à confirmer le jugement de M. Bungener.

C'était en 1760. « M. Titon du Tillet, ancien maître d'hôtel ordinaire de la reine, âgé de quatre-vingt-cinq ans, avait élevé Mlle Corneille chez lui, lit-on dans le *Commentaire historique* ; mais, voyant dépérir son bien, il ne pouvait plus rien faire pour elle. Il imagina que

---

(1) *Voltaire et son temps.* Paris, chez Cherbuliez. In-18, t. I, p. 320.

M. de Voltaire pourrait se charger d'une demoiselle d'un nom si respectable, qui, étant absolument sans fortune, était abandonnée de tout le monde. M. Dumolard, membre de plusieurs académies, connu par une dissertation savante et judicieuse sur les tragédies d'*Électre* ancienne et moderne, et M. Le Brun, secrétaire du prince de Conti, se joignirent à lui et écrivirent à M. de Voltaire. » Aussi, le 1ᵉʳ novembre, celui-ci mandait-il à d'Argental : « Voudriez-vous avoir la charité de vous informer s'il est vrai qu'il y ait une mademoiselle Corneille, petite-fille du grand Corneille, âgée de seize ans ? Elle est, dit-on, depuis plusieurs mois à l'abbaye de Saint-Antoine. Cette abbaye est assez riche pour entretenir noblement la nièce de Chimène et d'Émilie ; cependant on dit qu'elle manque de tout, et qu'elle n'en dit mot. Comment pourriez-vous faire pour avoir des informations de ce fait, qui doit intéresser tous les imitateurs de son grand-père, bons ou mauvais ? »

Dans ces passages, il n'était question que d'une jeune fille. Était-elle orpheline ? Non. Ses parents étaient plongés dans la plus affreuse misère. Dès qu'ils le surent, raconte Collé (t. II, p. 329), les comédiens avaient donné, le 10 mars, une représentation de *Rodogune* à leur profit, leur avaient abandonné leur propre bénéfice, et même avaient obtenu pour eux la part réservée aux pauvres. Cette pièce avait produit une recette de 5,500 livres, chose inouïe, car jusque-là il n'y en avait pas eu de plus de 3,800. Acteurs et spectateurs avaient brûlé d'envie de secourir une famille malheureuse. Quant aux philosophes, ils ne s'occupèrent que de l'enfant.

C'était pour elle que Le Brun avait composé une *Ode*

de vingt-six strophes de chacune six vers, qu'il adressa à Voltaire. Il l'avait trop travaillée, et la croyait trop sublime, pour se résigner à ne pas la publier, dans le cas où elle n'aurait produit aucun effet. Sans cette sommation poétique, Voltaire aurait-il songé à adopter Mlle Corneille? Il est permis d'en douter, car il n'y a pas d'apparence que, depuis le 10 mars, il ait ignoré l'état si malheureux dans lequel gémissaient les descendants de l'illustre tragique, et il n'avait rien fait pour elle. Mis en demeure de s'exécuter, il répondit, le 7 novembre, à Le Brun : « Il convient assez qu'un vieux soldat du grand Corneille tâche d'être utile à la petite-fille de son général. Quand on bâtit des châteaux (un) et des églises (une) et qu'on a des parents pauvres à soutenir (ils étaient tous riches, et très riches), il ne reste guère de quoi faire ce qu'on voudrait pour une personne qui ne doit être secourue que par les plus grands du royaume. Si la personne dont vous me parlez, et que vous connaissez sans doute, voulait accepter auprès de ma nièce l'éducation la plus honnête, elle en aurait soin comme de sa fille, je chercherais à lui servir de père. Si cela convient, je suis à ses ordres, et j'espère avoir à vous remercier, jusqu'au dernier jour de ma vie, de m'avoir procuré l'honneur de faire ce que devait faire M. de Fontenelle. » D'Argental avait sans doute répondu à la lettre de Voltaire. Ces informations n'étaient pas satisfaisantes. « On me mande, écrit Voltaire, le 19 novembre, à Thieriot, que la Corneille en question descend de Thomas, et non de Pierre ; en ce cas, elle aurait moins de droits aux empressements du public. J'avais imaginé de la donner pour compagne à Mme Denis, *nous aurions joué ensemble le Cid et Cinna,* et nous aurions pourvu à son éducation comme à sa subsistance. Mandez-moi ce que vous aurez appris d'elle, et je verrai, comme je l'ai mandé à M. Le Brun, ce qu'un *pauvre soldat peut faire pour la fille de son général.* »

Voltaire ne pouvait pas retirer sa parole. Aussi le 22, annonçait-il à Le Brun qu'il était déterminé à faire tout ce qu'il pourrait pour Mlle Corneille; il le priait de la lui envoyer. Le même jour, il engageait la jeune fille à se rendre incessamment à Ferney.

Le Brun craignit de perdre le mérite de son exploit littéraire; il se hâta de publier son *Ode* et la *Réponse de Voltaire à cette ode.* Et Voltaire de lui écrire, le 9 décembre : « Il est triste que votre libraire ait mis le titre de Genève à votre *Ode,* à votre lettre et à ma réponse. Je vous supplie très instamment de faire ôter ce titre de Genève. Votre ode doit être imprimée hautement à Paris; c'est dans l'endroit où vous avez vaincu que vous devez chanter le *Te Deum.* » Le Brun dut tressaillir d'allégresse à cette dernière phrase; mais le même jour, et peut-être à la même heure, Voltaire avait envoyé cette lettre à d'Argental. « J'attends *Rodogune* (Mlle Corneille). Je n'avais imploré les bontés de Mme d'Argental dans cette affaire que pour lui témoigner mon respect, et pour mettre *Rodogune* sous une *protection plus honnête que celle de Le Brun,* quoique M. Le Brun soit fort honnête. Je remercie tendrement M. comme Mme d'Argental de toutes leurs bontés pour *Rodogune.* »
Le 26 novembre, il avait écrit à Mme d'Argental : « Parlons Corneille. Je suis bien fâché que cette demoiselle ne descende pas en droite ligne du père de *Cinna ;* mais

son nom suffit, et la chose paraît décente. Vous avez vu cette demoiselle, c'est à vous qu'on s'adresse quand Voltaire est sur le tapis. Connaissez-vous *un Le Brun*, un secrétaire de M. le prince de Conti? C'est lui qui m'a *encorneillé*; il m'a adressé une *Ode* au nom de Pierre. C'est à lui que j'ai dit : envoyez-la moi. *Mais il vaudrait mieux que ce fût M*^{me} *d'Argental qui daignât arranger les choses; cela serait plus honorable pour Pierre, pour M*^{lle} *Corneille et pour moi*; mais je n'ai pas le front d'abuser à ce point des bontés dont on m'honore. Cependant, je le répète, il convient que Mme d'Argental soit la protectrice. Tout ce qu'elle fera sera bien fait. Nous lui donnerons des maîtres, et dans six mois elle jouera *Chimène*. » Ainsi, du 26 novembre au 9 décembre, Voltaire n'avait pas changé d'opinion. Tout le monde savait qu'il n'avait agi qu'à l'instigation de Le Brun ; il en convenait : il le lui rappela encore le 6 avril 1761, mais il rougit d'être en relations avec un poète, avec un soldat du même régiment que lui. N'était-ce pas avouer qu'il se serait bien passé de son ode ?

Mlle Corneille était attendue à Ferney. On l'arracha à l'*horreur* d'un couvent (1). Pour la dédommager, on lui chercha un précepteur au meilleur marché possible, comme nous l'avons vu. Il était temps de s'occuper de son éducation. Elle était née le 22 avril 1742. Son père, malheureusement réduit à l'indigence, n'avait pas eu de quoi lui donner les commencements de la plus simple éducation. Elle avait appris un peu à lire et à écrire d'elle-même, dans ses moments de loisir (2);

---

(1) Lettre à Dalembert, du 25 février 1762.
(2) Lettre à de Brenles, du 16 décembre 1760.

mais elle était accoutumée au travail, car elle avait nourri longtemps son père et sa mère du travail de ses petites mains (1). Le jour de Noël, Voltaire la mena à la messe de minuit (2). Dans la journée, il écrivit à son père : « Mademoiselle votre fille me paraît digne de son nom par ses sentiments. Nous lui trouvons de très bonnes qualités et point de défauts. Elle témoigne la plus grande envie d'apprendre tout ce qui convient au nom qu'elle porte. On ne peut être mieux née. Je vous félicite de l'avoir pour fille, et vous remercie de me l'avoir donnée. » Voltaire se fit précepteur. Dans une lettre, du 15 janvier 1761, à M. Dumolard, il racontait ainsi la vie de sa jeune pupille : « Le cœur paraît excellent, et nous avons tout sujet d'espérer que, si nous n'en faisons pas une savante, elle deviendra une personne très aimable, qui aura toutes les vertus, les grâces et le naturel qui font le charme de la société. Le premier soin doit être de lui faire parler sa langue avec simplicité et avec noblesse. Nous la faisons écrire tous les jours : elle m'envoie un petit billet, et je le corrige. Elles me rend compte de ses lectures. Il n'est pas encore temps de lui donner des maîtres; elle n'en a point d'autres que ma nièce et moi. Nous ne lui laissons passer ni mauvais termes ni prononciations vicieuses; l'usage amène tout. Nous n'oublions pas les petits ouvrages de la main. Il y a des heures pour la lecture, des heures pour les tapisseries de petit point. Je ne dois point omettre que je la conduis moi-même à la messe de pa-

---

(1) Lettre à Damilaville, du 24 janvier 1763.
(2) Lettre à Albergati Capacelli, du 23 décembre 1760.

roisse. Nous devons l'exemple, et nous le donnons. »
La demoiselle profita de toutes ces leçons; elle dut faire
de rapides progrès, car on la donna pour une personne
bien élevée (1). Il était temps de l'exploiter, et de tirer
d'elle tout le parti qu'on devait espérer. On la vanta
comme une actrice (2) et même une bonne actrice (3),
jouant la comédie très joliment (4), surtout les sou-
brettes (5), se surpassant dans Colette (6); en un mot,
s'acquittant des rôles de son âge avec une voix flexible,
harmonieuse et tendre, excitant l'hilarité de tout le
parterre, et promettant une Dangeville (7). Chaque fois
qu'il parlait d'elle, Voltaire la citait comme une merveille, digne de tout ce qui était à lui ou chez lui, comme
nous savons. Il est vrai que maintes fois il se souvenait
qu'elle n'était rien à Pierre Corneille, ni rien moins
que la petite-fille du grand Corneille (8); il se repentait
peut-être d'avoir été la dupe d'une ode, et d'avoir laissé
surprendre sa religion sur la généalogie de la petite.
C'est alors qu'oubliant le respect dû à l'infortune et au
sexe, il traitait Mlle Corneille de chiffon d'enfant (9);
il l'appelait habituellement Cornélie-Chiffon (10). En
avril 1768, Grimm lui-même ne vit en elle qu'une
maussade personne.

(1) Lettre à Dalembert, du 25 février 1762.
(2) Lettre à Cideville, du 24 mai 1762.
(3) Lettre à Duclos, du 23 avril 1762.
(4) Lettre à Dalembert, du 1er novembre 1762.
(5) Lettre à Mme du Deffand, du 14 février 1762.
(6) Lettre à d'Argental, du 10 novembre 1762.
(7) Lettre à Cideville, du 20 décembre 1761.
(8) Lettre à d'Argental, du 9 mars 1763.
(9) Lettre à Cideville, du 26 janvier 1763.
(10) Lettre à d'Argental, du 17 décembre 1761.

1.

Bientôt un jeune homme, du nom de Dupuits, recher-cha la main de Mlle Corneille. Il possédait 8,000 livres de rente environ (1). Voltaire le savait, mais comme pour lui tout nombre qui ne finissait pas par un 5 ou un 0 était une expression malsonnante, de ces 8,000 livres de rente il fit 10,000 juste, et ne parla plus que de 10,000 livres de rente (2). Il agréa le prétendant et envoya ce signalement à ses amis : « Nous marions Mlle Corneille à M. Dupuits, jeune homme plein de mérite, cornette de dragons dans le régiment de M. le duc de Chevreuse, gouverneur de Paris (3). Cornette de dragons d'environ vingt-trois ans et demi, d'une figure très agréable, de mœurs charmantes qui n'ont rien du dragon (4). Amoureux, aimé, assez riche (5). Il possède un fonds de terre à la porte de notre château (6). Il est mon plus proche voisin (7). Ses terres touchent aux miennes (8). C'est un de nos adeptes, car il a du bon sens (9). Nous sommes d'accord, et en un mot, et sans discussion, comme on arrange une partie de souper. Je garderai chez moi futur et future (10). Ce Dupuits est un orphelin. Nous logeons chez nous l'orphelin et l'orpheline (11). *Nous jouerons tous la*

(1) Lettre à Cideville, du 26 janvier 1763.
(2) Lettres à Damilaville, du 24, et à Le Brun, du 26 janvier 1763.
(3) Lettre à Duclos, du 12 février 1763.
(4) Lettre à Cideville, du 26 janvier 1763.
(5) Lettre à d'Argental, du 23 janvier 1763.
(6) Lettre à Cideville, du 26 janvier 1763.
(7) Lettre au marquis de Chauvelin, du 13 février 1763.
(8) Lettre à Duclos, du 12 février 1763.
(9) Lettre à d'Argence de Dirac, du 2 mars 1763.
(10) Lettre à d'Argental, du 23 janvier 1763.
(11) Lettre à Cideville, du 26 janvier 1763.

comédie (1). C'est un établissement avantageux (2).

Qu'allait apporter la jeune fille ? « Je ne peux laisser à Mlle Corneille qu'un bien assez médiocre, avait dit Voltaire à Duclos, le 1er mai 1761 ; ce *que je dois à ma famille* ne me permet pas d'autres arrangements. » Il se décida à favoriser sa pupille, afin de la marier plus convenablement. Il lui avait déjà assuré quatorze cents livres de rente, mais de rente viagère (3), laquelle ne commencerait, j'imagine, à être payée que quand il serait mort, suivant sa façon de tourner les clauses de ses constitutions. Grâce à son affection pour les nombres décimaux, il convertit ces quatorze cents livres en quinze cents livres environ (4). A cela il joignit une dot honnête (5).

En quoi consistait cette dot honnête, c'est ce qu'il mande, le 16 décembre 1762, dans cette lettre à d'Argental : « Je n'ai presque à donner à Mlle Corneille que les vingt mille francs que j'ai prêtés à M. de La Marche, qui devraient être hypothéqués sur la terre de La Marche, et sur lesquels M. de La Marche devrait s'être mis en règle depuis un an ; au lieu que je n'ai pas même de lui un billet qui soit valable. » Il profita de cette occasion pour rappeler son débiteur à l'ordre. Le 18 décembre 1762, il lui écrivait : « Je suis sur le point de marier la nièce de Corneille, et je ne la marie

---

(1) Lettre à Lekain, du 27 janvier 1763.
(2) Lettre à Duclos, du 12 février 1763.
(3) Lettre à d'Argental, du 16 décembre 1762.
(4) Lettres à Le Brun, de mai 1761, et à d'Argental, du 14 septembre 1762.
(5) Lettres à M. de Ruffey, du 14, et à Le Brun, du 25 janvier 1763.

pas avec la raison sans dot : outre ce que je lui ai déjà assuré, il faut lui donner vingt mille francs, et je n'ai presque point de bien libre. J'ai compté que ces vingt mille francs seraient hypothéqués sur la terre de La Marche. Vous deviendriez avec moi le bienfaiteur de Mlle Corneille; vous me ferez donc un plaisir extrême de m'envoyer une procuration en blanc, par laquelle vous donnerez commission et pouvoir de stipuler en votre nom la reconnaissance d'une somme de vingt mille livres à vous prêtée par moi au pays de Gex, le 13 septembre 1761, portant intérêt de mille livres, et hypothéquée sur la terre libre de la Marche. » Le 12 février 1763, il lui disait encore : « Nous avons signé le contrat de mariage ; j'ai usé de la permission que vous m'avez donnée d'assigner à Mlle Corneille, désormais Mme Dupuits, vingt mille livres sur la plus belle terre de Bourgogne. Comme il faut que je fasse apparoir et que j'annexe au contrat que ces vingt mille livres m'appartiennent, j'ai recours à vos bontés. » Ainsi pour Mlle Corneille, comme pour ses nièces et ses neveux, Voltaire a toujours soin de faire intervenir un tiers dans ses contrats, afin que personne n'en ignore. Il ne se dessaisit pas de capitaux, comme il le pourrait, mais il se contente de subroger ses obligés en son lieu et place.

Néanmoins Condorcet a dit : « Voltaire porta même la délicatesse jusqu'à ne pas souffrir que l'établissement de Mlle Corneille parût un de ses bienfaits; il voulut qu'elle le dût aux ouvrages de son oncle. Il en entreprit une édition avec des notes. » Rien de plus ingénieu que cette phrase ; c'est dommage qu'il y manque une chose essentielle, la vérité. Comment en effet attribuer à un pur sentiment de délicatesse une action qui désintéressait si complètement Voltaire et lui procurait une gloire extraordinaire ? Tout le monde savait qu'il avait accueilli une pauvre enfant; il ne pouvait la marier sans que la curiosité publique tâchât de découvrir ce qu'il allait lui donner pour dot.

Depuis longtemps Voltaire désirait commenter Corneille; ses travaux n'auraient peut-être été couronnés d'aucun succès. Mais convertir cette entreprise en acte de bienfaisance devenait une spéculation des plus heureuses. Il rêva donc une souscription; il annonça que le profit servirait à doter la nièce de Corneille. Un tel prospectus devait séduire tout le monde. Voltaire ne déguisa pas les véritables motifs de sa conduite. « Quand j'entrepris le *Commentaire* sur Corneille, écrivait-il, le 22 janvier 1773, à La Harpe, ce ne fut que pour augmenter la dot que je donnais à sa petite-nièce. » Le 1ᵉʳ juillet 1764, il avait déjà mandé à Mᵐᵉ du Deffand : « Je n'ai commencé ce fatras que pour marier Mˡˡᵉ Corneille; *c'est peut-être la seule occasion* où les préjugés aient été bons à quelque chose. » Afin qu'on ne l'accusât pas de n'avoir eu d'autre intention que celle d'exciter les lecteurs à enrichir celle qu'il paraissait avoir adoptée, il apprit que le produit de son ouvrage était destiné à soulager toute la famille Corneille, à laquelle il avait peu songé. Voilà la question d'humanité à exploiter. Vite, Voltaire dit, le 1ᵉʳ mai 1761, à Duclos, secrétaire perpétuel de l'Académie française : « J'ose croire que l'Académie ne me désavouera pas, si je propose de faire cette

édition pour l'avantage du seul homme qui porte aujourd'hui le nom de Corneille; et pour celui de sa fille. Mon idée est que l'on ouvre une simple souscription, sans rien payer d'avance. Je ne doute pas que les plus grands seigneurs du royaume ne s'empressent de souscrire pour quelques exemplaires. Je supplie l'Académie de daigner en accepter la dédicace. Il me paraît que cette entreprise fera quelque honneur à notre siècle et à notre patrie ; on verra que nos gens de lettres ne méritaient pas l'outrage qu'on leur a fait, quand on a osé leur imputer des sentiments peu patriotiques, une philosophie dangereuse, et même de l'indifférence pour l'honneur des arts qu'ils cultivent. »
Le 31 mai 1761, il répète à Mme de Fontaine qu'il s'agit d'accourir au secours des parents comme à celui de leur enfant. Le 2 janvier 1763, même avis à Mme d'Argental : « J'ai toujours bien entendu qu'on ferait, sur le produit, une pension au père et à la mère; et cette pension sera plus ou moins forte, selon la recette. »

Déjà Voltaire était à l'œuvre. Le 25 juin 1761, il écrivait au président Hénault : « Nous travaillons pour le nom de Corneille, pour l'Académie, pour la France. On sera probablement empressé à voir son nom dans la liste des protecteurs de *Cinna* et du grand Corneille. Je me flatte que le roi, protecteur de l'Académie, permettra que son nom soit à la tête des souscripteurs. Je charge votre caractère aussi bienveillant qu'aimable de nous donner la reine. Ce livre restera un monument de la générosité des souscripteurs. » Il tâche d'avoir la souscription du duc d'Orléans par de Foncemagne, et celle des Molé, des Choiseul, des Courteilles, des

Malësherbes, des Meynières (1). A Le Brun il demande celle des Conti et des La Marche (2) ; comme il est bon d'avoir quelques têtes couronnées dans sa manche (3), il s'adresse au comte de Schowalow pour attirer la bienveillance de l'impératrice de Russie sur la pauvreté des Corneille (4). Il n'oublie pas l'électeur palatin (5). Il taxe le duc de Bouillon à six exemplaires (6). Il supplie l'Académie de prendre bien à cœur Pierre Corneille et Marie Corneille (7). Le roi a promis d'acheter deux cents exemplaires ; il faut encore des personnages puissants pour imprimer le programme (8). Voltaire juge à propos de publier la liste de tous les souscripteurs, afin d'exciter l'émulation de tous les hommes opulents et vaniteux. Lui-même y figure pour *cent* exemplaires, quoique, d'après sa lettre, du 26 juin 1761, à M. de La Marche, il ne se fût engagé que pour six. Il amena tous ses correspondants à en accepter plusieurs, selon leur fortune. Jamais éditeur n'avait fait plus de démarches pour le succès d'un ouvrage. Voltaire fut si bien secondé par tous ses amis, qu'il fut obligé d'empêcher un libraire de présenter des billets de souscription à la porte des théâtres et des promenades (9).

Comme on ne payait rien d'avance, et que l'édition.

---

(1) Lettre à d'Argental, du 26 juin 1761.
(2) Lettre à Le Brun, du 28 juin 1761.
(3) Lettre à Mme du Deffand, du 14 février 1762.
(4) Lettre au comte de Schowalow, du 30 juin 1761.
(5) Lettre à Collini, du 7 juillet 1761.
(6) Lettre au duc de Bouillon, du 31 juillet 1761.
(7) Lettre à Duclos, du 13 auguste 1761.
(8) Lettre au même, du 12 juillet 1761.
(9) Lettre à d'Argental, du 15 février 1763.

n'était pas terminée au moment où M. Dupuits recherchait la main de Mlle Corneille, on ne pouvait prévoir à quelle somme s'élèverait le produit des souscriptions (1). Le mariage était avantageux, Voltaire se hâta de le conclure, et de lui donner le plus d'éclat possible. Le 23 janvier 1763, il écrivait à d'Argental : « Je pense qu'il conviendrait que Sa Majesté permît qu'on mît dans le contrat qu'elle donne huit mille livres à Marie, en forme de dot, et pour payement de ses souscriptions. Je tournerais cette clause ; elle me paraît agréable ; cela fait un terrible effet en province : le nom du roi dans un contrat de mariage au mont Jura ! Figurez-vous ! » Trois jours après, il dit à Le Brun : « Il faut que votre nom soit au bas du contrat. Envoyez-moi un ordre par lequel vous me commettrez pour signer en votre nom. » Le 9 février, il mande à Mme d'Argental : « Je vous avertis que le contrat de Marie sera honoré de votre nom ; vous me désavouerez après, si vous voulez. » Le 12 suivant, il envoie cette missive à Duclos : « Je crois qu'il serait honorable pour la littérature que l'Académie daignât m'autoriser à signer pour elle au contrat de mariage. Le nom de Corneille peut mériter cette distinction. Vous me donnerez permission de mettre le nom du secrétaire perpétuel, de la part de l'Académie ; ou bien vous auriez la bonté de m'envoyer les noms de messieurs les Académiciens présents, en m'autorisant à honorer le contrat de leurs signatures. J'attends les ordres de l'Académie, en laissant pour leur exécution une place dans le con-

---

(1) Lettre à d'Argental, du 15 février 1763.

trat. » Le 25 février, même avis au cardinal de Bernis : « Nous n'avons point clos le contrat, et nous vous laissons, comme de raison, la première place parmi les signatures, si vous daignez l'accepter. » Enfin, le *Commentaire historique* fournit ce document : « M. le duc de Choiseul, Mme la duchesse de Grammont (sœur et maîtresse de ce dernier), M^{mo} de Pompadour et plusieurs seigneurs donnèrent pouvoir à M. de Voltaire de signer pour eux au contrat de mariage. *C'est une des plus belles époques de la littérature.* » Prouvons le contraire, en montrant le revers de la médaille.

Le 23 janvier 1763, Voltaire mandait à d'Argental : « Vous savez qu'il faut, je ne sais comment, le consentement des père et mère Corneille. Seriez-vous assez adorable pour les envoyer chercher et leur faire signer : *Nous consentons au mariage de Marie avec M. Dupuits, cornette de la Colonelle-Générale;* ET TOUT EST DIT. » Pourquoi si peu d'égards pour le père qui pouvait empêcher un mariage auquel on intéressait le roi, la cour, l'Académie et les grands ? Parce que cet homme n'était que M. Corneille dans les rues (1), dont la fille ne connaissait pas même la demeure (2). Pendant cinq ans, il n'avait eu d'autre ressource pour lui, sa femme et sa fille, qu'une place de mouleur de bois à 24 francs par mois. Le produit de *Rodogune*, que lui avaient si noblement abandonné les comédiens, n'avait servi qu'à payer des dettes criardes. En 1760, il était employé dans les hôpitaux de l'armée; en 1761, il était facteur de la petite poste de Paris, à 50 livres par mois.

(1) Lettres à d'Argental, des 23 janvier et 6 février 1763. — (2) *Idem.*

Voltaire le savait, comme le prouve sa lettre, du 26 mars 1761, à Le Brun ; mais il ne fit rien pour lui procurer une position plus honorable et plus lucrative. Le 24 mars 1762, il parlait ainsi de lui à Cideville : « Il est déjà venu chez nous, il y revient encore. Nous lui avons donné quelques petites avances sur l'édition. Il va à Paris ; qu'y deviendra-t-il quand il n'aura que son nom ? » Le 2 janvier 1763, il disait à Mme d'Argental qu'il avait déjà donné soixante louis aux époux, probablement sur l'édition tant prônée, ce qui ne le ruinait pas. Mais le consentement du père et de la mère étant nécessaire pour marier Marie, Voltaire crut capter leur bienveillance et les amener à faire toutes ses volontés, au moyen d'un présent. Le 26 janvier, il écrit à d'Argental : « Nous marions donc Mlle Corneille. Il est très juste de faire un petit présent au père et à la mère ; mais, dès que ce père a un louis, il ne l'a plus ; il jette l'argent comme Pierre faisait des vers, très à la hâte. Vous protégez cette famille ; pourriez-vous charger quelqu'un de vos gens de donner à Pierre *le trotteur* vingt-cinq louis à plusieurs fois, afin qu'il ne jetât pas tout en un jour ? Je vous demande bien pardon ; je sais à quel point j'abuse de votre bonté. Il y a plus : vous sentez combien il doit être désagréable à un gentilhomme, à un officier, d'avoir un beau-père facteur de la petite poste dans les rues de Paris. Il serait convenable qu'il se retirât à Évreux avec sa femme, et qu'on lui donnât un entrepôt de tabac ou quelque autre dignité semblable, qui n'exigeât ni une belle écriture, ni l'esprit de *Cinna*. Cet emploi n'aurait lieu, si on voulait, que jusqu'à ce qu'on vît clair dans les souscriptions, et qu'on pût assurer une subsistance honnête au père et à la mère. Personne ici ne sait où demeure le cousin issu de germain des *Horaces* et des *Cinna*. » Trois jours après, il craint d'avoir oublié un conseil important dans cette lettre; il s'empresse d'ajouter : « Vraiment, j'avais oublié de vous supplier d'empêcher François Corneille, père, de venir à la noce. Si c'était l'oncle Pierre, ou même l'oncle Thomas, je le prierais en grande cérémonie ; mais pour François, il n'y a pas moyen. Il est singulier qu'un père soit un trouble-fête dans une noce ; mais la chose est ainsi, comme vous savez. On prétend que la première chose que fera le père, dès qu'il aura reçu quelque argent, sera de venir vite à Ferney. Dieu nous en préserve ! nous nous jetons aux ailes de nos anges, pour qu'ils l'empêchent d'être de la noce. Sa personne, ses propos, son emploi, ne réussiraient pas auprès de la famille dans laquelle entre Mlle Corneille ; M. le duc de Villars, et les autres Français qui seront de la cérémonie, feraient quelques mauvaises plaisanteries. Si je ne consultais que moi, je n'aurais certainement aucune répugnance ; mais tout le monde n'est pas aussi philosophe que votre serviteur, et patriarcalement parlant, je serais fort aise de rendre le père et la mère témoins du bonheur de leur fille. » Le 6 février suivant, il apprend à ce d'Argental qu'il s'efforce, ainsi que le futur Dupuits et Marie, d'arracher aux époux Corneille la signature qu'on attendait, et il continue en ces termes : « Est-il vrai que François Corneille soit aussi têtu qu'imbécile et diamétralement opposé à l'hymen de Marie ? En ce cas, le mieux serait de ne point lâcher les vingt-cinq louis à François qu'il n'eût signé ; et si, par une impertinence imprévue, François refusait d'écrire tout ce qu'il sait, c'est-à-dire d'écrire son nom, alors François de Voltaire, *qui est la justice même, le laisserait mourir de faim*, et il ne tâterait jamais des souscriptions. Marie Corneille est majeure dans deux mois ; nous la marierions malgré François, et nous abandonnerions le père à son sens réprouvé. »

Ces trois lettres à d'Argental servent de commentaire à la phrase de Condorcet sur la délicatesse de Voltaire et forcent de conclure qu'il y avait des *âmes de boue* au château de Ferney, aussi bien qu'à Paris, et notamment dans le cabinet de Fréron, contre lequel Grimm s'était permis tant d'injures grossières. François Corneille abdiqua ses droits ; il se laissa arracher son consentement, parce que la faim lui faisait un devoir, une nécessité de voir outrager les cheveux blancs de sa vieillesse, le caractère sacré de sa paternité, le respect réservé au nom qu'il portait. Dans la *Pucelle d'Orléans*, Voltaire avait souillé la vertu qui est en vénération chez tous les peuples. Dans ce premier sixain qu'on lui ait attribué,

> Dans tes vers, Duché, je te prie,
> Ne compare point au Messie
> Un pauvre diable comme moi ;
> Je n'ai de lui que sa misère,
> Et *suis bien éloigné*, ma foi,
> *D'avoir une vierge pour mère,*

il avait déshonoré sa propre mère. Il ne lui restait plus qu'à bafouer la paternité. C'est ce qu'il fit dans la per-

sonne de François Corneille; il conspua en lui et les
mânes du grand tragique, et l'infortune, et le travail,
et la misère, et la classe la plus nombreuse et la plus
utile de la société.

Quand il eut réduit un père et une mère à dévorer
leurs chagrins dans un bouge, il fixa au 13 février le
moment d'une grande joie au château de Ferney. Marie
Corneille devint Mme Dupuits. Voltaire garda les jeunes
époux, parce qu'il avait besoin d'eux pour jouer la comédie et tenir compagnie à sa nièce. En 1768, ils
accompagnèrent celle-ci dans la capitale. Mais, lorsqu'elle retourna à Ferney, ils n'eurent plus la liberté
de la désennuyer, parce qu'il n'y avait plus de pièces
à représenter. Il passèrent leurs jours dans leur domaine.

A peine ce mariage venait-il d'être célébré, que Voltaire eut une nouvelle occasion de manifester ses véritables intentions à l'égard des descendants de Corneille.
Le 5 mars, il mande à Damilaville : « Mon frère Thieriot
est prié de me dire combien il y a encore de petits
Corneilles dans le monde; il vient de m'en arriver un
qui est réellement arrière-petit-fils de Pierre. Il a été
longtemps soldat et manœuvre; il a une sœur cuisi-
nière en province, et il s'est imaginé que Mlle Corneille,
qui est chez moi, était cette sœur. Il vient tout exprès
pour que je le marie aussi; mais, comme il ressemble
plus à un petit-fils de *Suréna* et de *Pulchérie* qu'à celui
de *Cornélie* et de *Cinna*, je ne crois pas que je fasse
sitôt ses noces. » Le 9 suivant, il établit ainsi pour
d'Argental la généalogie de ce Corneille : « Il faut encore qu'un arrière-petit-fils de tous ces gens-là vienne

du pays de la mère aux gaines me relancer aux Délices. C'est réellement l'arrière-petit-fils de Pierre. Il se nomme Claude-Étienne Corneille, fils de Pierre-Alexis Corneille, lequel Alexis était fils de Pierre Corneille, lequel Pierre était fils de Pierre, auteur de *Cinna* et de *Pertharite*. Claude-Étienne, dont il s'agit ici, est né avec 60 livres de rente malvenant. Il a été soldat, manœuvre, et d'ailleurs fort honnête homme. Le pauvre diable arrive mourant de faim, et ressemblant au Lazare ou à moi. Il entre dans la maison et demande d'abord à boire et à manger. Quand il est un peu refait, il dit son nom, et demande à embrasser sa cousine. Il montre les papiers qu'il a en poche; ils sont en très bonne forme. Nous n'avons pas jugé à propos de le présenter à sa cousine, ni à son cousin M. Dupuits, et je crois que nous nous en déferons avec quelque argent comptant. Il descend pourtant de Pierre Corneille en droite ligne. Mais, comme M. Dupuits est en possession, et qu'il s'appelle Claude, l'autre Claude videra la maison. Voilà, je crois, ce que nous avons de meilleur à faire. On nous menace d'une douzaine d'autres petits Cornillons, cousins germains de *Pertharite*, qui viendront l'un après l'autre demander la becquée. » Mais le bon moment était passé, avoue Wagnière (p. 55); ils n'obtinrent que quelques secours pécuniaires.

Tout le produit du *Commentaire sur Corneille* devait être partagé entre François Corneille et sa fille Marie. Voltaire leur fit leur part. Dans sa lettre, du 1ᵉʳ avril 1768, au duc de Choiseul, il évalue à 40,000 écus environ la dot de sa pupille. C'est une exagération. Une veuve Brunet, libraire de l'Académie, avait emporté 8,000 livres de souscriptions (1); leur total ne s'éleva qu'à 100,000 livres; l'éditeur en garda la moitié pour lui et remit le reste à Voltaire (2). Celui-ci ne préleva qu'une somme de 12,000 livres qu'il pria M. Delaleu de placer sûrement au profit des époux Corneille (3). Il revint donc à peu près 40,000 livres à Mme Dupuits (4). Comme elle était logée à Ferney, Voltaire n'eut plus à s'occuper de son avenir. Il songea à procurer quelque autre bénéfice à François Corneille, qu'il appelait Pierre Corneille du Pont-Marie. En 1764, il le recommanda au zèle de d'Argental, pour obtenir que le roi lui abandonnât ses cent exemplaires de souscription, ce qui aurait donné une somme de 300 louis d'or au susdit Pierre et à sa femme. Mais, soit inconduite, soit délaissement de ses protecteurs plus vaniteux que généreux, ce Pierre se trouva deux ans plus tard dans l'indigence. Ennuyé de ses importunités, Voltaire manda, le 29 mars 1766, à d'Argental : « Ce n'est pas des roués, mais des fous que je vous entretiendrai aujourd'hui. De quels fous? m'allez-vous dire. D'un vieux fou qui est Pierre Corneille, petit-neveu, à la mode de Bretagne, de Pierre Corneille. Figurez-vous qu'il mande à sa fille qu'elle doit lui envoyer incessamment 5,500 livres pour payer ses dettes. M. Dupuits est assurément hors d'état de payer cette somme; il se conduit en homme très sage, lui qui est à peine majeur; et notre bonhomme Corneille se conduit comme

---

(1) Lettres à Damilaville, du 15, et à Chauvelin, du 18 septembre 1763.
(2) Lettre à la Harpe, du 22 janvier 1773.
(3) Lettres à d'Argental, des 3 et 14 mai 1764. — (4) *Idem.*

un mineur. Nous vous demandons bien pardon, Mme Denis, M. Dupuits et moi, de vous importuner d'une pareille affaire ; mais à qui nous adresserons-nous, si ce n'est à vous, qui êtes les protecteurs de toute la Corneillerie? Non seulement Pierre Corneille a dépensé en superfluité tout l'argent qu'il a retiré des exemplaires du roi, mais il a acheté une maison à Évreux, dont il s'est dégoûté sur-le-champ et qu'il a revendue à perte. Il n'avait précisément rien quand je mariai sa fille : il a aujourd'hui 1,400 livres de rente, et les voici bien comptées :

Sur M. Tronchin	600 liv.	
Pension des fermiers généraux	400	1,400 livres.
Sa place à Évreux	160	
Sur M. Dupuits	240	

« S'il avait su profiter du produit des exemplaires du roi, il se serait fait encore 500 livres de rentes. Il aurait donc été très à son aise, eu égard au triste état dont il sortait. Comment a-t-il pu faire pour 5,500 livres de dettes sans avoir la moindre ressource pour les payer? Il a acheté, dit-il, une nouvelle maison à Évreux : qui la paiera? Il faudra bien qu'il la revende à perte, comme il a revendu la première. Il doit à son boulanger deux ou trois années. Vous voyez bien que le bonhomme est un jeune étourdi qui ne sait pas ce que c'est que l'argent, et qui devrait être entièrement gouverné par sa femme, dont l'économie est estimable. On pourra l'aider dans quelques mois ; mais, pour les 5,500 livres qu'il demande, il faut qu'il renonce absolument à cette idée. Mes anges ne pourraient-ils pas avoir la bonté de l'envoyer chercher, et de lui proposer de se mettre en curatelle sous sa petite femme? Il se fait payer ses rentes d'avance, dépense tout sans savoir comment, mange à crédit, se vêtit à crédit, et cependant il n'est point interdit encore. Notre petite Dupuits est désespérée. » Cependant Voltaire citait, le 22 janvier 1766, à Mme de Florian ce Corneille comme un bon homme. Il le perdit tout à fait de vue et l'abandonna à son sens réprouvé. « Le vieux père, homme simple, peu favorisé de la nature, accablé par la dégradation que produit la misère, privé en conséquence de cet extérieur poli, qui rend digne de l'attention philosophique, n'en a pas été honoré, raconte Linguet, page 428 du tome III de ses *Annales*. Il a été relégué dans un village, où il a uni sa misère à celle d'une femme aussi peu opulente que lui; et de ces deux riens est cependant résulté quelque chose : il en est sorti un enfant à qui ils ont du moins transmis leur nom. Tandis que celui-ci croissait, les infirmités n'épargnaient pas le père. Le dénuement de la famille redoublait chaque jour; enfin, manquant de tout, la femme, à qui l'on avait parlé souvent de l'accueil qu'avait autrefois reçu la sœur de son fils à Paris, a hasardé de s'y traîner avec lui. Rebutée de toutes parts, elle a cru que la porte d'un philosophe et son cœur s'ouvriraient du moins à ses gémissements. Elle a rampé jusqu'à M. Dalembert. Quel conseil croirait-on que lui ait donné l'apôtre de la tolérance, le pontife de l'humanité? *De se mettre en condition pour élever son enfant et nourrir son mari.* Elle manquait du simple nécessaire. Elle a demandé au philosophe la charité au lieu de sa protection : le panégyriste de Mme Geoffrin, le conteur des charités de Fontenelle a été inflexible. Il lui a refusé de l'argent pour payer son auberge. Mme Corneille n'a vu chez les comédiens que de l'empressement et du respect ; ils se sont disputé l'honneur de lui offrir un asile. La Rive s'est trouvé heureux d'obtenir la préférence. Ses camarades ont donné une représentation de *Cinna* au profit de cette famille. Ils y ont joué avec un enthousiasme préférable même au talent. » Linguet ajoute que cette représentation de *Cinna* valut 7,000 livres environ aux infortunés. Ce fut le 16 février 1778 qu'elle fut donnée. A cette époque, Voltaire était à Paris et ne paraît pas s'être inquiété du sort de ses anciens protégés. Dalembert fut irrité de l'article de Linguet. Ce dernier lui répondit, à la page 26 du tome IV de ses *Annales* : « Ce que j'ai écrit, c'est de la bouche même de Mme Corneille qu'on l'a su. Cent honnêtes gens dans Paris ont été les confidents de ses plaintes ; je les connais, je n'ai écrit que d'après leurs attestations. »

Revenons à Mme Dupuits. M. J.-L. Mallet, élevé au château de Ferney, parle en ces termes des bienfaits dont Voltaire la combla (1) : « Il la dota noblement, du fruit de ses travaux, de 90,000 livres provenant de son *Commentaire sur Corneille*. Il ne s'en tint pas là pour elle. Un jour qu'il était allé lui rendre visite pendant ses couches, il laissa, en sortant de chez elle, un grand vase d'argent contenant un billet de 12,000 francs que M. Dupuits lui avait empruntés. Il donna encore

---

(1) *Œuvres de Voltaire*, édit. Dupont, t. I, p. 579.

100,000 francs de dot à la fille de cette dame, Mme d'Angely. » A ces assertions, nous répondrons : 1° Mme Dupuits ne retira pas 90,000 livres des *Commentaires sur Corneille*. Sa part ne fut que de 40,000, suivant Voltaire ; 2° Il ne donna pas une dot de 100,000 livres à la fille de sa pupille. Mlle Adélaïde-Marie Dupuits, née le 29 mai 1764, n'épousa qu'en 1786 M. Grandfrançois, baron d'Angely. Voltaire, étant mort depuis 1778, n'a pu intervenir dans ce contrat de mariage, sans sortir de son sépulcre. Personne n'ayant parlé de sa résurrection en 1786, nous ne saurions nous résoudre à croire, sur l'autorité de M. Mallet, à un miracle aussi étrange qu'inutile. Nous sommes persuadé que Voltaire n'aurait pas obtenu de sa légataire universelle une somme si considérable pour enrichir une demoiselle qu'il avait oublié de coucher sur son testament ; 3° Il est sans apparence que Voltaire eût remis une dette de 12,000 livres à un gentilhomme qui avait plus de 10,000 livres de rente. Un cadeau de cette valeur n'était pas dans ses habitudes. Le lui faire porter dans un grand vase d'argent nous semble passablement ridicule. Sur un fait semblable, nous ne nous en rapporterons pas au témoignage d'un inconnu que nous avons convaincu d'avoir été si mal renseigné sur d'autres points. Mais les services que Voltaire fut à même de rendre à M. Dupuits, il s'empressa de les demander. Le 14 janvier 1765, il s'adressa à la duchesse de Grammont afin d'obtenir pour lui une compagnie de cavalerie ou de dragons. Grâce au nom de Voltaire, le protégé eut de l'avancement, et devint plus tard maréchal de camp.

Maintenant que la conduite de Voltaire nous est connue,

qu'il nous soit permis de l'apprécier. A-t-il eu la généreuse intention d'honorer le nom de Corneille et de soulager des malheureux ? Assurément non. Les véritables descendants de Pierre Corneille, il les a chassés de sa présence, et n'a pas daigné s'occuper de leur sort, quoiqu'ils fussent dévorés de besoin. Francois Corneille, le père de Mme Dupuits, devait le jour à Francoise Corneille, cousine germaine de l'auteur du *Cid*. Outre Francois Corneille, elle avait eu quatre filles, et néanmoins le nom de son mari est resté inconnu jusqu'à ce jour (1). Il n'est pas probable qu'elle aurait eu cinq enfants illégitimes. Francois Corneille portait donc illégalement le nom de sa mère. « Au temps de la succession de Fontenelle, avait dit Le Brun (2), dans une note de la première édition de sa fameuse *Ode à Voltaire*, il lui fut offert une somme d'argent pour se désister de ses droits et même de son nom. M. Corneille, quoique pauvre et sans ressource, la refusa sans balancer ; il répondit encore quand on le menaça de la perte de son procès, qu'au moins il gagnerait le nom de Corneille *qu'on lui disputait*. » Il est évident qu'on ne lui disputa le nom de Corneille, que parce qu'il devait prendre celui du mari de sa mère. S'il eût été un bâtard, on ne lui eût pas reproché cette habitude. Comme elle lui était utile, nous la lui pardonnerions volontiers, si, par là, il n'eût contribué à flétrir la vertu d'une mère de quatre filles, dont trois se marièrent, la plus jeune étant morte

(1) *Note sur les descendants de Corneille*, par le baron de Tassart. Bruxelles, 1851. In-8°.
(2) *Œuvres d'Écouchard Le Brun*, publiées par Guinguené. Paris, 1814. In-8°, t. IV, p. 4.

en bas âge. Voltaire a connu cette généalogie. Il a imité Francois Corneille. Le nom magique de Corneille était un magnifique prospectus pour éditer un ouvrage, mettre en relief l'adoption d'une jeune fille, pour marier avantageusement et doter cette jeune fille avec la bourse des rois, des princes et des grands de toute l'Europe. Il a exploité tous ces préjugés. Marie Corneille méritait-elle tant d'égards ? Non, car elle a délaissé son père ; elle ne s'informait pas même de sa demeure. Elle l'a réduit à mendier à la porte des comédiens, quoique sa fortune la mit à même de le recueillir chez elle. Voltaire a poussé l'inhumanité plus loin. Il a enrichi la fille, et a repoussé le père ; il a logé une femme qui avait un domaine, et n'a pas offert d'asile à un père trotteur dans les rues. Il a été le maître des souscriptions ; il lui était facile de les partager entre la fille et le père. Il a peu donné à celui-ci, parce qu'il était pauvre, et beaucoup à celle-là, parce qu'elle était riche. Il a magnifié la fille, mais il a bafoué le père. Tant de contradictions n'annoncent-elles pas que Marie Corneille fut une nouvelle Iphigénie qu'on arracha à son vieux père, pour l'immoler couronnée de fleurs sur l'autel de la vanité philosophique ?

La postérité ne louera pas la générosité ni la délicatesse de Voltaire à l'égard des descendants de Corneille, avec cette indulgence que Grimm attendait de son impartialité. La remarque de Fréron subsistera, et le lecteur impartial sera de l'avis de M. Bungener.

IV. — *Voltaire et Belle et Bonne.*

Bornons-nous à raconter ce que Voltaire fit pour Belle et Bonne du moment qu'il parut l'avoir adoptée.

Dans son *Éloge historique de Voltaire*, Palissot s'exprimait ainsi : « Voltaire avait accueilli avec beaucoup d'indulgence, dans M. de Villette, un esprit naturel qu'il savait quelquefois revêtir de formes assez piquantes. Il vit avec intérêt ses assiduités auprès de sa jeune pupille, et un jour, en présence de M. de Villevieille, il lui proposa 50,000 écus pour la dot de Mlle de Varicourt. « Je suis sûr, lui disait-il, que Mme Denis, ma nièce, « sera de mon avis ; elle regarde Belle et Bonne comme « sa fille. Quant à mes autres parents, j'ai une bonne « succession à leur laisser, et vous conviendrez qu'ils « n'ont pas longtemps à attendre. » M. de Villette ne voulut jamais consentir à cette générosité : il n'est donc pas vrai, comme on l'avait dit, que Voltaire ait doté Mlle de Varicourt. »

Où était-elle avant de demeurer chez Voltaire ? Voici le document que nous fournissent les *Mémoires de Bachaumont*, le 15 mars 1778 : « Mme de Villette, de Varicourt en son nom, est fille d'un officier des gardes du corps, peu à l'aise et ayant douze enfants. Il était question de faire religieuse cette jeune personne, dont la famille n'avait aucun espoir de la marier. Mlle de Varicourt, instruite de la bienfaisance de M. de Voltaire, se servit de son esprit pour lui écrire une lettre très bien tournée, où elle se plaignait de son fâcheux destin. Touché de cette épitre, il va trouver Mme Denis ; il lui dit *qu'il fallait arracher au diable cette âme qu'on prétendait donner à Dieu*, et il engagea sa nièce à proposer à la famille de Mlle de Varicourt de permettre que celle-ci vînt passer quelque temps à Ferney. La jeune personne s'y est si bien conduite qu'elle y a acquis le surnom de Belle et Bonne ; ce qui a déterminé M. le marquis de Villette à en faire la fortune en l'épousant. » De son côté, Wagnière (p. 114 et 117) certifie que ce fut Mme Denis qui obtint des parents de Mlle de Varicourt qu'elle vînt habiter le château de Ferney, *pour lui tenir compagnie*.

C'était en 1775. Les époux Dupuits avaient quitté Ferney ; les étrangers devenaient de plus en plus rares, Voltaire croissait en âge et peu en vertu. Mme Denis s'ennuya d'être presque toujours seule ; elle n'eut donc d'autre intention que de se procurer une demoiselle de compagnie en appelant auprès d'elle une jeune fille, qui appartenait à une famille honorable. Elles vécurent ensemble dans la plus grande intimité. Mais en 1777, « M. le marquis de Villette, raconte Wagnière (p. 117), vint en septembre voir M. de Voltaire à Ferney. Il dit qu'il voulait épouser Mlle de Varicourt ; ce qu'il fit enfin, *après avoir cependant tergiversé près de trois mois.* Il n'est point vrai, comme on l'a dit et comme on l'a imprimé, que M. de Voltaire eût eu jamais l'idée d'offrir une forte dot à la femme de M. de Villette ; cela même eût été ridicule, puisque M. de Villette s'annonça comme jouissant de 120,000 livres de rente ; par conséquent il n'a point eu la gloire prétendue de refuser une dot. M. de Voltaire et Mme Denis donnèrent seulement quelques diamants à la jeune mariée. M. de Villette, apparemment pour se donner quelque relief, cherchait à faire croire que sa femme et lui étaient parents de M. de Voltaire. »

M. de Jouy ayant répété, dans le tome V de l'*Ermite en province*, que Voltaire avait accordé à Belle et Bonne une dot de 50,000 écus, un ami de la famille de Villette adressa cette réclamation au *Journal des débats*, le 30 mars 1825 : « L'amitié la plus vive unissait M. de Voltaire et M. le marquis de Villette, qui jouissait d'une immense fortune. Ce dernier vit à Ferney Mlle de Varicourt, l'aima, en fit la demande à ses parents, qui la lui accordèrent. Mais Voltaire ne la dota point ; il avait le tact trop exquis pour en *faire même l'offre*, sachant combien, par une offre de cette nature, il aurait blessé tout à la fois le noble désintéressement de son ami et la délicatesse d'une famille distinguée et honorable. Voltaire n'a donc pas été le bienfaiteur de Mlle de Varicourt, mais son protecteur et son ami. Déjà feu M. le marquis de Villette a réfuté dans le temps cette assertion, et j'ai vu entre les mains de M. son fils l'original de la lettre qu'il fit insérer dans les journaux d'alors. »

Rien n'était plus invraisemblable que d'attribuer à Voltaire, comme l'a avancé Palissot, le désir et la volonté d'offrir une dot de 50,000 écus à un marquis auquel il reconnaissait 40,000 (1) et même 50,000 écus de rente, comme il le mandait, le 19 novembre 1777, à La Harpe.

Il reste péremptoirement prouvé, par le témoignage

---

(1) Lettre à M..., du 9 novembre 1778 (n° 7387, édit. Beuchot).

de Wagnière et de la famille de Villette, que non seulement Voltaire ne donna pas de dot à Belle et Bonne, mais qu'il ne manifesta jamais l'intention de lui en offrir. Il lui prodigua les caresses les plus tendres, remarquent les *Mémoires de Bachaumont*, du 18 juin 1777. Il la logea, la nourrit et l'entretint pendant deux ans. Il eût été difficile à Mme Denis de trouver à meilleur marché une demoiselle de compagnie aussi jolie et aussi distinguée.

V. — *Voltaire et ses amis.*

Il est temps de parler des amis de Voltaire. C'est pour nous conformer à l'usage que nous employons ce substantif, car nous protestons contre l'impropriété de cette expression.

Socrate, Platon, Cicéron, saint Jérôme, saint Augustin, saint Chrysostome, saint Bernard, saint Louis, saint François de Sales, Montaigne, Pascal, Mme de Sévigné, Bossuet, Fénelon, Corneille, Racine, La Fontaine, Boileau ont passé leur vie dans l'intimité de quelques personnes. Au contraire, Voltaire avait une légion d'amis et de correspondants ; n'est-ce pas une preuve démonstrative qu'il ne connut point les douceurs de l'amitié ? Aussi disait-il, le 6 juillet 1772, à Mme du Deffand : « Il n'y a que les gens peu répandus qui sachent aimer. »

> L'amitié demande un peu plus de mystère,
> Et c'est assurément en profaner le nom
> Que de vouloir le mettre à toute occasion.
> Avec lumière et choix cette union veut naître,
> Avant que nous lier, il faut nous mieux connaître.

Molière vient de caractériser l'amitié telle qu'on l'avait connue dans tous les temps depuis Socrate jusqu'à La Fontaine, de quelque génie qu'on fût doué; c'est à lui qu'il appartient de nous apprendre à ne pas la confondre avec ce qui n'en porte que le masque, et n'en est que l'hypocrisie.

Méditons ces vers d'*Alceste* dans le *Misanthrope* :

> Je vous vois accabler un homme de caresses,
> Et témoigner pour lui les dernières tendresses;
> De protestations, d'offres et de serments,
> Vous chargez la fureur de vos embrassements;
> Et quand je vous demande après quel est cet homme,
> A peine pouvez-vous dire comme il se nomme;
> Votre chaleur pour lui tombe en vous séparant,
> Et vous me le traitez, à moi, d'indifférent.
> Morbleu! c'est une chose indigne, lâche, infâme,
> De s'abaisser ainsi jusqu'à trahir son âme.
> Je veux qu'on soit sincère, et qu'en homme d'honneur,
> On ne lâche aucun mot qui ne parte du cœur.

En vain *Philinte* cherche à justifier sa conduite par cette réponse :

> Lorsqu'un homme vous vient embrasser avec joie,
> Il faut bien le payer de la même monnoie,
> Répondre comme on peut à ses empressements,
> Et rendre offre pour offre, et serments pour serments.

Alceste se hâte de répliquer :

> Non, je ne puis souffrir cette lâche méthode
> Qu'affectent la plupart de vos gens à la mode;
> Et je ne hais rien tant que les contorsions
> De tous ces grands faiseurs de protestations,
> Ces affables donneurs d'embrassades frivoles,
> Ces obligeants diseurs d'inutiles paroles,
> Qui de civilités avec tous font combat,
> Et traitent du même air l'honnête homme et le fat.

> Quel avantage a-t-on qu'un homme vous caresse,
> Vous jure amitié, foi, zèle, estime, tendresse,
> Et vous fasse de vous un éloge éclatant,
> Lorsqu'au premier faquin il court en faire autant?
> Non, non, il n'est point d'âme un peu bien située
> Qui veuille d'une estime ainsi prostituée ;
> Et la plus glorieuse a des régals peu chers
> Dès qu'on voit qu'on nous mêle avec tout l'univers :
> Sur quelque prétexte une estime se fonde,
> Et c'est n'estimer rien qu'estimer tout le monde.
> Je refuse d'un cœur la vaste complaisance
> Qui ne fait de mérite aucune différence ;
> Je veux qu'on me distingue, et pour le trancher net,
> L'ami du genre humain n'est point du tout mon fait.

Quiconque a fait la triste expérience du monde se souvient chaque jour de la sagesse de ces observations; en feuilletant la correspondance de Voltaire, il nous a été impossible de la juger sans recourir aux maximes d'*Alceste*. Voltaire ne saurait avoir un meilleur arbitre que Molière, le seul qui eût plus d'esprit que lui.

Voltaire a élevé un *Temple à l'amitié*, mais il n'a laissé ni prêtre ni dévot aux pieds de cette divinité; n'était-ce pas avouer qu'il n'avait pas un ami?

Jamais homme n'oublia plus vite les morts : à peine daigna-t-il leur consacrer quelques mots. A la vérité il a beaucoup glorifié Mme du Chastelet; mais ne vantait-il pas en elle la naissance, l'opulence, le talent, des liaisons honorables? Ne regrettait-il pas en elle une femme qui le logeait, le nourrissait, le divertissait pour rien? La vanité n'était-elle pas la cause de leur commerce? Pendant treize ans qu'ils vécurent ensemble, ils ne cessèrent de se bouder, de se quereller, de se battre. Pour Mme du Chastelet, Voltaire était une bête farouche qu'elle s'étudiait à apprivoiser, à contenir, à enfermer pour l'empêcher de rugir et de dévorer sa proie, comme le prouve sa correspondance avec d'Argental. Voltaire l'aurait tuée, si on ne lui eût un jour arraché le couteau qu'il allait lui plonger dans le cœur. Il lui suffit de quelques soirées brillantes, de quelques représentations de ses tragédies pour la perdre de vue. Le roi de Prusse l'appela auprès de lui et l'obligea bientôt de quitter sa cour. C'est avec Mme Denis qu'il va désormais passer ses jours. Dès qu'elle le connaît, elle le méprise et l'abhorre ; ce n'est que l'espoir d'une riche succession qui la retient chez lui. Il la laisse dans la gêne et se moque continuellement d'elle. Quant à elle, il lui tarde de voir arriver le jour où la mort le lui enlèvera. Elle ne le regretta pas un instant, et refusa même de faire la dépense d'un cercueil de plomb pour un cadavre dont la vue l'offusquait, dit Wagnière (p. 163). Si ce dernier resta vingt ans chez Voltaire, c'est parce qu'il le servit en esclave, sans jamais le contredire. Longchamp avait eu de la peine à s'accoutumer à la brusquerie de ses manières. En s'éloignant de lui, Collini avait été tenté de le provoquer en duel, suivant Wagnière (p. 10). Lekain raconte dans ses *Mémoires* (p. 327) qu'il avait été étonné de la dureté de son caractère ; et Chabanon avoue (p. 130) qu'il avait reculé, épouvanté à l'aspect de ses accès de férocité. Frédéric convenait souvent qu'il était indigné de son inhumanité et de sa barbarie, qui poursuivait ses victimes jusque dans le tombeau. Il lui écrivit en 1752 : « Si vos ouvrages méritent qu'on vous élève des statues, votre conduite vous mériterait des chaînes. »

Maintenant il est facile de comprendre pourquoi Voltaire ne jugea personne digne de figurer dans son *Temple de l'Amitié*.

Il n'eut point d'ami. Il ne vit à ses pieds que des courtisans et des flatteurs, silencieux, obséquieux jusqu'à l'asservissement. Ils se donnèrent à lui avec plus d'empressement qu'il ne les recherchait. Il les traita avec l'autorité d'un maître et l'insolence d'un despote, parce qu'il les regarda comme des créatures destinées à son usage. Il les méprisa, parce qu'il les jugea ; il les jugea, parce qu'il lut dans leur cœur comme dans un cœur de cristal. A la vérité, il daigna consacrer la XXIIIe de ses *Lettres philosophiques* à la *Considération qu'on doit aux gens de lettres*. Mais dans son *Commentaire historique*, et dans sa lettre, du 23 décembre 1753, à Mme Denis, il noircit la canaille de la littérature. Dès le 3 janvier 1723, il parlait déjà à Thieriot des gredins d'auteurs. Plus il avança en âge, plus il se crut autorisé à manifester hautement le mépris qu'ils lui inspiraient. Ainsi, le 2 septembre 1758, il faisait entendre ce cri à Dalembert : « Ah ! quel siècle ! quel pauvre siècle ! » Le 26 juin 1762, c'était au cardinal de Bernis qu'il envoyait cette ligne : « J'ai vu que la terre est couverte de gens qui ne méritent pas qu'on leur parle. » Trouvera-t-il quelques exceptions en France ? non. Dans ses lettres, du 1er mars 1764, à Dalembert, et, du 30 avril 1771, à l'impératrice Catherine, il traite ses compatriotes de singes. Aussi, le 17 septembre 1764, mande-t-il à Dalembert : « Notre nation ne mérite pas que vous daigniez raisonner beaucoup avec elle. » Pourquoi ? c'est parce que, le 5 septembre 1752, il lui a avoué « qu'en France il y a trop de sots ». Quelle preuve en donne-t-il ? Le

21 novembre 1774, il lui désigne le peuple, qui est le sot peuple. Pour lui, pas de distinction ; il confond la province avec la capitale. C'est pourquoi, le 26 juin 1762, il écrit au cardinal de Bernis : « Il est bien rare de trouver des penseurs en province, et surtout des gens de goût. » Quant à la capitale, il ne peut s'empêcher, dans ses épanchements du 5 février 1758, à Dalembert, de la bafouer et de la flétrir d'un trait : « Que Paris est encore bête ! » D'abord il songe aux gens de la cour ; le 19 mai 1773, il les condamne devant la barre de Dalembert, en disant : « Ces beaux messieurs de Paris ont bien raison de détester la philosophie, qui les condamne et qui les méprise. » Le 13 décembre 1763, il lui apprend ce qu'il pense des autres classes distinguées de la société : « Nous touchons au temps où les hommes vont commencer à devenir raisonnables. Quand je dis les hommes, je ne dis pas la populace, la grand'chambre et l'assemblée du clergé ; je dis les hommes qui gouvernent ou qui sont nés pour gouverner, je dis les gens de lettres dignes de ce nom. » Bien des esprits sont tentés de s'appliquer ces dernières paroles. Qu'ils se détrompent ; car, le 30 avril 1771, l'impératrice Catherine a reçu cette sentence du maître : « A l'égard des Welches, les premiers singes de l'univers, ils font toujours beaucoup de livres, sans qu'il y en ait un seul de bon. » Fera-t-il grâce à ceux qui se regardent comme des êtres nés pour gouverner ? non. Il oublie que Dalembert, Diderot, Damilaville, Rousseau et compagnie habitent des mansardes, et il dit, le 9 février 1767, au cardinal de Bernis : « J'avoue que les polissons qui, de leur grenier, gouvernent le monde avec leur écritoire,

sont la plus sotte espèce de tous. Ce sont les dindons de la basse-cour qui se rengorgent. » Le 24 septembre 1766, il est encore plus explicite avec Damilaville : « La canaille littéraire est ce que je connais de plus abject dans le monde. L'auteur du *Pauvre Diable* a raison de dire qu'il fait plus de cas d'un ramoneur de cheminées, qui exerce un métier utile, que de tous ces petits écornifleurs du Parnasse. » Pour comprendre ce jugement, citons ces mots adressés par lui, le 15 octobre 1767, à Dalembert : « Ce siècle des raisonneurs est l'anéantissement des talents ; c'est ce qui ne pouvait manquer d'arriver après les efforts que la nature avait faits dans le siècle de Louis XIV. » Et ces autres encore plus énergiques, du 15 septembre précédent, au même : « Nous sommes dans la fange des siècles pour tout ce qui regarde le bon goût. Par quelle fatalité est-il arrivé que le siècle où l'on pense soit celui où l'on ne sait plus écrire ? ». Terminons par cette confidence, du 31 mars 1763, au cardinal de Bernis : « Je vous supplie de me dire comment un peuple qui a tant de philosophes peut avoir si peu de goût ? Vous me répondrez peut-être que c'est parce qu'ils sont philosophes ; mais quoi ! *la philosophie mènerait-elle tout droit à l'absurdité ?* »

Comment parvint-il à subjuguer ce troupeau d'esclaves qu'il avait attirés par l'ascendant irrésistible de son génie, oppressés de son audace, accablés de sa comparaison ? « Je suis le très humble serviteur des goûts des personnes avec qui je vis, » avait-il dit, dès 1736, à Mlle Quinault. Ceux qui étaient sensibles aux louanges, il leur envoyait un brevet de capacité, il leur assurait l'immortalité et la reconnaissance de la postérité. Il proportionnait les compliments aux services qu'il attendait, et les prodiguait suivant l'exaltation ou l'imbécillité de ceux qui les avalaient. Il se serait bien gardé d'écrire à La Harpe et à Marmontel ce qu'il mandait à Diderot, à Dalembert et à d'Argental. S'ils n'avaient pas été sous le charme, ils auraient regardé comme des injures et une dérision chacun des surnoms qui leur étaient donnés. Mais dès que Voltaire les avait salués comme des génies, ils se regardaient comme des génies, de sorte que c'était un vrai corps de génies, absolument comme dans les *Mille et une Nuits*, bien qu'il eût dit, en 1739, à Frédéric : « Les hommes de génie, ces fils aînés de Prométhée, il y en aura toujours très peu, dans quelque pays que ce puisse être. »

Ceux qui poussaient de sourds murmures, qui rongeaient le frein de la servitude, Voltaire les contenait sous la verge de sa satire. Molière avait dit :

> Nul n'aura de l'esprit, hors nous et nos amis.
> Nous chercherons partout à trouver à redire,
> Et ne verrons que nous qui sachent bien écrire.

Voltaire alla encore plus loin : « Comme je suis fort insolent, avouait-il, le 15 septembre 1762, à Dalembert, j'en impose un peu, et cela contient les sots. » A qui s'adressent ces paroles ? Évidemment à tous ceux qui craignaient de passer sous les fourches caudines de ses pamphlets, où non seulement il ridiculisait, mais calomniait et déshonorait quiconque osait ne pas recevoir avec une foi pleine et entière chacune de ses contradictions. L'appareil de ces gémonies achevait de gagner à sa cause les indolents et les paresseux dont le cœur ne palpitait point à son nom. Mais à cette *philosophie*, qui n'était qu'*une esclave*, selon sa lettre, du 4 juin 1769, à Dalembert, voici ce qu'il réservait. Le 25 avril 1760, il écrivait à Dalembert : « Je vous avoue que je suis aussi en colère contre les philosophes qui se laissent faire que contre les marauds qui les oppriment. » Le 15 octobre 1759, il lui avait déjà mandé : « Tous les philosophes sont ou dispersés ou ennemis les uns des autres. Quels chiens de philosophes ! ils ne valent pas mieux que nos flottes, nos armées et nos généraux. *Je finirai ma vie en me moquant d'eux tous*, mais je voudrais m'en moquer avec vous; » car « j'ai les sots en horreur, » ajoutait-il, le 20 avril 1761.

Ainsi Voltaire regardait comme des sots et ceux qui le louaient, et ceux qui le craignaient, et ceux qui le servaient par amour, et ceux qui le servaient par peur. A la vérité, il regardait également comme des sots, des escrocs, des monstres, des infâmes, des libertins, ceux qui ne le louaient pas. Il me semble que ceux-ci étaient moins sots que ceux-là ; car ils affichaient une grande indépendance de caractère, et raisonnaient leur incrédulité, tandis que ceux-là n'auraient pu établir les fondements de leur foi. La haine dont Voltaire honora ses adversaires suffit pour attester la supériorité d'esprit, d'érudition, qu'il leur reconnaissait sur ses sectaires. Les éloges de ceux-ci ne pourraient en effet soutenir un parallèle avec les écrits de ceux-là. Montesquieu n'eût pas désavoué les lettres de Guénée. Fréron, La Baumelle ont publié des pages que Voltaire seul était capable de dicter.

Ceux qui, de nos jours, regardent comme une marque d'esprit de révérer le nom de Voltaire, de feuilleter les livres de Voltaire, de balbutier des maximes de Voltaire mille fois contredites par Voltaire, sont-ils bien sûrs que Voltaire ne les eût pas placés dans son bataillon des sots, s'il les eût connus ?

On ne choisit pas ses amis dans un groupe de sots. Aussi Voltaire n'eut-il que des partisans. Il leur prodigua les louanges, les encouragements qui ne lui coûtaient rien ; il les exploita, mais ne les enrichit pas ; car on ne fait pas de sacrifices pour des sots qu'on méprise.

Chef de parti, il lui fallait des aides de camp ; *une clientèle de jeunes auteurs*, pour me servir d'un mot de M. Granier de Cassagnac (1), composa son escorte. On a si souvent parlé des bienfaits dont il les combla, qu'il est nécessaire de leur consacrer quelques lignes. Aussi ferons-nous la biographie de chacun de ces petits personnages.

Voltaire et Lefebvre.

En 1732, Voltaire mandait à Lefebvre : « Votre vocation, mon cher Lefebvre, est trop bien marquée pour y résister. Il faut que l'abeille fasse de la cire, que le ver à soie file, que M. de Réaumur les dissèque, et que vous les chantiez. Vous serez poète et homme de lettres, moins parce que vous le voulez, que parce que la nature l'a voulu. » Mais une pièce de vers adressée par

---

(1) *Le Constitutionnel*, du 16 décembre 1850.

Lefebvre à Voltaire fait présumer qu'il n'était point destiné à remplacer Racine. Voltaire lui répondit :

> N'attends de moi ton immortalité,
> Tu l'obtiendras un jour par *ton génie*.
> . . . .
> Mais je voudrais, de tes destins pervers,
> En corrigeant l'influence ennemie,
> Contribuer au bonheur d'une vie
> Que tu rendras célèbre par tes vers.

Dans une lettre, du 27 septembre 1733, à Cideville, Voltaire nous apprend qu'il vient de recueillir chez lui, avec Linant, un jeune homme nommé Lefebvre, poète et pauvre, et faisant des vers harmonieux. Le 24 septembre 1735, il avoua à Thieriot qu'il avait nourri, logé et entretenu ces deux jeunes gens comme ses propres enfants pendant tout le temps qu'il demeura à Paris, après la mort de Mme de Fontaine-Martel. Mais Lefebvre était mort dès 1734; par conséquent, Voltaire ne le garda guère plus d'un an. Le 20 décembre 1753, il dit à Mme Denis qu'il n'avait pas eu à se plaindre de lui. Tels sont les seuls documents que nous fournisse la correspondance de Voltaire relativement à Lefebvre. Il est impossible de démontrer si Lefebvre fut recommandé à Voltaire, ou s'il capta sa bienveillance en lui envoyant ses vers, et si depuis il lui rendit des services et lui servit de secrétaire.

Voltaire et Linant.

Heureusement la correspondance de Voltaire est plus explicite sur le camarade de Lefebvre.

Sur les vives instances de ses amis Cideville et Formont, Voltaire s'occupa avec zèle du sort de Linant (1). Il essaya de le faire entrer chez Mme de Fontaine-Martel à la place de Thieriot, mais ce fut en vain (2). C'est alors qu'il obtint pour lui un couvert à la table de M. de Nesle (3). En même temps, il le recommanda aux bontés de Mme du Deffand, et la pria de solliciter pour lui l'emploi de lecteur chez la duchesse du Maine. Nouveau refus. Linant avait une écriture trop illisible pour devenir secrétaire (4). Voltaire ne pouvait pas facilement se débarrasser de lui. Il lui offrit un trou près de sa retraite, avec la facilité d'y dîner et d'y souper tous les jours, quand il ne serait pas invité ailleurs (5). Il lui assura de plus ses entrées à la comédie (6).

Sur ces entrefaites, Linant quitta le petit collet qu'il portait depuis longtemps (7). Voltaire comprit que cette action lui imposait de nouveaux devoirs, et qu'il devait travailler à la fortune de son protégé, toujours pauvre et bégayant beaucoup, et néanmoins très fier et très paresseux, se brouillant avec tous ses commensaux, ce qui força Voltaire, le 27 octobre 1733, de prier Cideville de donner de sages avis au jeune poète. Ces remontrances ne produisirent aucun effet. Alors Voltaire manda, le 6 novembre 1733, à Cideville : « Surtout ne gâtez point Linant. Je ne suis pas trop content de lui. Il est nourri, logé, chauffé, vêtu, et je sais qu'il a dit

---

(1) Lettre à de Formont, du 23 décembre 1737.
(2) Lettre à Cideville, du 29 mai 1732.
(3) Lettre à Formont, de juillet 1732.
(4) Lettres à Cideville, de 1732 (n° 178, édit. Beuchot). — (5) Du 29 mai. — (6) Du 27 octobre. — (7) Du 27 septembre 1733.

que je lui avais fait manquer un beau poste de précepteur, pour l'attirer chez moi. Je ne l'ai cependant pris qu'à votre considération, et après que la dignité de précepteur lui a été refusée. Il ne travaille point, il ne fait rien, il se couche à sept heures du soir pour se lever à midi. Encouragez-le et grondez-le en général. » Le 27 février suivant, autre missive : « Écrivez, je vous en prie, à Linant, qu'il a besoin d'avoir une conduite très circonspecte; que rien n'est plus capable de lui faire tort que de se plaindre qu'il n'est pas assez bien chez un homme à qui il est absolument inutile; et qui, de compte fait, dépense pour lui 1,600 francs par an. Une telle ingratitude serait capable de le perdre. Je vous ai toujours dit que vous le gâtiez. Il s'est imaginé qu'il devait être sur un pied brillant dans le monde, avant d'avoir rien fait qui pût l'y produire. Il oublie son état, son inutilité, et la nécessité de travailler; il abuse de la facilité que j'ai eue de lui faire avoir son entrée à la comédie, il y va tous les jours. Il se croit un personnage parce qu'il va au théâtre et chez Procope (café de la Comédie française). Je lui pardonne tout parce que vous le protégez; mais, au nom de Dieu, faites-lui entendre raison.. » Linant ne se corrigeant point, Voltaire manda, le 12 avril 1735, à Cideville : « A l'égard de Linant, j'ai vu une partie de sa pièce; cela n'est pas présentable aux comédiens. S'il a compté sur cette pièce pour se procurer de l'argent et de la considération, on ne saurait être plus loin de son compte. La présidente (de Bernières) m'a paru aussi peu disposée à recevoir sa personne que les comédiens le seraient à recevoir sa pièce. Je crains même qu'elle en soit un peu fâchée, et qu'elle ne s'imagine qu'on lui a tendu un piège. La seule ressource de Linant, c'est de se faire précepteur; ce qui est encore plus difficile, attendu son bégaiement, sa vue basse, et même le peu d'usage qu'il a de la langue latine. J'espère cependant le mettre auprès du fils de Mme du Châstelet; mais il faudra qu'il se conduise un peu mieux dans cette maison qu'il ne fait dans mon bouge. Il sera chez moi jusqu'à ce qu'il puisse être installé. » Le 3 août suivant, Voltaire annonçait à son ami l'arrivée de Linant au château de Cirey. Malgré la protection de Voltaire, Linant ne demeura pas longtemps dans cette habitation.

Cependant Voltaire ne le perdit pas tout à fait de vue. Quoiqu'il se plaignît amèrement, le 22 février 1736, à Cideville, de son incapacité, de sa paresse, de son ingratitude, il lui envoya quelques secours. Le 14 décembre 1738, il mandait à Moussinot : « Prault a donné de l'argent à Linant et à La Mare, mais je ne le sais que par lui, et ces messieurs gardent jusqu'ici un silence qui n'est pas, je crois, le silence respectueux, encore moins le silence reconnaissant, à moins que les grandes passions ne soient muettes. Leurs besoins sont éloquents, mais leurs remerciements sont cachés. » Le 27 suivant, autre missive : « Linant m'a écrit un mot de remerciement, mais La Mare ne m'écrira probablement que quand il aura dépensé l'argent que je lui ai donné. » Le 13 décembre, c'étaient 50 livres que Voltaire avait chargé Prault de donner à Linant; le même mois, il le fit prier par Mme Demoulin de lui remettre encore 50 livres. Depuis il le secourut peu. Le 28 octobre 1741, il disait à Cideville : « Je souhaite que Linant tire de son talent plus de fortune qu'il n'en recueillera de réputation. Je ne suis plus guère en état de l'aider comme je l'aurais voulu. Un certain Michel, à qui j'avais confié une partie de ma fortune, s'est avisé de faire la plus horrible banqueroute que mortel puisse faire. » Dans son *Commentaire historique,* il constate qu'il partagea le profit de *l'Enfant prodigue* entre La Mare et Linant, mais il n'indique pas quelle fut la valeur de ce bénéfice. Le 28 novembre 1750, il apprit à d'Argental que Linant était mort dans la misère.

Beaucoup de bienveillance, quelques secours pécuniaires, un entretien de deux ans qui n'a pu s'élever à 1,600 francs la première année, telles sont les dépenses de Voltaire relatives à un jeune homme qu'il ne pouvait abandonner, qu'il dégoûta peut-être du petit collet, et qu'il afficha comme une de ses créatures dans son *Commentaire historique.*

Linant ne lui fut pas inutile. Il paraît, d'après une lettre de Voltaire à Cideville, en date du 2 août 1733, qu'il avait préparé une réponse aux critiques du *Temple du Goût.* On lui doit une édition des *OEuvres de Voltaire, publiées à Amsterdam,* chez Étienne Ledet, 1738-39, en 4 volumes in-8° avec figures. En tête du premier volume se trouve une Préface de six pages, composée, mais non signée par lui; elle finit par ces mots, qui ont trait à l'auteur de *la Henriade :* « Tant d'éditions n'ont pu encore le rendre content de son propre ouvrage; mais je dirais que le public doit l'être, si la reconnaissance et tous les sentiments que je dois à M. de Voltaire ne rendaient mon témoignage suspect de trop de zèle; d'ailleurs je crois que *la Henriade* le loue mieux que tout ce qu'on pourrait en dire. » Voltaire nous apprend, par sa lettre, du 20 septembre 1736, à Berger, que Linant ne fit cette Préface que parce que Berger et Thieriot avaient refusé de s'en charger.

Voltaire et de La Mare.

Dès 1735, Voltaire parlait ainsi de La Mare à Thieriot : « C'est un jeune poète fort vif, et peu sage. Je lui ai fait tous les plaisirs qui ont dépendu de moi ; je l'ai reçu de mon mieux, et j'avais même chargé Demoulin de lui donner des secours essentiels. » Le 13 octobre de la même année, il lui écrivait encore : « Je vous dirai un petit mot de la tragédie de *Jules César*. Je crois qu'il est nécessaire de faire une édition correcte de l'ouvrage. Voici quel est mon projet. Faites faire cette édition ; que le libraire donne un peu d'argent et quelques livres, à votre choix ; l'argent sera pour vous, et les livres pour moi. Seulement je voudrais que le pauvre abbé de La Mare pût avoir de cette affaire une légère gratification, que vous réglerez. Il est dans un triste état. Je l'aide autant que je peux ; mais je ne suis pas en état de faire beaucoup. » Le 30 novembre suivant, nouvelle lettre : « L'abbé de La Mare se chargera de l'édition, et le peu de profit qu'on en pourra tirer sera pour lui. C'est une libéralité que vous lu ferez volontiers, surtout à présent que vous êtes grand seigneur. »

De La Mare se mit à l'œuvre et composa un *Avertissement* très flatteur pour Voltaire. Celui-ci jugea à propos de modérer son zèle; c'est pourquoi, le 22 décembre, il manda à Berger : « Je savais ce que vous me mandez de l'abbé de La Mare. Vos réflexions sont très sages. Je ne peux que louer sa reconnaissance et craindre la malignité du public. J'ai retranché, comme vous le voyez bien, toutes les louanges que l'amitié de ce jeune homme, trompé en ma faveur, me prodiguait assez imprudemment, et qui nous auraient fait tort à l'un et à l'autre. Je l'ai prié de ne m'en donner aucune. A la bonne heure que, en faisant imprimer une édition de *Jules César*, il réfute, en passant, les calomnies dont m'ont noirci ceux qui prennent la peine de me haïr. Je ne crois pas que ce soit une chose que je puisse empêcher, s'il ne se tient qu'à des faits, s'il ne me loue point, s'il ne se commet avec personne, s'il parle simplement et sans art. Mais il faut que sa préface soit écrite avec une sagesse extrême, et que sa conduite y réponde. » Quatre jours après, il écrivait à Thieriot : « Mme du Chastelet a lu la préface que m'a envoyée le petit La Mare. Nous en avons retranché beaucoup, et surtout les louanges; mais pour les faits qui y sont, nous ne voyons pas que je doive en empêcher la publication. C'est une réponse simple, naïve et pleine de vérité, à des calomnies atroces et personnelles, imprimées dans vingt libelles. Il y aurait un amour-propre ridicule à souffrir qu'on me louât; mais il y aurait un lâche abandon de moi-même à souffrir qu'on me déshonore. L'ouvrage de La Mare nous paraît à présent très sage, et même intéressant. Il me semble qu'il y règne un amour des arts et de la vertu, un esprit de justice, une horreur de la calomnie, et un attendrissement surtout sur le sort de presque tous les gens de lettres persécutés, qui ne peut révolter personne, et qui, même dans le temps de cette persécution nouvelle, doit gagner les bons esprits en ma faveur. Il est vrai que cette justification aurait plus de poids si elle était faite d'une main plus importante et plus respectée. Cette marque publique de La Mare peut servir à lui faire des amis. » En attendant, Voltaire envoyait, le 15 mars suivant, ce mot à son panégyriste : « Vous pouvez compter toujours sur moi. » Le 5 avril, il adressait cette phrase à Berger : « Je ferai le bien que je pourrai au petit de La Mare; mais il faudrait qu'il fût plus sage. »

Dans sa lettre, du 18 septembre 1736, à Berger, Voltaire se flatta d'avoir *accablé de bienfaits* ce petit de La Mare, que Longchamp a signalé comme l'un des chefs de claque aux représentations des pièces de son maître; mais, suivant son habitude, Voltaire garda le silence sur le montant des sommes qu'il lui donnait, à condition que sa reconnaissance ne serait pas muette. Ainsi, le 22 mai 1736, il mandait à Moussinot : « Que dites-vous de ce petit de La Mare, qui est venu escroquer de l'argent chez nous par un mensonge, et qui n'a pas écrit depuis que j'ai quitté Paris? L'ingratitude me paraît innée dans le genre humain. » Le 16 juillet, nouvelle missive. « Je vous remercie de la gratification faite à de La Mare, d'autant plus que c'est la dernière que mes affaires me permettent de lui accorder. » Le 17 novembre 1737, autre lettre : « Je lui ai envoyé 100 francs pour son voyage d'Italie, et je n'ai pas entendu parler de lui depuis son retour. Je ne le connais que pour l'avoir fait guérir d'une maladie infâme à mes dépens, et pour l'avoir *accablé de dons* qu'il ne méritait pas. » Il lui en fit encore. Nous avons vu qu'il lui abandonna la moitié du profit d'une comédie, comme il l'a constaté dans son *Commentaire historique*. Le 5 décembre 1738, il écrivait à d'Argental : « J'avais peu d'argent quand La Mare est venu chez Mme du Chastelet, je n'ai pu lui donner que 100 livres ; mais pour lettre de change je lui donne la comédie de *l'Envieux*. Il la donnera sous son nom, et il partagera le profit avec un jeune homme plus sage que lui et plus pauvre. » Le 13 du même mois, il disait à Prault : « Vous avez donc donné 120 livres à M. de La Mare, et vous avez fait plus que je n'avais osé vous demander. Je me charge du payement, s'il ne vous paye pas. » Le 20 suivant, il se plaignait à Thieriot de n'avoir pas encore reçu une lettre de reconnaissance de ces deux sommes, dont l'une paraît avoir été prêtée plutôt que donnée, dans une circonstance où de La Mare était tellement pauvre, qu'il avait été obligé de mettre tout son linge en gage, comme le prouve une lettre de Mme du Chastelet à d'Argental, du 25 décembre 1738. *L'Envieux* n'ayant point paru, de La Mare n'en retira aucun bénéfice.

De La Mare composa une *Préface de Jules César ;* suivant la lettre de Mme du Chastelet à d'Argental, du 14 juin 1738, il envoyait à Cirey toutes les pièces qu'il croyait devoir y être bien accueillies de Voltaire ; il lui permit de se servir de ses initiales pour donner plus de relief à un *Avertissement* de *Mahomet ;* il contribuait au succès de ses tragédies à la Comédie.

Voltaire lui accorda quelques secours dans une maladie grave ; il lui prêta de l'argent, et lui en donna aussi. Ces gratifications étaient une compensation de services qui flattaient son amour-propre. La pauvreté dans laquelle gémissait son protégé prouve combien il s'en fallait qu'il l'eût *accablé de bienfaits.*

Voltaire et Berger.

Dans le mois d'octobre 1733, Voltaire écrivait à Berger : « Y a-t-il quelque chose de nouveau, sur le Parnasse, qui mérite d'être connu de vous ? Soyez donc un peu, avec votre ancien ami, le nouvelliste des arts et des plaisirs, et comptez sur les mêmes sentiments que j'ai toujours eus pour vous. » Voltaire s'attacha à lui, lui accorda la plus grande confiance, et compta sur lui plus que sur tout autre, prenant plaisir à recevoir ses lettres, se fiant à ses jugements, et cherchant à lui être utile (1). Il le salua bientôt comme le plus exact et le plus aimable correspondant du monde (2) ; il le supplia de lui envoyer souvent des missives qu'il estimait plus que l'argent et la gloire (3). C'est pourquoi, le 3 janvier 1737, il lui disait : « Vous me ferez un sensible plaisir de m'écrire des nouvelles une ou deux fois par semaine. Je regarderai cette assiduité comme un service d'ami, et vous pouvez compter sur ma reconnaissance, comme je compte sur une discrétion extrême. »

Voltaire voulut aussi lui rendre les services qui dé-

---

(1) Lettres à Berger, de l'année 1734 (n° 319, de l'édit. Beuchot). — (2) De juillet 1736. — (3) Du 1ᵉʳ décembre 1735.

pendaient de lui. On croit que c'est à Berger qu'il écrivit, en février 1736, les lignes suivantes : « Quant à l'argent que me devait ce pauvre M. La Clède, je trouve dans mes papiers que je lui avais prêté par billet 300 livres, que le libraire Legras m'a rendues ; et le lendemain, je lui prêtai 50 écus, sans billet. Si vous pouviez, en effet, faire payer ces 50 écus, je prendrais la liberté de vous supplier très instamment d'en acheter une petite bague d'antique, et de prier Mme Berger de vouloir bien la porter au doigt. Ce M. Berger est un homme que j'aime et que j'estime infiniment, et je vous aurais de l'obligation si vous l'engagiez à me faire cette galanterie. C'est un des meilleurs juges que nous ayons en fait de beaux-arts. » Le 7 juin suivant, il mandait à Moussinot : « Je vous prie, si vous avez de l'argent à moi, de donner 100 livres à M. Berger, qui vous rendra cette lettre, et, si vous ne les avez pas, de vendre quelqu'un de mes meubles pour les lui donner, dussiez-vous lui donner 50 livres une fois et 50 livres une autre. Ayez la bonté de lui faire ce plaisir. Je lui ai une grande obligation de vouloir bien s'adresser à moi. Le plus grand regret que j'aie dans le dérangement où Demoulin a mis ma fortune, c'est d'être si peu utile à des amis tels que M. Berger. Enfin il faut songer à ce qui me reste plus qu'à ce que j'ai perdu, et tâcher d'arranger mes petites affaires de façon que je puisse passer ma vie à être un peu utile à moi-même et à ceux que j'aime. » Le 17 novembre suivant, il lui disait encore : « Je vous demande en grâce de renvoyer à M. Berger son billet avec une petite excuse de ne l'avoir pas fait plus tôt. » Mais à Berger, il adressait dans le mois de décembre les mots suivants : « Vous vous moquez de moi avec votre billet. Est-ce que des amis se font des billets? » Le 24 février 1738, il écrivait à Prault : « Je vous prie de prier M. Berger de passer chez vous pour affaire. Cette affaire sera que vous lui compterez 10 pistoles; vous lui demanderez de vous-même un billet par lequel il reconnaîtra avoir reçu 100 livres de mes deniers par vos mains. »

Berger ne fut pas ingrat. Il se montra l'homme le plus exact et le plus essentiel que connût Voltaire (1); il devint son cher plénipotentiaire (2), son cher éditeur (3). Il fut chargé de surveiller une édition de *la Henriade*, et d'envoyer à Cirey tous les livres nouveaux qui méritaient l'honneur d'y être transportés (4). On lui confia aussi des affaires délicates. Le 10 octobre 1736, Voltaire lui mandait : « A l'égard de *l'Enfant prodigue*, il faut soutenir à tout le monde que je n'en suis point l'auteur. Mandez-moi ce que vous en pensez, et recueillez les jugements des connaisseurs, c'est-à-dire des gens d'esprit, qui ne viennent à la comédie que pour avoir du plaisir. » Huit jours après, nouvelles instances : « Je me fie à vous sans réserve. Il faut que le secret soit toujours gardé sur *l'Enfant prodigue*. Je vous enverrai l'original; vous le ferez imprimer, vous ferez marché avec Prault dans le temps; mais surtout que l'ouvrage ne passe point pour être de moi. Vous ne sauriez me rendre un plus grand service que de détourner les soupçons du public. Récriez-vous sur l'injustice des

---

(1) Lettres à Berger, du 1er septembre. — (2) Du 5 avril. — (3) Du 18 septembre. — (4) Du 5 avril 1736.

soupçons, Si, par malheur, le secret de *l'Enfant prodigue* avait transpiré, jurez toujours que ce n'est pas moi qui en suis l'auteur. *Mentir pour son ami est le premier devoir de l'amitié.* Je veux vous devoir tout le plaisir de l'incognito, et tout le succès du théâtre et de l'impression. » Dans le mois de novembre, il revient sur le marché précité : « Faites vite un bon marché avec Prault, et s'il ne veut pas donner ce qui convient, faites affaires avec un autre. » Le 12 décembre, encore le même sujet : « Je vais faire partir la pièce et la préface pour être imprimées par le libraire qui en offrira davantage; car je ne veux faire plaisir à aucun de ces messieurs, qui sont, comme les comédiens, créés par les auteurs, et très ingrats envers leurs créateurs. Je suis indigné contre Prault ; faites-lui sentir ses torts et punissez-le en donnant la pièce à un autre. Ainsi négociez avec le libraire le moins fripon et le moins ignorant que faire se pourra. » Il recourut aussi à lui, peu de temps après, pour ses démêlés avec Desfontaines au sujet du *Préservatif*. Le 22 décembre 1738, il lui écrivait : « Je vous prie de dire à tous vos amis qu'il est très vrai que non seulement je n'ai aucune part au *Préservatif*, mais que je suis très piqué de l'indiscrétion de l'auteur. » Le 18 janvier et le 16 février 1739, il le pria d'aller trouver Saint-Hyacinthe, pour obtenir un désaveu qu'il attendait avec impatience. Le 9 janvier de la même année, il l'engagea à lui rechercher des anecdotes pour le *Siècle de Louis XIV*.

Pendant plusieurs années, le dévouement de Berger fut à toute épreuve. Voltaire ne paraît l'avoir récompensé qu'en lui prêtant de l'argent sur billet, et en lui abandonnant quelque profit sur une pièce. S'il lui accorda quelques secours, on doit les regarder comme des honoraires et non comme des libéralités, puisque Berger n'était pas obligé de perdre son temps à lui faire plaisir.

Voltaire et le chevalier de Mouhy.

Le 18 septembre 1736, Voltaire mandait à Berger : « Le chevalier de Mouhy m'écrit. Qu'est-ce que ce chevalier de Mouhy? » Ainsi ce fut de Mouhy qui le premier rechercha l'amitié de Voltaire Mais celui-ci voulut savoir quelle était sa position, avant de se livrer à lui. La veille, il avait écrit à Moussinot : « Il y a un M. le chevalier de Mouhy, qui demeure à l'hôtel Dauphin, rue des Orties. Ce chevalier de Mouhy veut m'emprunter 100 pistoles, et je veux bien les lui prêter. Vous me direz ce que c'est que cet homme. Je vous prie de lui dire que mon plaisir est d'obliger les gens de lettres, quand je le peux, mais que je suis actuellement très mal dans mes affaires; que cependant vous ferez vos efforts pour trouver cet argent, et que vous espérez que le remboursement en sera délégué, de façon qu'il n'y ait rien à risquer. Après quoi vous aurez la bonté de me mander le résultat de ces préliminaires. » Les renseignements furent sans doute satisfaisants; car, le 17 novembre, Voltaire disait à Moussinot : « Si ce chevalier de Mouhy vient vous voir, dites-lui que je suis prêt à lui faire tous les plaisirs qui dépendront de moi, mais ne lui donnez pas des espérances trop positives, et ne vous engagez pas. » Le 24 suivant, nouvelle lettre : « Vous avez vu ou vous verrez le sieur chevalier de Mouhy. Vous lui avez donné ou donnerez 300 livres, mais uniquement sur le billet de Dupuy, et promettrez 300 autres livres incessamment. Vous lui direz, je vous supplie, qu'il envoie les petites nouvelles à Cirey, deux fois par semaine, avec promesse de payement tous les mois ou tous les trois mois. Recommandez-lui d'être infiniment secret dans son commerce avec moi. »

Il n'a été publié aucune des lettres de Voltaire à ce de Mouhy. Il ne paraît pas probable que ce dernier fût devenu, dès 1736, l'agent littéraire de l'hôte de Cirey, puisque ce ne fut que plus tard qu'on lui demanda ce qu'il exigeait pour ses peines. Ainsi, c'est le 21 juillet 1738 que Voltaire mande à Moussinot : « Je vous prie de faire venir chez vous le chevalier de Mouhy, et de lui demander naturellement ce qu'il faut par an pour les nouvelles qu'il fournit, et ensuite je vous dirai ce qu'il faudra donner à compte. Il pourrait peut-être se charger d'envoyer les *Mercure* et pièces nouvelles. » Le 2 août, autre avis : « Le chevalier de Mouhy demeure rue des Moineaux, butte Saint-Roch. Vous pourrez lui écrire un mot pour savoir ce qu'il faut par mois, et pourquoi il n'envoie plus de nouvelles depuis huit jours. » D'après ces lettres, on voit que le chevalier envoyait déjà des nouvelles à Cirey ; mais les questions de Voltaire indiquent que ce commerce n'était pas un engagement, comme il le devint, dès qu'on se fut accordé sur les honoraires. Le 14 auguste, Voltaire s'adressa ainsi à Moussinot : « Au chevalier de Mouhy 100 francs pour une planche d'estampe qu'il promettra

livrer ; 10 écus pour les nouvelles par lui envoyées. S'il veut 200 livres par an, à condition d'être mon correspondant littéraire et d'être infiniment secret, volontiers. J'aurais mieux aimé mon d'Arnaud ; mais il n'a pas voulu seulement apprendre à former ses lettres. »
Quatre jours après, même sujet : « A l'égard de M. de Mouhy, je vous prie de lui donner 130 livres, si vous ne les lui avez déjà données, et de lui dire qu'il m'est impossible de lui donner plus de 200 livres par an ; que, si j'en croyais mes désirs et son mérite, je lui en donnerais bien davantage ; que je demande des nouvelles très courtes, des faits sans réflexions, et plutôt rien que des faits hasardés ; que d'ailleurs je serai charmé de l'avoir pour mon correspondant littéraire. »

Bientôt Voltaire travailla à flétrir et à noircir Desfontaines ; c'est sur de Mouhy qu'il jeta les yeux, quand il eut besoin d'un champion pour le soutenir. Dès le mois de novembre parut *le Préservatif*, précédé d'une gravure obscène, qui doit être celle dont la planche devait être livrée à Voltaire pour la somme de 100 francs, et qu'il tenait à voir, parce qu'il en avait lui-même donné le sujet, suivant Mme de Graffigny (p. 121). *La Voltairomanie* de Desfontaines suivit de près la publication du *Préservatif*. De Mouhy avait édité cette dernière brochure sous son propre nom. Cette démarche l'obligeait ou à confesser son mensonge, en signalant le véritable auteur du pamphlet diffamatoire, ou à ne pas se contredire et à soutenir hautement et hardiment tout ce que Voltaire lui signifierait de déclarer. De Mouhy préféra ce dernier parti. Aussi Voltaire s'empressa-t-il de lui ouvrir sa bourse et de lui faire de magnifiques promesses. D'une parole du chevalier dépendait l'honneur de Voltaire. Voltaire avait donc intérêt à ne pas se brouiller avec un homme qui lui était devenu nécessaire pour gagner le procès qu'il avait intenté contre l'auteur de *la Voltairomanie*. Le 12 janvier 1739, il écrit à Moussinot : « Voici un paquet qu'il faut sur-le-champ envoyer à M. le chevalier. Non, lisez-le. Portez-le vous-même, qu'il l'imprime, qu'il n'y ait pas le moindre retardement. L'ouvrage est sage, intéressant et nécessaire. Il vaudra quelque argent au chevalier. On en peut tirer au moins 500 exemplaires. Qu'on corrige les fautes du copiste, qu'on n'épargne rien, que l'impression soit belle, sur le plus beau papier. Donnez 50 livres d'avance à ce cher chevalier. Qu'il m'écrive régulièrement et amplement, qu'il m'envoie les feuilles à corriger. » Il s'agissait d'un *Mémoire* de Voltaire.

De Mouhy ne répugna pas à se prêter à tout ce qu'on attendait de lui. Voltaire ne désespéra pas de trouver en lui toute la complaisance d'un frère, comme il disait, le 18 janvier 1739, à d'Argental. Il devint de plus en plus exigeant avec lui. Aussi, le 26 janvier, disait-t-il de lui dans une lettre à Moussinot : « Il faut surtout qu'il m'écrive une lettre ostensible par laquelle il demeure indubitable que je n'ai aucune part au *Préservatif*. Promettez de l'argent au chevalier, mais qu'il ne se presse point, et qu'il ne mette pas sa montre en gage. » De Mouhy écrivit sans doute la lettre qui lui était demandée, car, trois jours après, Voltaire avouait à Moussinot que tout allait bien du côté du chevalier de Mouhy.

Quelle fut la récompense de tant de complaisance?

Le 2 février, Voltaire mande à Moussinot en parlant de cet *ardent* de Mouhy, comme il l'appelait dans sa lettre, du 27 janvier 1739, à d'Argental : « Vous lui avez donné 50 livres et deux louis, cela est quelque chose ; je tâcherai de lui donner encore dès que j'aurai de l'argent. Mais à présent que vous n'en avez point, je vous prie de le lui dire tout simplement. » Trois jours après, même sujet : « Je veux absolument que le procès soit fait, mais à condition que le chevalier de Mouhy vous jurera qu'il n'a aucun papier qui puisse me faire tort. Vous n'avez point d'argent, je lui en ferai toucher d'ailleurs. Dites que vous n'en avez point. » Le 28 suivant, autre lettre : « Je vous prie de donner 100 livres au chevalier de Mouhy, sitôt la présente reçue. Il vous donnera son récépissé. Je suis fâché de n'avoir que cela à lui donner pour le présent. Je vous prie de lui en faire mes très humbles excuses. » Le 7 mars, nouvelle recommandation : « Vous avez donc donné 100 livres au chevalier. Je vous prie, quand vous le verrez, de lui dire que vous n'en aviez pas davantage. » Le 19 suivant, encore un petit mot : « Donnez donc encore 100 livres au chevalier, mais dites-lui que c'est tout ce que vous avez, et demandez-lui bien pardon du peu. Après tout, cela fait plaisir. » Deux jours après, il désire savoir si ses ordres ont été exécutés. Il écrit à Moussinot : « Avez-vous eu la bonté d'envoyer 100 livres et mille excuses au chevalier? » A la fin, Voltaire se lassa de donner ou plutôt de prêter. De là ces lignes du 3 avril : « Faites-moi l'amitié d'envoyer encore 3 louis au chevalier de Mouhy, mais c'est à condition que vous lui écrirez ces propres mots : *M. de*

Voltaire, mon ami, me presse toutes les semaines de vous envoyer de l'argent; mais je n'en toucherai pour lui peut-être de six mois. Voici 3 louis qui me restent, en attendant mieux. » Cependant le 20 avril il était de nouveau question d'argent. Lisons donc ces lignes envoyées à Moussinot : « A l'égard de l'affaire du chevalier de Mouhy, le bonhomme, qui a 4,000 francs, en a déjà donné 2 à M. le marquis de Rennepont, voisin de Cirey. Les 2 autres sont tout prêts pour notre cher chevalier, et j'en réponds. Je veux absolument lui procurer ce petit plaisir. Je me chargerai de payer au bonhomme la rente de 100 livres, et le chevalier se chargera seulement de faire ratifier l'emprunt, soit par sa mère, soit par sa tante. En un mot il faut absolument qu'une personne ayant un bien libre se charge d'assurer le payement de ces 2,000 livres après sa mort; par exemple, la mère ou la tante pourront servir de caution à son fils ou neveu, et hypothéquer ses biens pour l'assurance du payement de ces 2,000 livres après la mort de la mère ou de la tante. Moyennant cet accommodement, notre chevalier aurait ses 2,000 livres franches et quittes, et elles ne seraient payables qu'à la mort de sa mère ou de sa tante. » Enfin, le 3 ou 4 juin 1740, dernière commission : « Je vous prie de donner 2 louis d'or de ma part à M. de Mouhy sur son reçu. »

Mais voici que, le 28 novembre 1750, Voltaire écrit à d'Argental : « Croiriez-vous bien que votre chevalier de Mouhy s'est amusé à écrire quelquefois des sottises contre moi, dans un petit écrit intitulé *la Bigarrure?* Je vous l'avais dit, et vous n'avez pas voulu le croire; rien n'est plus vrai ni si public. Vous m'avouerez qu'il est fort plaisant que ce Mouhy me joue de ces tours-là. Il vient de m'écrire une longue lettre, et il se flatte que je le placerai à la cour de Berlin. Je veux ignorer ses petites impertinences, qu'on ne peut attribuer qu'à de la folie. J'ai mandé à ma nièce qu'elle fît réponse pour moi, et qu'elle l'assurât de tous mes sentiments pour lui. » Le 5 avril 1752, nouvelle lettre : « En cas que la place de gazetier des chauffoirs, des cafés et des boutiques de libraires soit vacante, voici un petit mot pour le chevalier de Mouhy, que je vous prie de lui faire remettre. Vous ne doutez pas, d'ailleurs. que je ne sois très empressé à lui rendre service. ». Le 1ᵉʳ septembre suivant, encore ces lignes : « Je suis saisi d'horreur de voir que vous n'avez point ma réponse à la lettre où vous me recommandiez le chevalier de Mouhy. Cette réponse, avec un petit billet pour ce Mouhy, étaient dans un paquet. » Ces deux dernières missives sont évidemment une réfutation de la première, car d'Argental n'aurait pas recommandé un homme qui aurait écrit contre celui auquel il confiait son avenir, et Voltaire ne se serait pas intéressé au bonheur d'un traître et d'un ingrat. Ces passages prouvent que Voltaire resta constamment attaché au chevalier. Ont-ils continué de s'écrire de 1739 à 1750 ? Rien ne l'atteste, rien ne le contredit non plus. Quoique le nom de Mouhy ne paraisse plus dans la correspondance de Voltaire, il est très probable qu'ils ne s'oublièrent pas, car ils s'étaient rendu mutuellement de trop grands services pour se brouiller.

Revenons sur leurs rapports de 1736 à 1740. Mouhy a prouvé, par son ouvrage sur les théâtres, qu'il avait beaucoup d'aptitude pour ces recherches minutieuses qui répandent tant d'intérêt dans une correspondance de nouvelles; mais le style de ses romans annonce que Voltaire aurait pu trouver un plus habile secrétaire. Mouhy devint de plus son courtier et l'un de ses chefs de claque à la Comédie. Il fut l'âme de la fameuse affaire du *Préservatif*, et suivit les ordres de Cirey avec tant de ponctualité, qu'on avait besoin de le ménager et de le contenir (1), et de mettre un bon mors à son zèle pour qu'il ne dégénérât pas en imprudence (2). Il suffisait de lui lâcher la bride pour le voir exécuter ce qu'on attendait de sa complaisance (3). En un quart d'heure on l'envoyait chercher, et, bientôt après il avait aplani toutes les difficultés (4). Fatigues, paroles, visites, démarches, mensonges, impudence, il ne recula devant rien pour se rendre digne de la bienveillance de Voltaire. Il était pauvre, il était forcé de mettre sa montre en gage. Voltaire lui prêta de l'argent sur son récépissé ou sur hypothèques. Il lui en donna aussi quelquefois, mais pas en abondance. Ces secours étaient des honoraires bien mérités, toute peine méritant salaire ; jamais de pareils gages ne seront mis au nombre des libéralités. Le rôle qu'il imposa à son agent était infâme ; Mouhy ne s'en fût pas chargé s'il n'eût pas été si gêné ; la honte doit en rejaillir tout entière sur Voltaire, qui profita de sa situation pour l'amener à mentir publiquement.

(1) *Lettres inédites de Mme du Chastelet*, p. 173. — (2) P. 191. — (3) P. 177. — (4) P. 205.

Voltaire et Baculard d'Arnaud.

Dans le mois de mai 1736, Voltaire écrivait à Moussinot : « Voici un manuscrit que je vous envoie. Je vous prie d'envoyer chercher par votre frotteur un jeune homme nommé Baculard d'Arnaud, qui demeure chez M. Delacroix, rue Mouffetard, troisième porte cochère. Donnez-lui, je vous prie, ce manuscrit, et faites-lui de ma part un petit présent de 12 francs. C'est un jeune homme, qui est écolier externe au collège d'Harcourt. Je vous prie de ne point négliger cette petite grâce que je vous demande. » Nouvelle lettre, le 22 du même mois : « Pour vous punir, mon cher ami, de n'avoir pas envoyé chercher le jeune Baculard d'Arnaud, étudiant en philosophie au collège d'Harcourt, et demeurant chez M. Delacroix, rue Mouffetard, pour vous punir, dis-je, de ne lui avoir pas donné l'*Épître sur la Calomnie* et 12 francs, je vous condamne à lui donner un louis d'or et à l'exhorter de ma part à apprendre à écrire, ce qui peut contribuer à sa fortune. C'est une petite œuvre de charité, soit chrétienne, soit mondaine, qu'il ne faut pas négliger. J'écris à ce jeune d'Arnaud. Au lieu de 24 francs, donnez-lui 30 livres, quand il viendra vous voir. Je vais vite achever ma lettre, de peur que je n'augmente la somme. » Au bas de l'original de cette lettre, écrite tout entière de la main de Voltaire, on lit ces mots : REÇU TRENTE LIVES (*sic*). Signé : BACULARD D'ARNAUD. Voltaire continua de lui donner ou de lui prêter de l'argent. Citons les missives relatives à d'Arnaud. Ainsi, c'est toujours à Moussinot que Voltaire mande, le 7 juin : « Vous avez grand'raison d'être plus content du jeune homme à qui vous avez donné de l'argent que du sieur de La Mare, et je crois leurs caractères fort différents. Je crois dans l'un encourager la vertu. Je ne vous dis rien de l'autre, vous le connaissez. C'est à vous d'en juger. » — Le 6 juillet 1737 : « Un louis de gratification à d'Arnaud. » — Le 7 novembre suivant : « Avez-vous eu la bonté de donner à d'Arnaud un louis d'or ? » — Le 29 décembre de la même année : « A propos, un louis d'or vite aux étrennes à ce grand garçon d'Arnaud. » — En 1738, le 4 janvier : « Je vous recommande d'Arnaud pour 20 livres. En donnant le louis à d'Arnaud, donnez, je vous prie, ce billet. » — Le 20 suivant : « Puisque d'Arnaud est dans un si grand besoin, donnez-lui encore un louis d'or. Je voudrais faire mieux ; mais je trouve qu'en présents il m'en a coûté mille écus cette année. » — Le 27 mars suivant : « Ce d'Arnaud avait promis d'apprendre à écrire. S'il avait une bonne écriture, je l'aurais placé. C'est un sot : dites-lui cette vérité pour son bien. » — Le 12 juin : « Présentez-lui le petit *Mémoire* ci-joint transcrit de votre main. Vous aurez la bonté de me renvoyer l'original. La petite besogne qu'on lui propose est l'affaire de trois minutes. Il sera bon qu'il signe cet écrit, afin qu'on ne puisse me reprocher d'avoir fait moi-même cet Avertissement nécessaire, qui doit être de la main d'un autre. » — Cinq jours après : « A l'égard de d'Arnaud, voulez-vous bien avoir la bonté de lui donner 50 livres, quand il aura fait la Préface en question, que vous m'enverrez ? C'est

4.

un bon garçon. Je l'aurais pris auprès de moi, s'il avait su écrire. » — Le 28 du même mois : « J'attends des nouvelles du grand d'Arnaud et des 50 livres. Il écrit toujours comme un chat ; c'est dommage. » — Le 3 juillet suivant : « Je vous prie d'écrire au grand d'Arnaud de rendre son Avertissement 4 fois plus court et plus simple, d'en retrancher les louanges que je ne mérite pas, et de laisser, dans le seul feuillet carré de papier qu'il contiendra, une marge pour les corrections que je ferai. » — Le lendemain : « Je vous renvoie la Préface de M. d'Arnaud. Je vous prie de lui mander sur-le-champ de la bien copier sur du papier honnète, et de tâcher, s'il se peut, de l'écrire d'une écriture lisible. Après quoi, il vous la remettra avec un mot d'avis qu'il écrira aux libraires de Hollande : « A « MM. Vestein et Smith, libraires à Amsterdam. Ayant « appris, messieurs, qu'on fait à Amsterdam une très « belle édition des œuvres de M. de Voltaire, je vous « envoie cet Avertissement pour être mis à la tête. Je « l'ai communiqué à M. de Voltaire, qui en est content. « Je ne doute pas, messieurs, que d'aussi fameux li-« braires que vous n'aient part à cette édition ; aussi je « m'adresse à vous sur votre réputation, et si ce n'est « pas vous qui faites cette édition, je vous prie de « rendre cette préface à ceux qui sont chargés du soin « d'imprimer ce livre qu'on attend avec la dernière im-« patience. » Vous aurez la bonté de faire mettre le tout à la poste, et vous me renverrez le brouillon corrigé que je vous envoie. » — Le 25 décembre de la même année : « Quand d'Arnaud emprunte 3 livres, il faut lui en donner 12, l'accoutumer insensiblement au travail, et, s'il se peut, à bien écrire. Recommandez-lui ce point. C'est le premier échelon, je ne dis pas de la fortune, mais d'un état où l'on puisse ne pas mourir de faim. » — En 1739, le 10 janvier : « Envoyez par un exprès un louis d'or chez d'Arnaud. » Huit jours après : « Vous pourriez adroitement faire venir d'Arnaud dans ces circonstances (l'affaire du *Préservatif*), le loger, le nourrir quelque temps, et le faire servir non seulement à courir partout, mais à écrire. Cela doit partir de vous-même. » — Le 25 février suivant : « Un louis d'or à d'Arnaud. » — Le 7 mars : « 24 ou 30 livres à d'Arnaud. » — Le 20 avril : « Voici un petit mot pour M. d'Arnaud, à qui je vous prie de donner un louis d'or. » — Le 19 juillet : « Encore 20 livres à d'Arnaud et conseils de sagesse. » — En 1740, le 9 janvier : « Je vous prie de donner à d'Arnaud 60 livres de ma part, sans lui rien promettre de plus, sans le décourager aussi, sans entrer avec lui dans aucun détail. » — Le 21 février : « Un petit mot de lettre pour notre grand d'Arnaud, et pour qu'il ait de quoi payer le port, donnez-lui 20 livres, en attendant ce que nous lui donnerons en avril. » — Le 26 mars : « Je vous prie de donner 50 francs à d'Arnaud. » — Le 7 octobre : « Un louis d'or à d'Arnaud. » — Le 25 février 1741 : « Ayez la bonté de donner 10 écus à d'Arnaud, s'il est toujours dans le même état de misère où son oisiveté et sa vanité ont la mine de le laisser longtemps. »

Duvernet, l'éditeur et le mutilateur de ces lettres que nous avons copiées sur l'original, a dit : « Nous savons que les petits cadeaux que M. de Voltaire a faits à M. d'Arnaud, qui était alors écolier, n'étaient que pour donner au jeune homme des moyens d'aller au spectacle ; le tout ne monte qu'à *six cents livres,* somme constatée par les livres de compte de l'abbé Moussinot. M. d'Arnaud, étant entré dans le monde, voulut rendre ces 600 livres à M. de Voltaire, qui lui répondit que c'était une bagatelle, et qu'un enfant ne rendait pas de dragées à son père. » Il est très probable que cette dernière anecdote est une fable du narrateur; mais les citations que nous avons faites ne permettent pas d'admettre que Voltaire, en donnant de temps en temps un louis d'or à d'Arnaud, ait eu l'intention de lui fournir le moyen d'aller se consoler de sa misère à la comédie. Le total de ces gratifications étant constaté, il est facile de réduire à leur juste valeur ces lignes adressées, le 20 décembre 1753, par Voltaire à Mme Denis : « Dans le même paquet étaient les comptes de ce que j'ai dépensé pour d'Arnaud, que j'ai nourri et élevé pendant deux ans ; mais aussi la lettre qu'il écrivit contre moi, dès qu'il eut fait à Postdam une petite fortune, fait la clôture du compte. » Le 6 février 1761, il mandait à Le Brun : « Le d'Arnaud, dont vous parlez, a été nourri et pensionné par moi à Paris, pendant trois ans. C'était l'abbé Moussinot qui payait la rente-pension que je lui faisais. Je le fis aller à la cour du roi de Prusse ; dès lors il devint ingrat : cela est dans la règle. » Ainsi Voltaire nous renvoie aux registres de Moussinot, de même que Duvernet, qu'on n'accusera pas d'avoir cherché à mettre son héros en contradiction. Or, ces registres de Moussinot ne justifient pas les allégations de Voltaire. Bien plus, il n'est pas d'accord avec lui-même, puisqu'il parle de deux et de trois ans de pension alimentaire. Adoptons qu'il n'ait nourri d'Arnaud que deux ans, il faudra alors partager par moitié la somme de 600 livres affectée par Duvernet à cet usage. Or, quiconque a demeuré à Paris, ne se persuadera pas que 300 livres eussent suffi à l'entretien de d'Arnaud. Par conséquent Voltaire exagérait ou mentait, quand il se vantait d'avoir nourri deux ans à Paris le grand d'Arnaud. D'ailleurs c'est du mois de mai 1736 au 25 février 1741 qu'il paraît s'être occupé de son sort. C'est dans cet intervalle qu'il est parvenu à lui sacrifier jusqu'à 600 livres. Ces fractions tranchent la question. Il est évident que Voltaire fut loin de nourrir et de pensionner d'Arnaud, et qu'il ne lui accorda que des secours, et quelquefois des gratifications.

Ce dernier mot forcerait encore à rogner quelques chiffres au compte de Duvernet. Des gratifications ne sont pas des libéralités. Or, d'Arnaud méritait des gratifications, car il rendit à Voltaire tous les services qu'il put. Si Voltaire ne l'exploita pas autant qu'il l'aurait désiré, c'est que d'Arnaud avait une écriture illisible. De là les exhortations qui lui furent faites et réitérées de la perfectionner. Aussi Voltaire fut-il content, quand il s'aperçut qu'on avait profité de ses leçons. Ainsi, le 20 novembre 1742, il manda à d'Arnaud : « Mon cher enfant en Apollon, vous vous avisez donc enfin d'écrire d'une écriture lisible, sur du papier honnête, de cacheter avec de la cire, et même d'entrer dans quelque détail en écrivant? Il faut qu'il se soit fait en vous une bien belle métamorphose; mais apparemment votre conversion ne durera pas, et vous allez retomber dans votre péché de paresse. »

D'Arnaud n'aurait pu vivre avec les louis d'or de Voltaire. Celui-ci le devina. Aussi chercha-t-il à le tirer de la misère. C'est pourquoi, le 28 janvier 1738, il manda à Helvétius : « Mon cher ami, tandis que vous faites tant d'honneur aux belles-lettres, il faut aussi que vous leur fassiez du bien ; permettez-moi de recommander à vos bontés un jeune homme d'une bonne famille, d'une grande espérance, très bien né, capable d'attachement et de la plus tendre reconnaissance, qui est plein d'ardeur pour la poésie et pour les sciences, et à qui il ne manque peut-être que de vous connaître pour être heureux. Il est fils d'un homme que des affaires, où d'autres s'enrichissent, ont ruiné ; il se nomme d'Arnaud : beaucoup de mérite et de malheur font sa recommandation auprès d'un cœur comme le vôtre. Si vous pouviez lui procurer quelque petite place, soit par vous, soit par M. de la Popelinière, vous le mettriez en état de cultiver ses talents. » Cette lettre ne tomba pas sur un cœur d'airain. Le 25 février suivant, Voltaire s'empressa d'écrire de nouveau à Helvétius : « Je vous remercie tendrement de ce que vous avez fait pour d'Arnaud. J'ose vous recommander ce jeune homme comme mon fils ; il a du mérite, il est pauvre et vertueux, il sent tout ce que vous valez, il vous sera attaché toute sa vie. » En même temps Voltaire ne cessait d'encourager son protégé. Sous de pareils auspices, d'Arnaud finit par connaître les douceurs de l'aisance. Il devint le correspondant d'un prince d'Allemagne, et plus tard celui du roi de Prusse, qui fut si content qu'il se décida à lui offrir une place à sa cour.

D'Arnaud n'oublia point Voltaire. « Il n'est pas permis, dit M. Beuchot, de révoquer en doute l'existence d'une édition en douze volumes (des *OEuvres de Voltaire*) donnée par Baculard d'Arnaud, qui y mit une *Préface*. Voltaire parle de cette *Préface* dans la lettre à d'Argental, du 14 novembre 1750, et dit que l'édition avait été faite à Rouen. » Ce travail prouve que la plus grande amitié régnait encore entre le protégé et le protecteur. Ils se brouillèrent à Berlin. D'Arnaud s'y montra moins souple que ne l'exigeait Voltaire. Dès lors celui-ci chercha à l'éloigner de la cour, et parvint à obtenir du roi le renvoi du jeune poète (1). D'Arnaud allait perdre une place d 5,000 francs (2), et tomber de l'aisance dans la misère ; Voltaire se rit de cette situation. Il s'efforça de ridiculiser d'Arnaud et de le déshonorer. Il en vint jusqu'à le traiter de scélérat (3) et de dogue (4). Mais passons sous silence ces querelles, qui nous détourneraient de notre route.

Ainsi Voltaire a exploité d'Arnaud comme les autres jeunes gens que nous avons nommés. Il s'est montré avec lui le même qu'avec eux. Il l'a empêché de mourir de faim, en lui donnant ou prêtant de l'argent, sur son reçu, et en lui payant des travaux qui méritaient des honoraires.

---

(1) Lettre de Frédéric à Voltaire, du 24 février 1751.
(2) Lettre à d'Argental, du 14 novembre 1750.
(3) Lettre à Walther, du 6 décembre 1752.
(4) Lettre à Thieriot, de novembre 1750.

Voltaire et Thieriot.

Le 20 mars 1736, Voltaire appelait Thieriot son cher plénipotentiaire; le 6 juillet 1755, dans une lettre à d'Argental, il lui donnait la qualité de trompette; le 19 novembre 1760, il avouait à Damilaville qu'il le chérissait comme l'homme de Paris qui aimait le plus sincèrement la littérature, et qui avait le goût le plus épuré.

Cherchons la raison de ces éloges.

Dès 1721, Voltaire mandait à Thieriot : « Avez-vous toujours la bonté de faire en ma faveur ce qu'Esdras fit pour l'Écriture sainte, c'est-à-dire d'écrire de mémoire mes propres ouvrages ? S'il y a quelque nouvelle à Paris, faites-m'en part. » Le 11 septembre 1722, il lui mandait encore : « A l'égard de l'homme aux menottes (Beauregard, qui s'était permis de le battre), je compte aller à Sulli. Comme Sulli est à cinq lieues de Gien, je serai là très à portée de faire happer le coquin, et d'en poursuivre la punition moi-même, aidé du secours de mes amis. Je vous avais d'abord prié d'agir pour moi dans cette affaire, parce que je n'espérais pas pouvoir revenir à Paris de quatre mois; mais mon voyage étant abrégé, il est juste de vous épargner la peine que vous vouliez bien prendre. Vous ne serez pourtant pas quitte de toutes les négociations dont vous étiez chargé pour moi. Je vous envoie les idées des dessins d'estampes que j'ai rédigées. » Il s'agissait d'une édition de *la Henriade*. Voltaire ne tarda pas à lui en parler en ces termes : « Je vous prie de faire imprimer et de délivrer des souscriptions aux libraires. Ayez la bonté de conserver votre goût pour la peinture et pour la gravure, et de hâter le pinceau de Coipel, par les éloges peu mérités que vous lui donnez. » Le 5 décembre de la même année, il lui recommandait encore instamment ces dessins, et le priait de lui donner des nouvelles des actions.

A cette époque, Thieriot demeurait chez Voltaire ; celui-ci songea à lui procurer une place. Il s'adressa aux frères Pâris, mais n'obtint pas ce qu'il souhaitait. Il ne se rebuta pas. Dans le mois de juin 1723, il mandait à Thieriot ; « Si vous avez soin de mes affaires à la campagne, je ne néglige point les vôtres à Paris. J'ai eu avec M. Pâris l'aîné une longue conversation à votre sujet. Je l'ai extrêmement pressé de faire quelque chose pour vous. J'ai tiré de lui des paroles positives, et je dois retourner incessamment chez lui pour avoir une dernière réponse. » Quelques mois après, Thieriot apprit que son ami venait d'être attaqué de la petite vérole; il arriva de quarante lieues en poste pour le garder (1). Voltaire fut vivement touché de ce dévouement. Ce fut une nouvelle raison pour s'occuper de l'avenir de Thieriot. Le 26 septembre 1724, il lui dit : « J'ai engagé M. le duc de Richelieu à vous prendre pour son secrétaire dans son ambassade. Si vous êtes sage, vous accepterez cette place, qui, dans l'état où nous sommes, vous devient aussi nécessaire qu'elle est honorable. Vous n'êtes pas riche, et c'est bien peu de

(1) Lettre au baron de Breteuil, de décembre 1723.

chose qu'une fortune fondée sur trois ou quatre actions de la Compagnie des Indes. Je sais bien que ma fortune sera toujours la vôtre, mais je vous avertis que mes affaires de la Chambre des comptes vont très mal, et que je cours risque de n'avoir rien du tout de la succession de mon père. Dans ces circonstances, il ne faut pas que vous négligiez la place que mon amitié vous a ménagée. Faites vos réflexions sur ce que je vous écris. Il vaut mieux songer à votre fortune qu'à tout le reste.. » Mais Thieriot ne voulut pas se constituer domestique d'un grand seigneur ; Voltaire lui écrivit, le mois suivant, pour lui reprocher le tort qu'il avait eu de préférer à une si belle position la vie précaire qu'il menait chez Mme de Bernières.

Voltaire ayant été obligé de s'expatrier en 1726, confia le soin de ses affaires à Thieriot. Le 2 février 1727, il lui mandait : « Si Noël Pissot voulait me payer ce qu'il me doit, cela me mettrait en état de vous envoyer une partie de la petite bibliothèque dont vous avez besoin. Si vous aviez quelques heures de loisir, pourriez-vous vous transporter chez M. Dubreuil, dans la maison de M. l'abbé Moussinot? Il est chargé de plusieurs billets de Ribou, de Pissot et de quelques autres que j'ai mis entre ses mains. Il vous remettra lesdits billets sur cette lettre. Vous pouvez mieux que personne tirer quelque argent de ces messieurs, que vous connaissez. Si cela est trop difficile, et si ces messieurs profitent de mes malheurs et de mon absence pour ne me point payer, comme ont fait bien d'autres, il ne faut pas vous donner des mouvements pour les mettre à la raison, ce n'est qu'une bagatelle. ». Le 14 juin suivant, autre commission : « J'ai à présent besoin de savoir quand et où je pourrai faire imprimer secrètement *la Henriade;* il faut que ce soit en France, dans quelque ville de province. Si vous proposiez la chose à un libraire, j'aimerais mieux faire un marché argent comptant et livrer le manuscrit, que d'avoir la peine de le faire moi-même imprimer. » Le 21 avril 1728, même sujet. « Je vous conseille de faire prix avec un libraire en réputation. Il faut que le libraire fasse deux éditions : l'une in-4°, pour mon propre compte, et une autre in-8°, à votre profit. » Après ces négociations, il fut question de gratifications. Voltaire dit à Thieriot, le 2 mars 1729 : « Nous romprons pour toujours si vous ne prenez pas 500 livres de France sur l'arriéré que la reine me doit. En outre, vous devez recevoir 100 écus de Bernard et autant du libraire qui sollicitera le privilège de la *Vie du roi de Suède.* Il faut que cela soit ainsi, ou nous ne sommes plus amis. »

Sur ces entrefaites, Thieriot dissipa les souscriptions de *la Henriade,* comme nous l'avons vu plus haut. Suivant sa lettre, du 27 janvier 1739, à d'Argental, Voltaire lui pardonna volontiers cet abus de confiance, et continua de correspondre avec lui, parce qu'il trouvait en lui toute la complaisance possible. Le 1er juin 1731, il lui recommanda instamment d'être impénétrable, indevinable; Thieriot le fut. Voltaire lui sut gré de cette discrétion. Aussi, Thieriot étant allé se fixer à Londres, Voltaire ne tarda-t-il pas à lui donner différentes commissions. Ainsi le 14 avril 1732, il lui mandait : « Voici une chose que j'ai fort à cœur. Les planches des gravures de *la Henriade,* tant grandes que petites, sont entre les mains du libraire Woodman. Si vous pouviez les acheter à un prix raisonnable, vous me rendriez un grand service. Woodman ne pourrait rien faire de ces planches, et elles seraient très nécessaires pour compléter la grande édition de *la Henriade*, que je compte faire imprimer à Paris. Il ne faut pas lui laisser soupçonner que vous avez envie d'avoir ces gravures, ou que vous y attachiez beaucoup de valeur : alors il vous sera facile de les lui acheter à très bon marché. » Ensuite il le chargea d'éditer les *Lettres anglaises*. A cette occasion, il lui dit, le 1ᵉʳ mai 1733 : « Les *Lettres* en question peuvent paraître à Londres. Il ne convient pas que cet ouvrage paraisse donné par moi. Ce sont des lettres familières que je vous ai écrites, et que vous faites imprimer ; par conséquent c'est à vous seul à mettre à la tête un *Avertissement* qui instruise le public que mon ami Thieriot, à qui j'ai écrit ces guenilles vers l'an 1728, les fait imprimer en 1733, et qu'il m'aime de tout son cœur. » Le 28 juillet, nouvelle lettre : « Si vous m'aimez, vous reculerez tant que vous pourrez l'édition française. Je suis perdu si elle paraît à présent. Ne rompez pas pour cela vos marchés ; au contraire, faites-les meilleurs, et tirez quelque profit de mon ouvrage. Je vous jure que c'en est pour moi la plus flatteuse récompense. » Le 5 août suivant, Voltaire portait à 100 louis le profit que Thieriot retira de cette édition ; celui-ci disait n'en avoir touché que 50 guinées.

Thieriot continuait de vivre dans l'indolence. Voltaire ne cessait de l'aiguillonner et de le sermonner. Le 12 juin 1735, il lui écrivait : « Oui, je vous injurierai jusqu'à ce que je vous aie guéri de votre paresse. Vous vivez comme si l'homme avait été créé uniquement pour souper, et vous n'avez d'existence que depuis dix heures du soir jusqu'à minuit. Il n'y a soupeur qui se couche, ni bégueule qui se lève plus tard que vous. Cela fait qu'une lettre à écrire devient un fardeau pour vous. Songez donc à vous, et puis songez à vos amis, et ne passez pas des mois entiers sans leur écrire un mot. Il n'est point question d'écrire des lettres pensées et réfléchies avec soin, qui peuvent un peu coûter à la paresse; il n'est question que de deux ou trois mots d'amitié, et quelques nouvelles soit de littérature, soit des sottises humaines, le tout courant sur le papier, sans peine et sans attention. Je pourrai vous demander de temps en temps des anecdotes concernant le siècle de Louis XIV. Comptez qu'un jour cela peut vous être utile. » Le même mois, autre recommandation : « Tâchez de vous assurer, dans votre chemin, de tout ce que vous trouverez qui concernera l'histoire des hommes sous Louis XIV; de tout ce qui regardera le progrès des arts et de l'esprit. Songez que c'est l'histoire des choses que nous aimons. » Le 24 septembre, nouvelle demande : « Si vous connaissez quelque livre où l'on puisse trouver de bons mémoires sur le commerce, je vous prie de me l'indiquer, afin que je le fasse venir de Paris. Faites-moi connaître aussi tous les livres où l'on peut trouver quelques instructions touchant l'histoire du dernier siècle, et le progrès des beaux-arts; je vous répéterai toujours cette antienne. » Le 13 octobre, encore un petit avis : « Écrivez donc bien souvent, et n'allez pas imaginer qu'il faille attendre ma réponse pour me récrire. C'est à vous à m'inonder de nouvelles ; vos lettres seront pour moi *historia nostri temporis*. »

Dans le mois de septembre 1738, Thieriot alla visiter les hôtes de Cirey. De retour chez lui, rapporte Decroix (1), en déployant son bagage, il fut fort surpris d'y trouver un rouleau de 50 louis qu'on y avait glissé à son insu. Duvernet (p. 393), au contraire, raconte que c'est en revenant de Ferney que Thieriot fut étonné de ce tour, et que c'est de Thieriot même qu'il le tient. C'est au lecteur à choisir. Ce n'est pas la seule faveur que Thieriot dut à Voltaire. Grâce à ce dernier, il devint le correspondant littéraire de Frédéric ; comme il passa dix ans sans recevoir d'honoraires pour ce commerce, Voltaire eut soin de rappeler maintes fois au prince la position de son protégé. Malgré cette attention, Thieriot envoyait à Berlin et *la Voltairomanie*, et tous les libelles qu'on publiait contre Voltaire (2). Celui-ci ignora longtemps cette perfidie ; mais il eut toute sa vie des relations avec Thieriot, et continua à lui donner des commissions de toute nature. Ainsi, le 6 décembre 1758, en lui demandant un atlas, il lui disait : « Amusez-vous à me faire un bel atlas bien complet, bien relié. Vous aimez les livres et vos amis ; ainsi je compte vous servir à votre goût, en vous faisant exercer votre double métier d'obliger et de bouquiner. » Le 9 septembre 1760, il le remerciait des documents qu'il avait reçus pour un chant de *la Pucelle;* et, le 19 novembre suivant, il le priait de lui en fournir d'autres. Le 22 avril 1761, il

---

(1) *Mémoires de Longchamp*, p. 427.
(2) Lettre de Frédéric à Mme du Chastelet, du 27 janvier 1739.

lui offre d'éditer une pièce de théâtre et de la présenter aux comédiens. En février 1762, il avoue à Mme de Fontaine que le Droit du Seigneur n'a été livré à la scène que pour procurer quelque argent à Thieriot, qui doit en partager le profit avec un autre jeune homme, qui avait rendu quelques services à l'auteur. La comédie n'ayant eu que neuf représentations, le bénéfice se réduisit à trop peu de chose pour le fractionner. Aussi Voltaire manda-t-il, le 8 du même mois, à Damilaville, qu'il fallait laisser Thieriot jouir du peu qu'avait rapporté le Droit du Seigneur. Il n'oubliait pas de le sermonner au besoin. C'est pourquoi, le 9 janvier 1763, il écrivait à Cideville : « Vous voyez donc quelquefois frère Thieriot ? Il me parait qu'il fait plus d'usage d'une table à manger que d'une table à écrire. S'il fait jamais un ouvrage, ce sera en faveur de la paresse. » Le 2 avril 1764, il adressait ces mots à Damilaville : « Frère Thieriot devrait bien s'amuser un quart d'heure à m'écrire tout ce qu'on dit et tout ce qu'on fait. Vous ne me parlez plus de ce paresseux, de ce négligent, de ce loir, de cet ingrat, de ce liron qui passe sa vie à manger, à dormir et à oublier ses amis. »

De pareilles habitudes ne conduisent pas à la fortune. Sur la fin de ses jours, Thieriot se trouva dans la gêne. Le 13 janvier 1769, il dit à Voltaire : « Il n'y a que vous au monde, mon ancien ami, mon honneur et mon soutien, avec qui je puisse prendre l'air et le ton dont je vous écris. Ma petite fortune et mes affaires sont dans le plus grand dérangement. J'ai payé trois années, de 600 livres chacune, pour remplir les engagements que j'avais pris pour le mariage de ma fille.

Voici mes revenus : 1,200 livres du roi de Prusse, dont il ne me reste que 1,000 livres, les 200 livres payant tous les papiers littéraires dont je lève mes extraits, payant aussi des copies de pièces et autres ouvrages qu'il faut y joindre. Les 1,000 livres du roi de Prusse, avec 2,600 viagères sur l'hôtel de ville, et 400 livres par an sur M. le comte de Lauraguais, me donnaient l'espérance de me tirer d'affaire en payant même mon engagement de 600 livres. Mais une nouvelle charge perpétuelle m'est survenue, par la nécessité de prendre une seconde femme pour me servir et me secourir dans mes infirmités. Vous me fîtes l'amitié de m'écrire, au commencement de 1766, lorsque je vous demandais d'être inscrit sur la feuille de vos bienfaits, que j'avais attendu trop tard, que j'en serais puni, que j'attendrais; qu'il aurait fallu vous parler de mon grenier dans le temps de la moisson; que tout le monde avait glané hors moi, parce que je ne m'étais pas présenté. Vous me promettiez de réparer ma négligence; vous ajoutiez de la manière la plus agréable et la plus consolante que vous m'aimiez comme on aime dans la jeunesse. Cela m'a rappelé avec quelle vivacité vous entreprîtes et vous poursuivîtes, sur la fin de la régence, de faire mettre sur ma tête la moitié de votre pension. Mais les tristes événements qui se succédèrent coup sur coup renversèrent une si rare marque d'amitié et de bienfaisance, dont la *Gazette de Hollande* fit une mention particulière. C'est ce qui m'a toujours encouragé de vous dire, s'il en était besoin, comme Horace le dit à Mécène, en lui rappelant ses bienfaits : *Nec, si plura velim, tu dare deneges;* et c'est ce qui me faisait dire dernièrement à table, chez M. le lieutenant civil, qu'il n'y avait que M. de Voltaire à qui je pusse demander avec plaisir, et de qui je pusse recevoir de même. » A cette lettre, Voltaire répondit, le 27 du même mois : « Je compte bien vous donner des preuves solides de mes sentiments, dès que j'aurai arrangé mes affaires. Je n'ai pas voulu immoler Mme Denis au goût que j'ai pris pour la plus profonde retraite. J'ai mieux aimé l'avoir à Paris pour ma correspondante, que de la tenir enfermée entre les Alpes et le mont Jura. Il m'a fallu lui faire un établissement considérable. Je me suis dépouillé d'une partie de mes rentes en faveur de mes neveux et de mes nièces. Dès que j'aurai arrangé mes affaires, vous pouvez compter sur moi. J'ai actuellement un chaos à débrouiller ; et, dès qu'il y aura un peu de lumière, les rayons seront pour vous. » Le 4 mars, il lui écrivait de nouveau : « J'ai beaucoup rêvé, mon ancien ami, à votre lettre du 13 de janvier. Je vois que je ne pourrai pas suivre les mouvements de mon cœur aussitôt qu'il le veut. L'idée m'est venue de vous procurer un petit bénéfice cette année. J'ai en main le manuscrit d'une comédie très singulière (*le Dépositaire*). L'ouvrage pourrait avoir du succès. Je vous enverrai la pièce par le premier courrier ; elle peut vous valoir beaucoup, elle peut vous valoir très peu. Tout est coup de dés dans ce monde. C'est à vous à bien conduire votre jeu, et surtout à ne pas laisser soupçonner que je suis dans la confidence ; ce serait le sûr moyen de tout perdre. » Le 9 auguste, il lui mandait encore : « Je ne crois pas que Lacombe vous donne beaucoup de votre comédie. Une pièce non jouée, et qui probablement ne le sera point, est toujours très mal vendue; en tout cas, donnez-la à l'enchère. » Le 20 janvier 1770, il apprit à d'Argental que Lekain aurait la moitié du profit que rapporterait la comédie adressée à Thieriot pour le tirer d'embarras. Ce fut la dernière faveur que ce dernier reçut de son soutien; car il mourut à Paris, le 23 novembre 1772.

A la vérité, Voltaire avait été autrefois plus généreux à son égard. Ainsi, le 4 décembre 1738, il avait écrit à Moussinot : « Cent francs ou environ à M. Thieriot; mais, pour plus grosse somme, un mot d'avis. » Le 23 suivant, nouvelle lettre : « Je vous supplie d'envoyer 300 livres à M. Thieriot, chez M. de La Popelinière. » A la même époque, Mme de Graffigny (p. 72) disait : « Il est étonnant l'amitié qu'il (Voltaire) a pour cet homme (Thieriot); car c'est uniquement par reconnaissance qu'il le fait; cependant j'ose croire qu'il y a aussi de la fantaisie; il lui donne tout le profit de ses *Épîtres*. » C'est que Thieriot était l'homme qu'il lui fallait alors. C'est à lui qu'il adressa, le 21 octobre 1736, cette lettre fameuse : « *Le mensonge n'est un vice que quand il fait du mal; c'est une très grande vertu, quand il fait du bien. Soyez donc plus vertueux que jamais. Il faut mentir comme un diable, non pas timidement, non pas pour un temps, mais hardiment et toujours.* Qu'importe à ce malin public qu'il sache qui il doit punir d'avoir produit une Croupillac (personnage de *l'Enfant prodigue*)? Qu'il la siffle, si elle ne vaut rien; mais que l'auteur soit ignoré, je vous en conjure, au nom de la tendre amitié qui nous unit depuis vingt ans. Engagez les Prévost et les La Roque à détourner le soupçon qu'on a du pauvre auteur. Écrivez-leur un petit mot tranchant et net. Consultez avec l'ami Berger. Si vous avez mis Sauveau du secret, mettez-le du mensonge. *Mentez, mes amis, mentez, je vous le rendrai dans l'occasion.* » Le 20 mars 1725, Voltaire s'était déjà servi du nom de Thieriot pour répondre à l'abbé Nadal.

Thieriot était donc le serviteur le plus souple de Voltaire. Une seule fois il répugna à se prêter à ses fantaisies : ce fut lors du procès intenté à Desfontaines. Mme du Chastelet jeta les hauts cris ; elle ne vit en Thieriot qu'un pauvre homme (1), oubliant tout ce qu'il devait à l'amitié de Voltaire (2), qui l'avait nourri deux ans, défrayé en Angleterre (3), et gratifié du produit des *Lettres philosophiques* (4).

Le 18 janvier 1739, Voltaire demanda à d'Argental s'il y avait une âme de boue aussi méprisable ; mais il ne voulut pas rompre en visière avec lui. Grâce aux instances et aux lettres des époux du Chastelet, de Mme de Chambonin, de Mme de Bernières, de d'Argental, Thieriot finit par signer tout ce qu'on lui présenta. Tout lui fut pardonné. Voltaire comprit qu'il lui serait impossible de remplacer cet autre séide, aimant les plaisirs et le bon vin, comme dit Longchamp (p. 321), passant sa vie dans les festins en qualité de parasite, et par là plus apte que tout autre à connaître les bruits et les nouvelles de la société. De bonne heure il avait été signalé dans une satire (*le Temple de Mémoire*, 1725), comme le prône-vers de M. de Voltaire. Dans sa lettre à Horace Walpole, du 27 février 1773, Mme du Deffand le regardait moins comme son ami et son confident que comme

---

(1) *Lettres inédites de Mme du Chastelet*, p. 173. — (2) P. 117. — (3) P. 124. — (4) P. 117.

son colporteur. En effet, suivant un journal du temps (1), il était la mémoire de *la Henriade* et des poésies de son maître : il les déclamait dans les cafés, chez les gens riches et chez les seigneurs avec lesquels il parvenait à se lier, sous les auspices du poète. C'est ainsi qu'il rendit des services essentiels à Voltaire, remarque Chaudon (t. II, p. 147), indépendamment de tous ceux que nous connaissons; car, pendant plus de soixante ans, il s'ingénia à lui plaire autant qu'il pouvait. Le roi de Prusse se plaignait, le 29 janvier 1739, à Mme de Chastelet, de recevoir de Thieriot des lettres où il n'y avait pas de bon sens. Voltaire était moins difficile, car il lui aurait fallu payer davantage un correspondant plus exact et plus capable. C'est ce qui explique pourquoi il resta attaché à Thieriot et l'exploita si longtemps.

Nous savons tout ce que Thieriot fit pour Voltaire. Voltaire ne se ruina pas pour Thieriot. Il le laissa vivre et mourir dans la gêne (2). Il lui prodigua les louanges pour l'amadouer; quant à l'argent, il ne lui en donna que quand il eut besoin de lui; dès qu'il put se passer de ses services, il cessa de lui offrir sa bourse, et marchanda avec sa misère. Il le connaissait sans mœurs, sans probité, sans dignité, sans énergie; néanmoins il l'employa, mais en le méprisant. Dès que Thieriot fut mort, il l'oublia, et ne parla plus de lui que pour flétrir sa mémoire. Ainsi, le 4 décembre 1772, il disait à d'Argental : « Thieriot avait toujours espéré être lui-même l'éditeur de mes lettres et de beaucoup de mes petits

---

(1) *Le Glaneur historique, moral, littéraire et galant.* La Haye, 1731. In-12, n° 11.

(2) Grimm, *Correspondance littéraire,* de novembre 1772.

ouvrages : il sera bien attrapé. » Quatre jours après, il mandait au roi de Prusse, dont Thieriot avait été le correspondant jusqu'à sa mort : « Mon contemporain Thieriot est mort. J'ai peur qu'il ne soit difficile à remplacer : il était tout votre fait. » Le 1ᵉʳ février suivant, il lui disait encore : « Vous ne voulez donc point remplacer Thieriot, votre historiographe des cafés? Il s'acquittait parfaitement de cette charge ; il savait par cœur le peu de bons et le grand nombre de mauvais vers qu'on faisait dans Paris ; c'était un homme bien nécessaire à l'État. » Si Thieriot ne mérita pas d'autre épitaphe, quel nom donner à celui dont il fut toute sa vie le confident, le commissionnaire, le correspondant et le courtier?

Voltaire et les pauvres diables d'auteurs.

Voyons maintenant à quel prix Voltaire se débarrassait des pauvres diables d'auteurs, qui faisaient un appel à son humanité.

Dans une lettre, du 20 septembre 1736, insérée dans la *Bibliothèque française*, il se vanta d'avoir donné 4 louis pour son aumône au poète Rousseau.

Le 29 mars 1739, dans une lettre à Berger, il disait de Saint-Hyacinthe : « Il n'a guère vécu à Londres que de mes aumônes. » Cette phrase est trop vague pour qu'on en puisse tirer des conclusions.

Le 18 janvier de la même année, il avait dit à Moussinot : « Je vous prie d'envoyer chercher un jeune étudiant au collège de Montaigu, nommé l'abbé Dupré, et de lui donner 6 francs. »

Dans une lettre, du 2 juin 1773, à Dalembert, il dit

de Desfontaines :: « J'ai eu la bêtise de lui faire des aumônes très considérables dont j'ai même les reçus. » Or, si ces aumônes étaient considérables, pourquoi ne pas indiquer leur total, puisqu'il en avait les reçus ? Ces reçus prouvent que les sommes n'avaient été que prêtées, car autrement Desfontaines n'en eût pas donné de quittances. La phrase de Voltaire ne signifie donc rien.

Le 27 février 1737, un sieur de Bonneval écrivit à Voltaire : « J'ai été chez vous hier matin, Monsieur, pour avoir l'honneur de vous voir ; on m'a dit que vous étiez à la cour. Vous eussiez sans doute été surpris de ma visite, mais vous l'eussiez été davantage du motif qui l'occasionnait. Cependant je m'étais rassuré par les réflexions qui viennent naturellement à un esprit du premier ordre, et je me disais : Il est vrai que depuis 1725 je n'ai presque jamais eu l'honneur de voir M. de Voltaire, mais il n'ignore pas qu'il est dans une sphère qui ne permet pas à tout le monde de le voir ; il ne peut ignorer l'admiration que je lui ai vouée, et il ne pourrait en douter sans faire tort à mon discernement. Personne n'est plus en état aujourd'hui que moi de lui rendre justice, par l'habitude où j'ai été pendant un an de le voir dans ces sociétés où l'esprit et le cœur peuvent se montrer ce qu'ils sont sans danger. C'est de là que j'en ai jugé assez favorablement pour être persuadé qu'il aime à obliger. Cette manière de penser m'a conduit chez vous pour vous prier de me prêter 10 pistoles, dont j'ai un besoin instant, et de vous offrir pour la restitution une délégation de la même somme sur les arrérages d'une rente que m'a laissée une tante de votre connaissance. Cette prière, que je vous aurais faite chez vous, je vous la fais aujourd'hui par écrit, et si vous voulez y faire droit, vous le pouvez, en m'adressant à qui il vous plaira de votre part, et je lui remettrai la délégation. Je croirais offenser la délicatesse de vos sentiments si j'employais ici ces tours d'une éloquence usée pour vous disposer à me rendre le service que je vous demande. Exposer un besoin à une personne qui pense noblement, c'est avoir tout dit. » Au bas de cette lettre, Voltaire mit ces mots : « Ce Bonneval est un fripon qui m'a volé autrefois 10 louis, et qui a fait un libelle contre moi. » Quel était ce libelle ? Voltaire ne le dit pas ; comment s'était-il laissé voler dix louis sans les réclamer ? Il oublie encore de le rapporter. A-t-il accordé les 10 pistoles qui lui étaient demandées ? Nous verrons tout à l'heure qu'il n'en fait pas l'aveu.

Le 15 janvier 1740, c'est le romancier Prévost qui lui écrit : « Je souhaiterais extrêmement, Monsieur, de vous devenir utile en quelque chose ; c'est un ancien sentiment que j'ai fait éclater plusieurs fois dans mes écrits, que j'ai communiqué à M. Thieriot dans plus d'une occasion, et qui s'est renouvelé fort vivement depuis l'affaire de Prault. Je ne puis soutenir qu'une infinité de misérables s'acharnant contre un homme tel que vous, les uns par malignité pure, les autres par un faux air de probité et de justice, s'efforcent de communiquer le poison de leur cœur aux plus honnêtes gens. Il m'est venu à l'esprit que le goût du public, qui s'est assez soutenu jusqu'à présent pour ma façon d'écrire, me rend plus propre qu'aucun autre à vous rendre quelque service. L'admiration que j'ai pour vos talents, et l'attachement particulier dont je fais profession pour votre personne, suffiraient bien pour m'y porter avec beaucoup de zèle ; mais mon propre intérêt s'y joint, et si je puis servir dans quelque mesure à votre réputation, vous pouvez être aussi utile pour le moins à ma fortune. Voilà deux points, Monsieur, qui demandent un peu d'explication : elle sera courte, car je n'ai que le fait à exposer : 1° J'ai pensé qu'une défense de M. de Voltaire et de ses ouvrages, composée avec soin, force, simplicité, pourrait être un fort bon livre, et forcerait peut-être, une fois pour toutes, la malignité à se taire. Je la diviserais en deux : l'une regarderait sa personne, l'autre ses écrits ; j'y emploierais tout ce que l'habitude d'écrire pourrait donner de lustre à mes petits talents, et je ne demanderais d'être aidé que de quelques mémoires pour les faits. L'ouvrage paraîtrait avant la fin de l'hiver ; 2° Le dérangement de mes affaires est tel, que si le Ciel, ou quelqu'un inspiré de lui, n'y met ordre, je suis à la veille de repasser en Angleterre. Je ne m'en plaindrais pas, si c'était ma faute ; mais depuis cinq ans que je suis en France, avec autant d'amis qu'il y a d'honnêtes gens à Paris, avec la protection d'un prince du sang (de Conti) qui me loge dans son hôtel, je suis encore sans un bénéfice de 5 sous. Je dois environ 50 louis, pour lesquels mes créanciers réunis m'ont fait assigner ; et le cas est si pressant, qu'étant convenu avec eux d'un terme qui expire le premier du mois prochain, je suis menacé d'un décret de prise de corps, si je ne les satisfais dans ce temps. De mille personnes opulentes avec lesquelles ma vie se passe, je veux mourir si j'en connais une à qui j'aie la hardiesse de demander cette somme, et de qui je me croie sûr de l'obtenir. Il est question de savoir si M. de Voltaire, moitié engagé par sa générosité et par son zèle pour les gens de lettres, moitié par le dessein que j'ai de m'employer à son service, voudrait me délivrer du plus cruel embarras où je me sois trouvé de ma vie. L'entreprise est digne de lui ; et la seule nouveauté de rétablir dans ses affaires un homme, qui ne peut s'aider de la protection d'un prince du sang, et j'ose dire de l'amitié de tout Paris, me paraît une amorce singulière. Au reste, j'ai deux manières de restituer : l'une en sentiments de reconnaissance, et je serais réduit à celle-là si la mort me surprenait, car je ne possède pas un sou de revenu ; mais je suis dans un âge, je jouis d'une santé qui me promettent une longue vie : l'autre voie de restitution est de donner à prendre sur mes libraires ; elle pourrait me servir avec mes créanciers, s'ils entendaient raison ; mais des tapissiers et des tailleurs, qu'on a différé un peu de payer, n'y trouvent point assez de sûreté. Un homme de lettres conçoit mieux la solidité de cette ressource. Voilà en vérité une lettre fort extraordinaire. Je me flatte qu'autant je trouverai de plaisir à me vanter du bienfait si vous me l'accordez, autant vous voudrez bien prendre soin d'ensevelir ma prière, si quelque raison ne vous permet pas de la recevoir aussi favorablement que je l'espère. Vous vous imaginez bien que c'est le récit que Prault m'a fait de vos générosités qui m'a fait naître les deux idées que je viens de vous proposer. » Rappelons-nous maintenant que, le 26 février 1736, Voltaire avait mandé à Thieriot : « J'ai fait tout le bien que j'ai pu, et je n'ai jamais fait le mal que j'ai pu faire. Si ceux que j'ai accablés de bienfaits et de services sont demeurés dans le silence contre mes ennemis, le soin de mon honneur me doit faire parler, ou quelqu'un doit être assez juste, assez généreux pour parler pour moi. Si Prévost voulait entrer dans ces détails, dans une feuille consacrée, en général, à venger la réputation des gens de lettres calomniés, il me rendrait un service que je n'oublierais de ma vie. Si donc je suis assuré que le *Pour et le Contre* parlera aussi fortement qu'il est nécessaire, je me tairai, et ma cause sera mieux entre ses mains que dans les miennes; mais il faut que j'en sois sûr. » Prévost prévenait ce désir; mais Prévost demandait de l'argent. Voltaire préféra garder son argent et se passer d'apologie. C'est pourquoi il attendit le mois de juin pour répondre à la lettre de Prévost, du 15 janvier 1740 : « Arnauld fit autrefois l'apologie de Boileau, et vous voulez, Monsieur, faire la mienne. Je serais aussi sensible à cet honneur que le fut Boileau, non que je sois aussi vain que lui, mais parce que j'ai plus besoin d'apologie. La seule chose qui m'arrête tout court est celle qui empêcha le grand Condé d'écrire des mémoires. Il dit qu'il ne pourrait se justifier sans accuser trop de monde. Je suis à peu près dans le même cas. S'il fallait parler de quelques ingrats que j'ai faits, ne serait-ce pas me faire des ennemis irréconciliables ? Loin de chercher à publier l'opprobre des gens de lettres, je ne cherche qu'à le couvrir. Il y a un article dans votre lettre qui m'intéresse beaucoup davantage : c'est le besoin que vous avez de 1,200 livres. Je voudrais être prince ou fermier général, pour avoir la satisfaction de vous marquer une estime solide. Mes affaires sont actuellement fort loin de ressembler à celles d'un fermier général, et sont presque aussi dérangées que celles d'un prince. J'ai même été obligé d'emprunter 2,000 écus de M. Bronod, notaire; et c'est de l'argent de Mme du Chastelet que j'ai payé ce que je devais à Prault fils; mais sitôt que je verrai jour à m'arranger, soyez très persuadé que je préviendrai l'occasion de vous servir avec plus de vivacité que vous ne pourriez la faire naître. Rien ne me serait plus agréable et plus glorieux que de pouvoir n'être pas inutile à celui de nos écrivains que j'estime le plus. »

Le 10 mai 1744, voici de Mannory qui écrit à Voltaire : « Il y a longtemps, monsieur, que vous n'avez entendu parler de moi, et il est bien fâcheux que je ne rappelle vos idées à mon sujet que pour vous entretenir de mes malheurs; mais je connais trop les sentiments de votre cœur pour manquer de confiance. Mon père vit toujours, il a quatre-vingts ans; il est extrêmement cassé et affaibli. J'aurai plus de 100,000 francs de bien; et je n'en ai jamais reçu un écu. Ma profession est difficile; il y faut des secours sur lesquels j'avais compté et qui m'ont manqué. J'ai essuyé des maladies longues et considérables; j'ai enfin rétabli ma santé, mais, pendant ce temps, mon cabinet s'est trouvé vide. J'avais affaire alors, monsieur, à une propriétaire riche et dévote; j'avais extrêmement dépensé dans sa maison pour m'ajuster; elle m'a inhumainement mis dehors, et j'ai perdu toutes mes dépenses et mes arrangements. Enfin le pauvre M. de Fimarçon s'est adressé à moi; j'ai cru ses affaires bonnes, je m'y suis livré tout entier. Mes maladies m'avaient affaibli mon cabinet de la moitié. J'ai peu de l'autre moitié pour ne penser qu'à M. de Fimarçon. Je me flattais qu'en le tirant d'affaire, je me ferais honneur, et que sa reconnaissance me dédommagerait suffisamment : rien n'a réussi. Pendant ce temps, j'ai été trois mois à trouver une maison. J'en ai loué une, le 23 décembre. Depuis cet instant, les ouvriers y sont. Voilà donc six mois que je suis sans maison, sans cabinet, et par conséquent sans travail. Jugez, monsieur, de ma situation. Je ne tirerai pas un écu de mon père. Quand on a été dur toute sa vie, on ne devient pas bon et généreux à quatre-vingts ans. M. Dodun, l'ancien receveur général, de qui j'ai loué dans l'Ile, m'a fait attendre; mais il a dépensé 4,000 francs pour m'ajuster, et je serai au mieux. J'ai des meubles qui, en les faisant aller au mieux, me suffiront. Il ne me manque donc que de pouvoir satisfaire à la dépense de mon emménagement, qui ne laissera pas que d'être un objet; de payer quelques petites dettes que j'ai depuis six mois, et d'avoir une faible somme devant moi pour ouvrir mon cabinet, et vivre en attendant la pratique, qui viendra sûrement. J'ai toujours entendu dire qu'il était permis aux malheureux de se vanter un peu. En profitant de ce privilège, que je n'ai que trop acquis par ma situation, qui est cruelle, je puis me vanter de ne craindre aucun des avocats qui ont actuellement de l'emploi. Si j'ai des secours, je vais reprendre dans l'instant; mon cabinet a sa valeur. Dans un an, mon emploi peut être considérable, et mon père me laissera enfin ce qu'il ne pourra pas emporter. Si je n'ai point de secours, ma maison devient inutile. Je ne pourrai plus reparaître au palais, et je suis perdu sans ressource; car je ne suis bon à aucune autre chose. Je donnerai toutes les sûretés que je pourrai; je m'engagerai solidairement avec ma femme; je ferai même des lettres de change, pourvu que l'on me donne des délais suffisants. M'abandonnerez-vous, monsieur? Oublierez-vous l'ancienne amitié que vous avez eue pour moi? Je suis un de vos plus anciens serviteurs, et l'apologiste d'*Œdipe* ne doit pas périr dans la misère au milieu de si belles espérances ; il ne s'agit que de l'aider un peu. Ce sera un avocat que vous ferez, et s'il devient bon, l'opération n'est pas indigne de vous. Jusqu'à présent, monsieur, vous avez fait tant de choses différentes, et dans tous les genres, que celle-là vous manquait peut-être. J'attends tout de vous, monsieur ; les temps sont affreux, puisque personne n'est sensible aux talents. Vous seul les connaissez tous, vous les protégez ; et si vous pensez que je puisse faire quelque chose, vous ne m'abandonnerez certainement pas. Ma fortune dépend donc du jugement que vous porterez de moi. J'attends votre décision avec confiance. En attendant que vous me mettiez en état de gagner l'Ile, je compte que vous m'honorerez d'une réponse. » On ignore à quelle époque le même Mannory adressa la lettre suivante à Voltaire : « Vous m'avez permis, monsieur, de vous importuner encore, après votre retour de la campagne. Je suis honnête en robe, mais je manque totalement d'habit, et je ne puis me présenter devant personne. Cela dérange toutes mes affaires. Avez-vous pensé à M. Thieriot? Je vous prie, monsieur, de me le marquer. Je suis depuis six jours avec 4 sous dans ma poche. Vous m'avez promis quelques légers secours, ne me les refusez pas aujourd'hui, monsieur. Dès que je serai habillé, je serai en état de suivre mes affaires, et ma situation changera. On m'annonce beaucoup d'affaires au palais, mais elles ne sont pas encore arrivées. Nous touchons aux vacances, le temps n'est pas favorable. Souffrirez-vous, monsieur, que je meure de faim? Je n'ai mangé hier et avant-hier que du pain. C'était fête; je n'ai pu décemment sortir en robe, et mon habit n'est pas mettable. Je n'ai osé aller chez personne, et je n'avais pas d'argent pour avoir quelque chose chez moi. L'état est affreux. De grâce, monsieur, donnez au porteur de cette lettre ce que vous pouvez pour mon soulagement présent; il est sûr. Laisserez-vous périr de misère un ancien serviteur, un homme qui, j'ose le dire, a quelques talents, et qui est actuellement à la vue du port? Son vaisseau est un peu délabré, mais il ne s'agit que de le secourir pour entrer dans le port. » Mannory avait publié, en 1749, une *Apologie de la nouvelle tragédie de M. de Voltaire;* il offrait des garanties de solvabilité : c'étaient deux titres pour capter la bienfaisance d'un philosophe. De plus, Mannory ne parlait que d'un emprunt, lorsque sa misère lui permettait de demander un secours, une aumône. Que va-t-il se passer dans l'âme si humaine de M. de Voltaire?

Le 20 décembre 1753, Voltaire envoya à Mme Denis la lettre suivante : « Je viens de mettre un peu en ordre le fatras énorme de mes papiers. Je vous assure que j'ai fait là une triste revue; ce ne sont pas des monuments de la bonté des hommes. Dans le même paquet étaient les comptes de ce que j'ai dépensé pour d'Arnaud, homme que vous connaissez, que j'ai nourri et élevé pendant deux ans; mais aussi la lettre qu'il écrivit contre moi dès qu'il eut fait à Potsdam une petite fortune, fait la clôture du compte. Il faut avouer que Linant, La Mare et Lefebvre, à qui j'avais prodigué les mêmes services, ne m'ont donné aucun sujet de me plaindre. La raison en est, à ce que je crois, qu'ils sont morts tous trois avant que leur amour-propre et leurs talents fussent assez développés pour qu'ils devinssent mes ennemis. Je ne peux m'empêcher de continuer ma revue des mémoires de la bassesse et de la méchanceté des gens de lettres, et de vous en rendre compte. Voici une lettre (que nous avons transcrite) d'un bel esprit, nommé Bonneval. Il me parle pathétiquement des qualités de l'esprit et du cœur, et finit par me demander dix louis d'or. Vous noterez que cet honnête homme m'en avait ci-devant escroqué dix autres avec lesquels il avait fait imprimer un libelle abominable contre moi; et il disait pour son excuse que c'était Mme Paris de Montmartel qui l'avait engagé à cette bonne œuvre. Il fut chassé de la maison. En voici d'un nommé Ravoisier, qui se disait garçon athée de Boindin; il m'appelle son protecteur, son père; mais, en avancement d'hoirie, il finit par me voler 25 louis dans mon tiroir. *Je ne peux m'empêcher de rire en relisant les lettres de Mannory* (que nous venons de citer). Voilà un plaisant avocat. C'est assurément l'avocat patelin; il me demande un habit. « Je suis honnête en robe, dit-il, mais je manque d'habit; je n'ai mangé hier et avant-hier que du pain. » Il fallut donc le nourrir et le vêtir. C'est le même qui, depuis, fit contre moi un factum ridicule, quand je voulus rendre au public le service de faire condamner les libelles de Roi et d'un nommé Travenol, son associé. Je trouve deux lettres d'un nommé

Bellemare, qui s'est depuis réfugié en Hollande. Il me remercie de l'argent que je lui prête, c'est-à-dire que je lui donne; mais il ne m'a payé que par quelques petits coups de dent. *Cet inventaire est d'une grosseur énorme.* La canaille de la littérature est noblement composée. »

Cette lettre est trop importante pour ne pas fixer un instant notre attention. Je n'ai ni l'intention ni le désir de plaider la cause de l'ingratitude; mais comme la misère est une chose sacrée, et que la misère de l'homme de lettres mérite la commisération de l'historien, il n'y aura ni injustice ni inhumanité à peser les paroles d'un bienfaiteur qui tendraient à flétrir la mémoire de plusieurs hommes de lettres plongés dans la plus singulière détresse.

La biographie de d'Arnaud est assez connue pour nous dispenser de réduire de nouveau les dépenses qu'il occasionna à Voltaire. Nous savons aussi que les services prodigués à Lefebvre, à Linant et à La Mare n'ont pas ruiné celui qui les rendait. Ce qui regarde Bonneval est un amas de contradictions. Voltaire se sert du verbe escroquer; il faudrait lire emprunter, puisque l'escroquerie n'est pas caractérisée dans son accusation. Bonneval paraît assez solvable pour avoir pu emprunter 10 louis d'or; s'il ne l'eût pas été, il ne les eût pas obtenus. Quant à son libelle, du moment qu'il n'est pas nommé, il convient de ne point le lui reprocher. Mais admettons que ce libelle ait été fait. Il était assurément trop facile de trouver un libraire qui se chargeât de l'éditer, et qui voulût le payer généreusement, pour que l'auteur eût été obligé de le publier à ses frais. Comment croire que Bonneval eût demandé à Voltaire de l'argent destiné à débiter un pamphlet contre Voltaire, puisqu'il n'avait pas besoin de lui pour cela? En se mettant au nombre des protégés de Voltaire, n'était-ce point sommer Voltaire de dévoiler une perfidie si singulière? Comment croire encore que Bonneval eût été chassé d'une maison, parce qu'il s'était permis de livrer au public un écrit qu'il n'avait commencé que pour plaire ou obéir à la maîtresse de cette maison? Comment croire enfin que Mme Pâris de Montmartel ne lui eût pas fourni les moyens d'exécuter ses ordres? De pareilles contradictions prouvent que Voltaire n'était guère fondé dans ses plaintes.

Si Voltaire a accueilli un Ravoisier qui se donnait pour un athée, il ne devait pas s'en flatter; mais, du moment qu'il l'accusait de lui avoir volé 25 louis dans son tiroir, il était nécessaire de prouver ce qu'il avançait. Son silence sur les circonstances de cette action nous force d'admettre que Ravoisier emprunta, et ne vola pas les 25 louis. Si Ravoisier les emprunta, c'est qu'il offrit les garanties de solvabilité dont Voltaire ne dispensa jamais personne. Si Ravoisier est devenu insolvable, il ne s'ensuit pas qu'il fût un voleur.

J'aurais été fort content de voir Voltaire nous représenter le mémoire de ce qu'il dépensa pour nourrir et vêtir Mannory, puisque des mots vagues ne signifient rien, quand il faut des chiffres. Il est évident que Mannory offrait des garanties suffisantes, et que Voltaire ne risquait rien en répondant à ces deux lettres qu'il ne relisait pas sans rire, quoiqu'elles fussent toutes mouillées des larmes de la misère la plus affreuse.

Comme Voltaire ne se plaint pas d'avoir perdu avec Mannory, il est probable qu'il a recouvré les sommes qu'il lui avait avancées.

Quant à Bellemare, ou Voltaire lui a donné de l'argent, ou il lui en a prêté. S'il lui en a donné, pourquoi dire qu'il l'a prêté? S'il l'a prêté, c'est sur garanties; pourquoi alors se flatter de l'avoir donné? Le silence qu'il garde sur le montant de la somme par lui prêtée ou donnée nous empêche de le louer ou de le contredire.

Depuis cette revue, Voltaire a-t-il eu occasion de soulager les pauvres diables d'auteurs dont il se plaignait si souvent? Oui.

Ainsi, le 11 mai 1760, il mandait à d'Argental : « Vous me faites un plaisir sensible en donnant le produit de l'impression de *Zulime* à Lekain. Il faudra qu'il veille à empêcher les éditions furtives. Vous pouvez promettre le profit de l'édition de *Tancrède* à Mlle Clairon; ainsi il n'y aura point de jaloux, et Lekain pourra hautement jouir de ce petit bénéfice, supposé que la pièce réussisse. Mais je vous demande une grâce à genoux. Il y a un M. Jacques à Paris. Vous ne connaissez point ce nom-là; c'est un homme de lettres qui a du talent, et qui est sans pain. Il voulait venir chez moi; j'ai pris malheureusement à sa place une espèce de géomètre, qui me fait des méridiennes, des cadrans, qui me lève des plans; et je n'ai rien pu faire pour M. Jacques. Je lui destinais 500 francs sur la part d'auteur que je donne aux comédiens, et 200 sur l'édition que je donne à Lekain; au nom de Dieu, réservez 500 francs pour Jacques. Il serait même bon qu'il présidât à l'édition, et qu'il fît la préface. Vous me direz : Que ne donnez-vous à Jacques 500 francs de votre bourse? Je vous répondrai que je suis ruiné; que j'ai eu la sottise de bâtir et de planter en trois endroits différents; que j'ai chez moi trois personnes à qui j'ai l'insolence de faire une pension; que Mme Denis, après sa réception à Francfort, a droit de ne se rien refuser à la campagne; que la proximité d'une grande ville et le concours des étrangers exigent une grande dépense; qu'enfin je suis devenu un grand seigneur, c'est-à-dire que j'ai des dettes et point d'argent, avec un gros revenu. Voilà mon cas. On pourrait donner des billets à Jacques. »

Cette fois, c'est une femme. Il s'agit de Charlotte René, femme Curé, puis femme Bourette, tenant un café à Paris et faisant des vers. Elle en publia un recueil sous le titre de *la Muse limonadière*. Elle se donna l'honneur d'adresser quelques pièces de poésie à Ferney. Voltaire n'agréa pas cet hommage, mais comprit qu'il ne pouvait se dispenser d'envoyer un cadeau en échange. Le 17 septembre 1760, il dit de la cafetière à d'Argental : « J'aime beaucoup mieux lui donner une carafe de 60 livres que de lui écrire. » Le 30 décembre, il lui mandait encore : « La Muse limonadière me persécute; si Mme Scaliger (d'Argental), qui se connaît à tout, voulait lui faire une petite galanterie de 36 livres, je serais quitte. » Le 30 janvier 1761, autre avis : « Je vous remercie bien humblement, bien tendrement de toutes vos bontés charmantes, et de votre tasse pour la Muse limonadière. »

Le 24 décembre 1766, c'est à Damilaville qu'il écrit : « Il y a actuellement à Genève cent pauvres diables qui écrivent beaucoup mieux que M. Totin, et qui ne sont pas plus riches. Tout commerce est cessé. La misère est très grande. Je suis d'ailleurs entouré de pauvres de tous côtés. Si vous voulez pourtant donner un louis pour moi à ce Totin, vous êtes bien le maître. »

A cette époque, Voltaire était très riche. Le 29 mai 1732, il avait mandé à Cideville : « Que ce serait une vie délicieuse de se trouver logés ensemble trois ou quatre gens de lettres, avec des talents et point de jalousie; de s'aimer, de vivre doucement, de cultiver son art, d'en parler, de s'éclairer mutuellement! Je me figure que je vivrai un jour dans ce paradis. » Une fois *enterré* dans son château de Ferney, il ne songea à rien moins qu'à s'entourer de gens de lettres. Le 24 août 1764, il disait à Damilaville : « Quand je songe quel bien nos fidèles pourraient faire, s'il étaient réunis, le cœur me saigne. » Il lui aurait suffi de leur assurer un avenir heureux pour les attirer auprès de lui. Mais il aima mieux les laisser sous le despotisme de l'infortune.

Voyez. Le 18 septembre 1765, il mandait à Dalembert : « J'aime tous les jours de plus en plus mon philosophe Damilaville. » Il lui écrivit, le 13 janvier 1769, quand Damilaville fut mort : « J'ai regretté Damilaville : c'était un homme nécessaire. » Damilaville lui avait rendu de grands services. Que fit-il pour lui? Le 26 février 1767, il lui avait envoyé ces mots : « Je veux bien du mal à la fortune qui vous force d'examiner des comptes, quand vous voudriez donner tout votre temps à la philosophie. »

Dans une lettre, du 24 août 1775, à Dalembert, il reconnaissait La Harpe pour son aide de camp. Il vanta son talent en prose et en vers, le 9 février 1767, au cardinal de Bernis. Que fit-il pour lui? Le 31 auguste 1765, il parlait ainsi de lui à Cideville : « Il fera certainement de bons ouvrages; moyennant quoi il mourra de faim, sera honni et persécuté; mais il faut que chacun remplisse sa destinée. » Déjà le 12 juillet, il avait dit de lui à Thieriot : » Je souhaiterais bien qu'il eût autant de fortune que de talent. Il aura de grands obstacles à surmonter, c'est le sort de tous les gens de lettres. » Le 5 mars 1766, c'est à Damilaville qu'il mande : « Je crois que vous avez été à la première représentation de *Gustave* de La Harpe. Vous savez que je m'intéresse à ce jeune homme, il n'a que son talent pour ressource; s'il ne réussit pas, il est perdu. » Le 10 auguste 1767, il a écrit à Dalembert : « Je ne ris point quand on me dit qu'on ne paie point vos pensions; cela me fait trembler pour une petite démarche que j'ai faite auprès de M. le contrôleur général en faveur de La Harpe : je vois bien que s'il fait une petite fortune, il ne la devra qu'à lui-même. Ses talents le tireront de l'extrême indigence, c'est tout ce qu'il peut attendre. » Il ne se trompait pas. Aussi, le 30 décembre 1773, envoya-t-il ces mots à d'Argental : « La Harpe me paraît être dans une situation assez pressante, et je n'ai pas de quoi l'assister, parce que M. le duc de Wurtemberg ne me paie plus, et que M. Delaleu est considérablement en avance avec moi. Si vous pouviez donner pour moi 25 louis à La Harpe, vous me feriez un plaisir infini. Je ne sais s'il sera jamais un grand tragique; mais il est le seul qui ait du goût et du style; c'est le seul qui donne des espérances, le seul peut-être qui mérite d'être encouragé, et on le persécute. » A la vérité, il l'avait recueilli près d'une année à Ferney avec

6.

son épouse, mais c'est parce qu'il avait besoin d'eux pour jouer la comédie. Telles sont les faveurs de Voltaire à l'égard d'un disciple qu'il avait recommandé, le 15 décembre 1773, à Dalembert, comme ayant du génie, et comme étant le seul qui pourrait soutenir le théâtre tragique.

Le 19 mars 1761, il se vanta à Damilaville d'avoir offert non pas un asile, mais sa propre maison à Rousseau pour y vivre comme son frère. Rousseau eût peut-être accepté de l'argent avancé avec une grande délicatesse, mais son caractère ne lui permettait pas de devenir le commensal d'un seigneur fastueux.

Le 10 novembre 1776, dans une lettre à de Villevieille, il dit de Chamfort : « Ce jeune homme a du talent, de la sensibilité, de la grâce, et fait des vers très heureux. Il mérite de l'être, et on dit qu'il ne l'est pas ; mais qui l'est, au bout du compte ? »

Il fallait quelques occasions solennelles qui attirassent l'attention du public, pour que Voltaire se décidât à délier les cordons de sa bourse. Ainsi « ayant lu dans la *Gazette de Berne*, qu'un inconnu avait proposé un prix de 50 louis à celui qui ferait le meilleur mémoire pour la formation d'un code criminel, le philosophe de Ferney, raconte Wagnière (p. 78), fit savoir à la Société économique de Berne qu'il serait ajouté par un autre inconnu 50 louis à ce prix. » Le 5 décembre 1777, Voltaire se hâta d'apprendre à l'impératrice Catherine le montant de son dépôt. De même, le 15 avril 1776, il écrivait à Delisle de Salles : « Il faut espérer que le parlement vous rendra la justice que vous n'avez pas obtenue du Châtelet. Mais ce procès étrange doit vous ruiner.

Pourquoi n'ouvrirait-on pas une souscription pour vous procurer les moyens de le soutenir? Ma souscription doit être prête. Elle est en votre nom, et vous la trouverez chez Dailli, notaire. » Cette souscription était de 500 livres, suivant Delisle de Salles, qui n'a jamais voulu consentir à l'accepter ni Voltaire la retirer, de sorte qu'il fallut la rendre à Mme Denis. Voltaire avait espéré faire un personnage de Delisle, banni de France à perpétuité à cause de sa philosophie. Le 6 mai 1777, il l'engagea à se retirer à Ferney; il le recommanda à la bienveillance du roi de Prusse. Mais, lorsque celui-ci eut parcouru l'ouvrage du protégé, il répondit, le 17 décembre 1777, à Voltaire : « Je vous avouerai que j'ai eu la bêtise de lire cet ouvrage de ce Delisle, pour lequel il a été banni de France : c'est une rapsodie informe, ce sont des raisonnements sans dialectique, et des idées chimériques qu'on ne saurait pardonner qu'à un homme qui écrit dans l'ivresse, et non à un homme qui se donne pour un penseur. S'il se fait folliculaire à Amsterdam ou bien à Leyde, il pourra y gagner de quoi subsister, sans sacrifier sa liberté aux caprices d'un despote en venant s'établir ici. Il y a eu des ex-jésuites à Paris, qui, après la suppression de l'ordre, se sont fait fiacres. Je n'ose proposer un tel métier à M. Delisle; mais il se pourrait qu'il fût habile cocher; et, à tout prendre, il vaudrait mieux être le premier cocher de l'Europe que le dernier des auteurs. Je vous parle avec une entière franchise; et si vous connaissez l'original en question, vous conviendrez peut-être qu'il ne perdrait rien au troc. » Le 28 août 1765, Voltaire avouait à Dalembert que le mérite et la persécution étaient ses cordons bleus. S'il se montra si généreux envers Delisle, il n'est point téméraire de croire qu'en le recueillant chez lui il avait un autre dessein que celui d'encourager le mérite persécuté, car Delisle avait assurément moins de talent que d'autres que Voltaire ne cessait de prôner et qu'il laissait néanmoins dans la gêne.

Ainsi, le 9 décembre 1755, il parlait à Dalembert de l'*Encyclopédie* comme du plus grand et du plus beau monument de la nation et de la littérature. Le 13 novembre 1756, il la lui citait encore comme le plus grand ouvrage du monde. Or, qui travaillait à l'Encyclopédie? C'était Diderot et Dalembert. Voltaire les jugeait-il dignes de cette entreprise? Oui, car, le 5 septembre 1752, il mandait à Dalembert : « Vous et M. Diderot, vous faites un ouvrage qui sera la gloire de la France. Paris abonde en barbouilleurs de papiers; mais de philosophes éloquents, je ne connais que vous et lui. » Le 23 juin 1760, même aveu : « Il n'y a que vous qui écriviez toujours bien, et Diderot parfois. » Ce n'est pas le seul hommage qu'il leur ait rendu.

Parlons d'abord de Diderot. Dans une lettre, du 26 janvier 1770, à Thieriot, Voltaire le signalait comme le digne soutien de la philosophie, l'immortel vainqueur du fanatisme. Dans le mois de décembre 1760, il écrivait à ce cher écrivain : « Mon très digne maître, puisse votre gloire servir à votre fortune ! Je vous regarde comme un homme nécessaire au monde, né pour l'éclairer et pour écraser le fanatisme et l'hypocrisie. » Aussi avouait-il, le 8 octobre 1764, à Thieriot, qu'on devait des récompenses à Diderot à cause de sa collaboration à l'Encyclopédie, mais il en laissait le mérite à d'autres. Diderot passa presque toute sa vie dans un quatrième étage; dans sa jeunesse, il faillit mourir de faim. Au moment où une pauvre aubergiste lui donna un peu de pain et de vin pour le rappeler à la douleur, il fut obligé de travailler pour des corps, pour des magistrats, pour tous ceux qui étaient en état de lui accorder quelques honoraires. C'est ainsi qu'il composa des plaidoyers, des remontrances au roi, des sermons et même des prospectus (1). Il resta constamment sous la dépendance de ses libraires. Voltaire le savait; il le plaignait beaucoup, et se contentait de lui prodiguer les éloges les plus flatteurs. Diderot était toujours gêné. Tout le monde connaît la générosité, la délicatesse avec laquelle Boileau acheta la bibliothèque de Patru. Diderot chercha pendant cinq ans à se défaire de sa bibliothèque pour établir sa fille. Ce fut sur la recommandation de Grimm que l'impératrice de Russie acquit sa bibliothèque, à des conditions très avantageuses pour Diderot. Voltaire ne manqua pas de prôner cette action de Catherine II, dans son *Commentaire historique*. N'est-il pas permis de demander si l'exemple de Boileau ne devait pas être imité par Voltaire, lorsqu'il apprit la détresse de Diderot? Voltaire ne fit donc rien en faveur de Diderot.

Revenons à Dalembert. Voltaire le regardait, le 9 octobre 1755, comme son cher philosophe universel. La même année, il lui disait : « Adieu, Atlas et Hercule, qui portez le monde sur vos épaules. » Le

---

(1) Mme de Vandeul, *Mémoires pour servir à l'histoire de la vie et des ouvrages de Diderot.*

7 mars 1758, il le louait comme un homme au-dessus de son siècle et de son pays; le 24 juillet 1760, comme le plus bel esprit de la France et le plus aimable; le 19 mars 1761, comme son très digne et ferme philosophe, vrai savant, vrai bel esprit, homme nécessaire au siècle; le 8 mai suivant, comme M. le Protée, M. le multiforme; le 26 décembre 1764, comme le prêtre de la raison, qui enterrerait le fanatisme; le 28 octobre 1769, comme le premier écrivain du siècle; le 24 août 1775, comme le cher soutien de la raison et du bon goût. Aussi, le 16 octobre 1765, lui adressait-il ces mots : « Mon cher et vrai et grand philosophe, vous êtes comptable de votre temps à la raison humaine. » Mais Dalembert était pauvre et persécuté. C'est pourquoi il mandait, le 22 décembre 1759, à son panégyriste : « Je suis bien las de Paris, mais serai-je mieux ailleurs? C'est ce qui est fort incertain. Vous avez choisi la meilleure part : *vous êtes riche et je suis pauvre.* On continue toujours ici à nous persécuter, et à nous susciter tracasseries sur tracasseries. » Cette plainte était-elle fondée? Oui, car Dalembert était déjà membre de toutes les académies de l'Europe, qu'il n'avait encore que douze à quinze cents livres de rente, suivant la *Correspondance littéraire* de Grimm, de janvier 1784. Il n'était guère plus riche quand il refusa de se charger d'élever une altesse impériale de Russie avec cent mille livres de traitement. Il en était réduit à vivre dans le bouge de la pauvre vitrière qui l'avait nourri comme son enfant. Voltaire apprenait, le 12 mars 1766, à Damilaville, que Dalembert n'avait pas une fortune selon son mérite. Que fit-il pour le tirer de cette situation? Le 30 juin 1765, Dalembert lui

écrit : « Vous êtes bien bon, mon cher maître, de prendre
tant de part à l'injustice que j'éprouve ; il est vrai qu'elle
est sans exemple. Je sais que le ministre (Saint-Florentin) n'a point encore rendu de réponse définitive ; mais
vouloir me faire attendre et me faire valoir ce qui
m'est dû à tant de titres, c'est un outrage presque aussi
grand que de me le refuser. Sans mon amour extrême
pour la liberté, j'aurais déjà pris mon parti de quitter
la France, à qui je n'ai fait que trop de sacrifices. J'approche de cinquante ans ; je comptais sur la pension
de l'Académie comme sur la seule ressource de ma
vieillesse. Si cette ressource m'est enlevée, il faut que
je songe à m'en procurer d'autres, car il est affreux
d'être vieux et pauvre. Si vous pouviez savoir les
charges considérables et indispensables, quoique volon-
taires, qui absorbent la plus grande partie de mon très
petit revenu, vous seriez étonné du peu que je dépense
pour moi ; mais il viendra un temps, et ce temps n'est
pas loin, où l'âge et les infirmités augmenteront mes
besoins. Sans la pension du roi de Prusse, qui m'a
toujours été très exactement payée, j'aurais été obligé
de me retirer ou à la campagne ou en province, ou
d'aller chercher ma subsistance hors de ma patrie. Je
ne doute point que ce prince, quand il saura ma position, ne redouble ses instances pour me faire accepter
la place qu'il me garde toujours, de président de son
Académie ; mais le séjour de Potsdam ne convient point
à ma santé, le seul bien qui me reste. Je vous avoue
que ma situation m'embarrasse. Il est dur de se dépla-
cer à cinquante ans, mais il ne l'est pas moins de rester chez soi pour y essuyer des nasardes. Ma seule

consolation est de voir que l'Académie, le public, tous les gens de lettres, ne sont pas moins indignés que vous du traitement que j'éprouve. J'espère que les étrangers joindront leurs cris à ceux de la France; et je vous prie de ne laisser ignorer à aucun de ceux que vous verrez le nouveau genre de persécution qu'on exerce contre les lettres. J'oublie de vous dire que j'ai écrit au ministre une lettre simple et convenable, sans bassesse et sans insolence, et que je n'en ai pas eu plus de réponse que l'Académie. » Voltaire lui répond, d'abord le 8 juillet : « Votre lettre m'a pénétré le cœur. Voilà donc où vous en êtes! C'est à vous à tout peser; voyez si vous voulez vous transporter, à votre âge, et s'il faut que Platon aille chez Denis, ou que Platon reste en Grèce. Votre cœur et votre raison sont pour la Grèce. Vous examinerez si, en restant dans Athènes, vous devez rechercher la bienveillance des Périclès. On est fâché contre vous. Des trésors de colère se sont amassés contre nous tous. Mais il vous faut votre pension. Voulez-vous me faire votre agent, quoique je ne sois pas sur les lieux? » Puis le 5 auguste suivant : « Je n'ai point d'avis à vous donner ; vous n'en prendrez que de votre fermeté et de votre sagesse. Je n'ai rien à dire à M. le duc de Choiseul, je lui ai tout dit ; et, puisque vous ne le croyez pas l'auteur de cette injustice, mon rôle est terminé. J'ignore si vous quitterez cette nation de singes et si vous irez chez des ours; mais, si vous allez en Oursie, passez par chez nous. Ma poitrine commence un peu à s'engorger. Il serait fort plaisant que je mourusse entre vos bras, en faisant ma profession de foi. Mais pourquoi ne viendriez-vous pas à Ferney attendre philosophiquement la fin des orages? » Le 13 du même mois, Dalembert lui avoue qu'il sent les inconvénients de la pauvreté et ajoute : « Savez-vous que je vais être sevré? A quarante-sept ans, ce n'est pas s'y prendre de trop bonne heure. Je sors de nourrice, où j'étais depuis vingt-cinq ans; j'y prenais d'assez bon lait, mais j'étais renfermé dans un cachot où je ne respirais pas, et je sens que l'air m'est absolument nécessaire; je vais chercher un logement où il y en ait. Il m'en coûte six cents livres de pension que je fais à cette pauvre femme pour la dédommager de mon mieux; c'est plus que la pension de l'Académie ne me vaudra, supposé qu'on veuille bien enfin me faire la grâce de me la donner. » Et Voltaire de répondre, le 28 suivant : « Je m'intéresse pour le moins autant à votre bien-être qu'à votre gloire; car après tout, le vivre dans l'idée d'autrui ne vaut pas le vivre à l'aise. Je me flatte qu'on vous a enfin restitué votre pension, qui est de droit; c'était vous voler que de ne vous la pas donner. » En 1770, Dalembert eut une nouvelle occasion pour exposer ses besoins à Voltaire. Le 4 auguste, il lui mandait : « Vraisemblablement j'aurai bientôt le plaisir de vous embrasser. Tous mes amis me conseillent le voyage d'Italie pour rétablir ma tête; j'y suis comme résolu, et ce voyage me fera, comme vous croyez bien, passer par Ferney, soit en allant, soit en revenant. La difficulté est d'avoir un compagnon de voyage; car, dans l'état où je suis, je ne voudrais pas aller seul. Une autre difficulté encore plus grande, c'est l'argent que je n'ai pas. Beaucoup d'amis m'en offrent, mais je ne serais pas en état de le rendre, et je ne veux l'aumône de personne. J'ai pris le parti d'écrire, il y a huit jours, au roi de Prusse, qui m'avait déjà offert, il y a sept ans, quand j'étais chez lui, les secours nécessaires pour ce voyage que je me proposais alors de faire. J'attends sa réponse, ainsi que celle d'un ami à qui j'ai proposé de m'accompagner. » Le 9 suivant, autre lettre : « J'espère toujours vous embrasser bientôt ; j'espère aussi que le même prince, qui souscrit si dignement et si noblement pour votre statue, me mettra en état de faire ce voyage d'Italie, si indispensable pour ma santé. » Le 11, Voltaire répond : « Mon cher philosophe, mon cher ami, vous êtes donc dégoûté de Paris ; car assurément on ne se porte pas mieux sur les bords du Tibre que sur ceux de la Seine. M. de Fontenelle, à qui vous tenez de fort près, a vécu cent ans sans en avoir l'obligation à Rome. Je souhaite que Denis fasse ce que vous savez ; mais je doute que le viatique soit assez fort pour vous procurer toutes les commodités et tous les agréments nécessaires pour un tel voyage ; et si vous tombez malade en chemin, que deviendrez-vous ? Ma philosophie est sensible ; je m'intéresse tendrement à vous : je suis bien sûr que vous ne ferez rien sans avoir pris les mesures les plus justes. » Dalembert avait accepté des pensions du roi de Prusse et de Mme Geoffrin ; aurait-il refusé des secours de la main de Voltaire ? assurément non. Il est impossible de croire qu'en révélant à Voltaire les embarras dans lesquels il se trouvait en 1765 et en 1770, il n'ait pas eu le dessein de lui mendier adroitement de l'argent. Voltaire était trop clairvoyant pour ne pas deviner le sens de ces confidences ; mais il fit semblant de ne pas comprendre, afin de n'avoir rien à donner.

Les procédés de Voltaire envers les gens de lettres qui ont fait un appel à la générosité de son cœur, vont nous servir à apprécier les bienfaits dont il aurait comblé d'autres personnes qui avaient acquis moins de droits à sa bienveillance, suivant ses panégyristes. Nous en profiterons aussi pour relever une anecdote qui n'est pas sans intérêt.

A l'occasion de l'*Ode* de Voltaire intitulée l'*Anniversaire de la Saint-Barthélemi*, pour l'année 1772, M. Beuchot a dit : « Le 14 mai, date de l'assassinat de Henri IV, et le 24 auguste, anniversaire de la Saint-Barthélemi, n'étaient pas des jours ordinaires pour le philosophe de Ferney. » En 1769, le 30 auguste, Voltaire s'avisa d'écrire à d'Argental : « J'ai toujours la fièvre le 24 du mois d'auguste : vous savez que c'est le jour de la Saint-Barthélemi ; mais je tombe en défaillance le 14 de mai, où l'esprit de la ligue catholique assassina Henri IV. » Le lendemain il écrivait aussi au comte de Schomberg : « Ne soyez point étonné que j'aie été malade au mois d'auguste. J'ai toujours la fièvre vers le 24 de ce mois comme vers le 14 de mai. Vous devinez bien pourquoi. » Le 5 septembre 1774, il disait encore à d'Argental : « Je ne sais par quelle fatalité singulière j'ai la fièvre tous les ans le 24 auguste, jour de la Saint-Barthélemi. » Le marquis de Villette (p. 114) mandait à ce sujet, en 1777 au marquis de Villevieille : « Je dois vous apprendre une anecdote aussi extraordinaire que touchante, et que je suis honteux d'avoir ignorée jusqu'à présent : c'est que M. de Voltaire n'a pas encore passé une seule année de sa vie sans avoir la fièvre le jour de la Saint-Barthélemi. Il ne reçoit jamais personne à pareil jour ;

il est dans son lit; l'affaissement de ses organes, l'intermittence, la vivacité de son pouls caractérisent cette crise périodique. On s'y attend; on ne l'approche qu'en tremblant. Il semble que son cœur soit ulcéré de toutes les plaies que la persécution religieuse a faites aux hommes; et on se garde bien de lui en parler, dans la crainte d'ajouter à sa douleur. Je vous atteste ici un fait que d'abord je me défendais de croire : mais toute la maison en est témoin depuis vingt ans. » Wagnière (p. 336) raconte à son tour que tous les ans, le jour de la Saint-Barthélemi, M. de Voltaire avait une espèce de fièvre et éprouvait un malaise si marqué, que tout le monde s'en apercevait. Mais Duvernet (p. 424) a cru devoir faire cette remarque : « Ce qu'on a dit de la fièvre annuelle de Voltaire, le jour de la Saint-Barthélemi, n'est point vrai. Un légendaire, autrefois, eût pu embellir la chronique de quelque saint d'un pareil mensonge; mais la vie d'un philosophe aussi grand par ses œuvres que puissant par sa doctrine ne pourrait qu'en être déparée. Ce qui est certain, c'est que le jour de la Saint-Barthélemi, Voltaire était inquiet, triste et chagrin. Il rappelait en gémissant, et souvent en pleurant, les principales horreurs de cette journée désastreuse. L'air de joie ou de contentement dans ceux qui l'approchaient lui déplaisait infiniment. On l'eût mis en colère si on se fût permis de rire en sa présence. En 1772, il célébra l'anniversaire de ce jour horrible par un poème; il en écrivit les stances en lettres de sang. » La correspondance de Voltaire renferme des lettres du 24 août 1724 à Thieriot; du 25 août 1732 à Cideville; du 24 août 1735 à M. Caumont; du 23 août 1743 à d'Argental; du

25 août 1744 et aussi du 23 août 1749 au même; du 24 août 1750 à Mᵐᵉ Denis; du 24 août 1751 à la même; du 23 août 1755 à Colini; du 23 août 1756 à la comtesse Lutzelbourg; du 24 août 1758 à M. Rousseau, à Liège; du 25 août 1759 à Dalembert; du 24 août 1761 à Damilaville, à Mᵐᵉ d'Épinay et à d'Argental auquel il apprend qu'il a quinze lettres à écrire de suite; du 23 août 1762 à Duclos; du 23 août 1763 à d'Argental, à Damilaville et à Thieriot; du 24 août 1764 à M. Bertrand et à Damilaville; du 24 août 1765 au marquis d'Argence de Dirac; du 25 août 1766 à Dalembert, à Damilaville, à Leclerc de Montmerci et à Frédéric, landgrave de Hesse-Cassel; du 23 août 1767 à d'Olivet; du 24 août 1768 à Guillaumot; du 23 août 1769 à M. Jean Maire; du 25 août 1770 au comte de Schomberg; du 25 août 1772 à Mᵐᵉ de Saint-Julien; du 24 août 1775 à Dalembert. Chose singulière! dans aucune de ces lettres, Voltaire ne parle de la Saint-Barthélemi et ne permet de supposer que cette journée lui occasionnât le moindre chagrin ou le plus petit accès de fièvre. Ce silence n'est-il pas la réfutation la plus accablante des puériles assertions de ce de Villette, et de Wagnière, dont Duvernet lui-même s'est vu obligé de rejeter le témoignage? C'est un fait incontestable que Buffon possédait le don des larmes; Rousseau s'est vanté d'en avoir été gratifié de bonne heure. Voltaire avait reçu de la nature le même privilège. Il pleurait, nous l'avons vu, quand il le voulait, aussi facilement qu'un enfant. Il ne lui était pas plus difficile de contrefaire le malade, et même le moribond, au point de tromper un médecin, au rapport de Wagnière lui-même (p. 75). S'il a versé

tant de larmes inutiles sur des malheurs irréparables, comment l'excuser d'avoir été si insensible au récit des malheurs de ses amis qu'il lui était donné de soulager sans se gêner?

En vain Condorcet avoue que Voltaire était dominé par le sentiment d'une bonté active; que l'amour de la gloire ne fut jamais en lui qu'une passion subordonnée à la passion plus noble de l'humanité, et que des secours à des gens de lettres, des encouragements à des jeunes gens en qui il croyait apercevoir le germe du talent, absorbaient une grande partie de sa fortune. En vain Duvernet (p. 392) nous dit qu'il joignait toujours à ses dons l'art extrêmement rare de savoir obliger, et qu'on le voyait voler au-devant des besoins de beaucoup d'hommes de lettres, et les obliger pour le seul plaisir de les obliger. En vain M. Aubert de Vitry, dans le *Dictionnaire de la Conversation*, à l'article *Voltaire*, a cru que soulager, servir les malheureux était un besoin pour lui. En vain, dans la *Galerie française*, à l'article *Voltaire*, M. Berville prétend à son tour qu'il ne refusa jamais un service qui fût en son pouvoir. Nous avons mis et cette philosophie, et cette humanité, et cette délicatesse à une terrible épreuve. N'est-il pas permis de conclure, comme le fit un jour Collini, que nous devons maintenant savoir à quoi nous en tenir sur ces belles passions et ces nobles sentiments qui n'inspirèrent que de jolies phrases, de séduisantes maximes, un charlatanisme aussi superbe que stérile?

VI. — *Voltaire et les personnes gênées.*

La pénurie dans laquelle Voltaire vient de laisser ses aides de camp et ses cordons bleus va nous aider à prouver qu'il ne dut pas gâter les personnes gênées qui lui furent recommandées, ou qui osèrent s'adresser spontanément à lui.

Ayant appris qu'une demoiselle Damfreville était à Paris dans un extrême besoin, Voltaire pria l'abbé Moussinot de lui prêter 100 francs dont il avait le reçu dès le 10 janvier 1738.

Le 20 décembre de la même année, il envoya à Maupertuis une somme de 100 francs pour une Laponne.

Dans son *Commentaire historique*, il se vante aussi d'avoir terminé un procès en payant de ses deniers la vexation qui opprimait ses pauvres vassaux, et il cite la lettre qu'il adressa à l'évêque d'Annecy pour se plaindre d'un curé qui avait suscité un procès à ses vassaux pour obtenir d'eux ce qu'il croyait avoir le droit d'exiger, et qu'ils refusaient de payer. Wagnière (p. 39) dit à ce sujet : « Le curé ayant fait mettre en prison à Gex les deux plus notables paysans de la communauté de Ferney qui se trouvaient dans l'impossibilité de payer ce qu'il exigeait d'eux, M. de Voltaire m'envoya retirer ces deux malheureux laboureurs, et porter la somme, qui se montait à 2,100 livres. Elle ne lui a été remboursée que dans l'espace de vingt ans, sans intérêts, par la jouissance d'un petit marais, qui lui fut concédée pour ce terme par la commune de Ferney.

L'origine de cette affaire venait d'une dîme que ce curé se croyait en droit de lever sur des pièces de terre de Ferney. Il y avait litige depuis plusieurs années, et les frais du procès avaient plus que triplé la redevance exigée des paysans. » Il n'appartenait qu'à un tribunal de terminer cette affaire. Voltaire aimait à se faire payer la dîme; il ne pouvait en déposséder un curé. Sans doute celui-ci recourut à des voies peu dignes de son caractère; mais il n'en avait pas moins la loi pour lui. Si Voltaire intervint dans ce débat, il est évident qu'il perdit peu de chose, et que sa conduite ne fut ni aussi généreuse, ni aussi noble qu'il semble l'annoncer dans son *Commentaire historique*. Il ne s'était fait aucun scrupule d'envoyer et un violon de l'Opéra et un juif de Berlin en prison.

Dans le même ouvrage et dans sa correspondance, il vante à l'envi ses procédés envers la famille Crassi. C'est une nouvelle exagération. Six frères du nom de Crassi étaient obérés de dettes; comme ils étaient mineurs, des Jésuites d'Ornex obtinrent des lettres patentes qui les autorisaient à acheter un domaine appartenant à ces mineurs. La vente avait été régulière. Plus tard les mineurs voulurent rentrer dans leur bien en vertu du retrait lignager. Sur l'ordre de leur général, les Jésuites n'opposèrent aucune résistance, suivant une lettre de Voltaire à La Chalotais, du 17 mai 1762. Tout se fit légalement. Voltaire affecta de parler de l'acquisition des Jésuites comme d'une usurpation. Il est évident qu'ils n'avaient agi que loyalement. Si Voltaire prêta de l'argent aux frères Crassi pour recouvrer leur propriété, il n'avait rien à risquer, puisqu'ils étaient solvables. Wagnière (p. 55) certifie qu'ils lui remboursèrent la plus grande partie de ses fonds, et que Voltaire leur remit le restant. Cette dernière assertion est inadmissible. On ne peut croire que des gens assez riches pour acheter, suivant le *Commentaire historique*, un joli domaine qui avait été entre les mains des Jésuites, eussent consenti à un pareil cadeau, et que Voltaire eût imaginé de secourir des personnes qui n'avaient pas besoin de ses bienfaits.

Maintenant à nous deux, Wagnière. « On ignore peut-être, dit-il (p. 66), que dès l'instant qu'on eut appris à Genève la nouvelle de la perte de la bataille de Rosbach, M. de Voltaire écrivit à son banquier à Berlin de donner de sa part aux officiers français blessés et prisonniers l'argent dont ils pourraient avoir besoin, et de leur rendre tous les services qui dépendraient de lui. Il prit même aussi la liberté d'en recommander quelques-uns particulièrement au roi de Prusse. » Ces ordres furent-ils exécutés? Combien coûtèrent-ils à Voltaire? Le silence de Wagnière sur ces détails rend son assertion insignifiante, puisqu'il nous met dans l'impossibilité d'apprécier le mérite de Voltaire dans cette circonstance.

Même remarque à faire sur ces lignes (p. 32) : « En 1771, il y eut une très grande disette dans le pays de Gex. M. de Voltaire fit venir beaucoup de blé de la Sicile, qu'il distribua aux habitants à un prix au-dessous de l'achat. » Wagnière ajoute qu'il s'agissait de deux cents coupes de blé de Sicile, mais il nous laisse ignorer le prix de la coupe et la perte que supporta Voltaire.

7.

Wagnière continue (p. 40 et 41) : « Je crois devoir rapporter ici quelques autres traits du même genre, et également propres à donner une idée du caractère de M. de Voltaire et de sa conduite, non seulement envers les vassaux de ses domaines, mais envers tous les malheureux qui s'adressaient à lui, et qui ne l'étaient pas devenus par leur inconduite.

« Dans l'année 1759, ayant un jour appris qu'un habitant de Tourney avait été mis en prison à Genève pour dettes, il m'envoya pour l'en faire sortir. J'avais déjà terminé avec le citoyen de cette ville qui l'avait fait incarcérer, lorsque tous les autres créanciers de cet homme vinrent sur-le-champ le faire écrouer de nouveau. Je courus faire part de cet incident à mon maître, qui s'engagea de payer toutes les dettes de ce paysan, qui se montaient à plus de 2,000 écus. Je portai l'argent nécessaire, même celui pour les frais d'emprisonnement. Après l'élargissement, cet homme passa une reconnaissance à son libérateur, qui ne voulut exiger d'intérêts pour un certain nombre d'années, et qui n'a été remboursé qu'en partie au bout de plus de seize ans. » Malheureusement ce récit n'est pas vrai. Il s'agit ici de l'affaire de Bétems, si enjolivée par une requête de Voltaire que nous avons reproduite. Une note du président de Brosses nous a appris ce qu'il faut penser de ce langage pharisaïque. Wagnière a donc écrit sur de mauvais rapports, ou a menti impudemment, ce qui est aussi probable ; car il est difficile d'admettre que Voltaire eût chargé un scribe de dix-neuf ans d'une négociation aussi délicate et aussi difficile.

Wagnière : « Une veuve des environs de Ferney,

mère de deux jeunes enfants, étant vivement poursuivie par ses créanciers, eut recours à M. de Voltaire, qui non seulement lui prêta de l'argent sans intérêts, mais lui paya encore d'avance la rente de quelques fonds de terre qu'elle ne pouvait ni faire exploiter ni louer à personne, et qu'il se chargea de mettre en valeur. Ces terres n'en ayant pas moins été mises en vente quelque temps après par voie de justice, il se rendit adjudicataire, et en fit porter le prix très haut pour le profit de cette veuve et de ses enfants. De plus, il les logea longtemps gratis dans une de ses maisons; et au bout de quelques années, cette femme, par la plus noire ingratitude, lui fit perdre non seulement tout l'argent qu'il avait payé pour elle, mais encore beaucoup d'autre par la chicane, outre tous les fonds achetés dont elle vint à bout de se remettre en possession par le moyen de sa fille. » Impossible de deviner ce que donna et perdit Voltaire dans cette affaire. Il est certain qu'il était de son intérêt de soutenir ses vassaux pour en attirer d'autres par l'espoir de trouver en lui un protecteur. C'est ainsi qu'il put facilement avancer des fonds qui étaient garantis par les terrains de sa débitrice. Il lui en coûtait peu de cultiver ces terrains, s'ils étaient abandonnés ; s'il l'a fait, il faut l'en louer. Sa débitrice a eu assurément grand tort de ne pas lui payer son tribut de reconnaissance. Mais des contradictions viennent tellement obscurcir ce récit, qu'elles forcent de douter de son authenticité. Comment admettre que la susdite veuve ait pu légalement se faire rendre une propriété vendue légalement et loyalement? On est tenté de croire que c'est par suite d'une plainte de lésion.

qu'elle est parvenue à ce but. Il est probable qu'elle avait là justice pour elle. Dès lors Voltaire ne joue pas ici le beau rôle. Il s'est vainement rendu adjudicataire, et il n'a pas poussé trop haut les enchères de l'adjudication. Par conséquent Wagnière a de nouveau menti, ou est tombé dans une ineptie inexplicable.

Même conséquence à tirer de ces lignes : « Une chose à peu près semblable lui arriva avec une autre personne à qui il avait prêté 1,000 écus. »

Wagnière : « Une veuve de Ferney, très pauvre, dont un des fils était élevé chez M. de Voltaire, ayant une maison qui était absolument en ruine, il la lui fit rebâtir, et fit don au jeune homme de tout ce que lui avait coûté cette reconstruction, par un billet de sa main, que je remis à ce dernier. »

« Il a aussi fait bâtir et donné des maisons, portions de maisons et de terrains à bien des paysans de Ferney. » Toujours des phrases et point de chiffres. Or, sans chiffres, ces deux assertions n'ont aucune valeur.

A la vérité, en voici : « Un habitant de Ferney, qui lui devait 600 livres par obligation, lui faisant part, en ma présence, d'un petit malheur qui venait de lui arriver, obtint sur-le-champ de M. de Voltaire la remise de sa dette. » Que le lecteur se rappelle la conduite de Voltaire envers ses courtiers, ses correspondants, ses amis intimes, et qu'il décide si l'autorité de Wagnière lui suffit pour admettre que Voltaire ait d'un mot remis une créance de 600 livres à un paysan, donné des terrains et des maisons à ses vassaux, qui devaient assurément lui être moins chers que les gens de lettres qui s'adressèrent à lui au jour de la tribulation, et qu'il était de son honneur de secourir.

Wagnière clôt ainsi son procès-verbal (p. 42) : « Il me serait difficile de rapporter toutes les actions particulières de bienfaisance de M. de Voltaire. » Je le crois, si elles étaient toutes du genre des précédentes.

Wagnière : « Il les faisait si simplement et si singulièrement, que l'on ne pouvait même s'en douter. » Rien de plus certain, car personne ne se serait douté que Voltaire exigeât des *reçus des aumônes* qu'il daignait accorder, et qu'il eût l'intention de donner l'argent qu'il ne prêtait que sur bon contrat et sur hypothèque.

Wagnière : « En faisant du bien, il avait encore l'art de ménager l'amour-propre de ceux qu'il obligeait. » Malheureusement ses reçus, ses lettres, ses registres, son *Commentaire historique* attestent le contraire.

Wagnière : « Je suis bien aise de trouver ici l'occasion de confondre un peu la calomnie, en rendant hommage à la vérité. » Wagnière aurait dû choisir d'autres vérités pour confondre la calomnie ; ce n'est pas avec des mensonges, des invraisemblances, des absurdités qu'on la réduit au silence. Il ajoute : « Je défie qui que ce soit de me démentir sur les faits que je rapporte. » Je crois l'avoir fait, grâce à ses contradictions.

Encore du Wagnière : « Il y a bien, il est vrai, des personnes que je connais qui ont eu part à sa munificence et à ses secours, mais qui se sont bien gardées de lui en témoigner quelque reconnaissance ; au contraire... » Dans ce cas, Wagnière devait les démasquer, puisque leur ingratitude l'y autorisait ; et comme il les connaissait, il aurait parlé de ces ingrats probablement avec plus d'exactitude et de bon sens qu'il ne l'a fait des paysans dont il nous dévoile le tableau. Il faut le blâmer d'avoir négligé de profiter de cette belle occasion pour confondre la calomnie, et pour justifier son maître des accusations dont il était l'objet.

Voici enfin son dernier mot : « Il faut dire comme Arlequin : Attendons un peu, Dieu permettra que tout se découvre. » La comparaison ne manque pas d'à-propos. Je loue Wagnière de sa sincérité. Malheureusement personne n'a répondu à son attente. Quelles que soient les découvertes qu'on fasse, je suis persuadé qu'elles ne seront pas la glorification de Voltaire. Il faut qu'il ait fait bien peu d'actes de bienfaisance, puisque sa correspondance si volumineuse en fournit un si petit nombre. Collini, Mme de Graffigny, Condorcet n'en citent aucun. Le marquis de Luchet (t. I, p. 120) n'a pu reproduire que cette anecdote : « Un homme lui emprunta un jour 16,000 livres, avec promesse de lui remettre au bout de quinze jours un contrat pour sa sûreté. Quinze mois se passèrent sans que le prêteur fût nanti. Impatienté de ces lenteurs qui avaient mauvaise grâce : « Monsieur, lui dit-il d'un ton brusque, je vous donne les 16,000 livres ; mais dorénavant je ne vous prête pas un sou sans hypothèque. » Ce serait se moquer du lecteur que de réfuter un pareil conte.

Néanmoins Duvernet (p. 115) n'a pas manqué de le reproduire. Voici ce qu'il nous donne pour pendant (p. 392) : « Un jeune officier avait passé quelques jours à Ferney, et, faute d'argent, ne pouvait rejoindre son régiment. Voltaire soupçonne son embarras : « Vous

« allez, lui dit-il, à votre régiment, permettez qu'un de
« mes chevaux, pour se former, fasse la route avec
« vous; » et, lui mettant une bourse dans la main :
« Je vous prie, ajouta-t-il, de vouloir bien vous charger
« de sa nourriture. » Or, ou cet officier était dans l'infanterie, ou il servait dans la cavalerie. S'il était dans l'infanterie, il était accoutumé à faire ses étapes et n'avait pas besoin de cheval pour s'éloigner de Ferney. S'il servait dans la cavalerie, il devait avoir un cheval dans les écuries de son escadron. Pour se rendre à son poste, un cheval devenait une charge pour lui, puisque, pour le nourrir en chemin et le renvoyer ensuite par un exprès, il lui en eût plus coûté qu'en prenant le coche. C'est cependant ce qu'il a dû faire, puisque Duvernet parle d'un cheval prêté et non donné pour un voyage. Je crois qu'un officier ne relèverait pas cette platitude sans se moquer du narrateur.

Duvernet (p. 321) continue : « Racontons encore, pour édifier les ennemis du philosophe, un fait longtemps ignoré et qui l'eût été toujours, si les bonnes gens qui furent l'objet de sa bienfaisance n'avaient trahi son secret. Un laboureur, étranger à ses terres, perdit au parlement de Besançon un procès qui le ruina entièrement. Dans son désespoir, il vint, avec sa femme et ses enfants, implorer Voltaire qui, dans toute la France, jouissait d'une grande réputation de bienfaisance. Le secours qu'il réclamait était pour appeler de l'arrêt qui le condamnait et le ruinait. Au récit du malheur de ces bonnes gens, Voltaire verse des larmes, prend leurs papiers, les confie à Christin, son bailli, lequel, après un examen réfléchi, fut d'avis que c'était une bonne cause que ces infortunés avaient perdue, et que les nullités de la procédure donnaient voie à un appel. A ce rapport, Voltaire entre dans son cabinet, et en revient portant, dans le pan de sa robe de chambre, trois sacs de 1,000 francs chacun. « Voilà, dit-il à cet « infortuné laboureur, pour réparer les torts de la jus- « tice ; un nouveau procès serait un nouveau tourment « pour vous ; si vous faites sagement, vous ne plaiderez « plus, et si vous voulez vous établir à Ferney, je m'oc- « cuperai de votre sort. » Quoique cette anecdote ait été adoptée par Mallet et par Palissot, qui dit dans son *Éloge de Voltaire* avoir vu le médaillon que fit graver d'Argental pour en conserver le souvenir, je me permettrai de ne pas l'adopter aveuglément. Voici pourquoi. Il n'est pas probable que Voltaire ait eu besoin des lumières de son bailli pour examiner et juger cette affaire. Il n'est pas probable non plus qu'il ait renoncé à la voie d'un appel, s'il était persuadé d'y gagner le procès perdu en première instance. Il aimait trop à s'immiscer dans les débats pour dédaigner de laisser plaider une bonne cause pour laquelle il aurait facilement trouvé un avocat capable et complaisant, qui eût exigé peu d'honoraires. Puis comment admettre que Voltaire eût donné tout de suite 3,000 francs à des gens qu'il n'avait jamais vus, tandis qu'il laissait tous ses amis intimes dans le besoin ? Sur un fait aussi peu vraisemblable, il n'est pas permis de s'en rapporter à l'autorité de Mallet, que nous avons trouvé si éloigné de la vérité et du sens commun, pas plus qu'à celle de Duvernet, dont les *Mémoires de Bachaumont*, du 25 octobre 1786, et le *Magasin encyclopédique* (IV⁰ année, t. I, p. 316) ont parlé avec tant de mépris, et dont Voltaire lui-même ambitionnait peu le suffrage.

Quant à Palissot, voyons s'il mérite le même blâme. Il dit dans son *Éloge historique de Voltaire :* « Souvent il allait au-devant des malheureux ; il les prévenait par ses bontés, en leur épargnant l'embarras de la demande. S'ils étaient dans le cas de ne point recevoir à titre de don, il leur prêtait sans intérêt, et même en les dispensant de la reconnaissance. Ce n'était pas des sommes légères qu'il hasardait ainsi. Un gentilhomme des environs de Genève, décoré dans le service, nous a dit à nous-même que Voltaire lui avait prêté de la manière la plus noble une somme de 30,000 livres, dans un temps où il paraissait peu vraisemblable que cet officier fût jamais à portée de s'acquitter. A l'égard des personnes à qui leur situation ne permettait pas de rendre, il les secourait par des libéralités entières et absolues. Plusieurs de ces bienfaits passaient par les mains de M. d'Argental. Il est quelques gens de lettres qui en ont reçu de considérables ; on n'attendait pas d'eux qu'ils les publiassent; on souhaitait seulement qu'ils parussent ne les pas oublier. Il ne tira d'autre vengeance d'un homme qui avait passé une partie de sa vie à le calomnier, qui était tombé dans l'indigence, et qui lui offrait de rétracter ses calomnies par un acte public, que de refuser la rétractation et d'envoyer à ce malheureux un présent de 50 louis. » Autant de mots, autant de mensonges ou d'absurdités. 1° Tout ce qui précède démontre que Voltaire n'allait jamais au-devant des malheureux ; qu'il leur donnait le moins possible ; qu'il était impatient de recevoir des témoignages de leur reconnaissance, et qu'il ne cessait de leur reprocher leur ingratitude. — 2° Il serait ridicule d'admettre que Voltaire eût prêté sans garantie 30,000 livres à un officier insolvable, lorsque, toute sa vie, il ne plaça aucuns fonds entre les mains de sa famille, de ses amis intimes, de son secrétaire, sans exiger des contrats ou des billets. — 3° Sa correspondance prouve qu'il ne chargea pas d'Argental de distribuer des aumônes ou des secours en son nom. — 4° Il est avéré qu'aucun homme de lettres ne reçut de lui des libéralités considérables. — 5° Il n'avait pas l'habitude de rendre le bien pour le mal. Loin de détester les louanges, il les provoquait. Il avait soin de réclamer des panégyriques ostensibles de tous ceux qu'il avait daigné obliger, ou qu'il avait été forcé de gratifier. L'enthousiasme de Palissot n'est donc que de la puérile crédulité ou de l'imposture inqualifiable.

Quand même on s'en rapporterait aveuglément à la parole de Wagnière, de Luchet, de Duvernet et de Palissot, la gloire de Voltaire n'y gagnerait pas beaucoup. Les libéralités que nous venons d'examiner ne pourraient guère être considérés que comme « des émotions passagères, des surprises, des élans, des soubresauts, pour ainsi dire, de vertu et d'ardeur, » dirai-je avec un polémiste.

Motivons notre appréciation et notre réserve. Pour cela, hâtons-nous de représenter le budget que Voltaire allouait aux pauvres.

VII. — *Voltaire et les pauvres.*

En ce temps-là

> La pauvreté, pâle, au teint blême,
> Aux longues dents, aux jambes de fuseaux,
> Au corps flétri, mal couvert de lambeaux,
> Fille du Styx, pire que la mort même,
> De porte en porte allait traînant ses pas :
> Monsieur Labat la guette et n'ouvre pas.

Ce M. Labat était un Français qui, par une honnête industrie et par un travail estimable, s'était procuré une fortune de plus de 2 millions. Voltaire n'était pas moins riche. Il a reconnu que

> Deux fois par jour il faut qu'un mortel mange (1).

Fera-t-il comme M. Labat, lorsqu'il verra à sa porte cette pauvreté dont il a dépeint les horreurs ? L'auteur d'*Émile* disait : « Si j'étais riche, je serais insolent et bas, sensible et délicat pour moi seul, impitoyable et dur pour tout le monde, spectateur dédaigneux des misères de la *canaille*, car je ne donnerais plus d'autre nom aux indigents, pour faire oublier qu'autrefois je fus de leur classe. » Voltaire se flatta d'avoir été plus compatissant. S'il faut s'en rapporter à sa correspondance, les pauvres étaient plus soulagés dans sa maison qu'en aucun couvent que ce pût être (2) ; de sorte qu'il n'y eut plus de

---

(1) *La Guerre civile de Genève*, chant v. — *Œuvres de Voltaire*, t. XII, p. 298.

(2) Lettre à Damilaville, du 8 février 1768.

pauvres à Ferney (1), non pas même un seul pauvre (2). C'est pourquoi, lorsqu'il écrivit son testament, il ne légua 300 livres aux pauvres de sa paroisse que dans le cas où il y en aurait. Mais s'inquiéta-t-il du sort des pauvres des autres localités?

« Il n'y a point de religion, a-t-il dit au chapitre VII de son *Essai sur les mœurs*, dans laquelle on n'ait recommandé l'aumône. La mahométane est la seule qui en ait fait un précepte légal, positif, indispensable. L'Alcoran ordonne de donner 2 1/2 0/0 de son revenu, soit en argent, soit en denrées. » Au chapitre CXXXIX du même ouvrage, il a remarqué que les peuples schismatiques n'ont jamais donné des preuves de charité et d'héroïsme comparables à celles de la communion romaine, et que c'est à elle seule que l'on doit les hôpitaux, les couvents, toutes les institutions religieuses qui font le plus de bien à l'humanité. Mais il s'est étrangement mépris sur la cause de ces effets admirables devant lesquels avaient expiré ses sarcasmes. Le 20 janvier 1769, il mandait à Mme du Deffand : « Vous me dites que vous ne voulez pas être aimée par *charité :* vous ne savez donc pas que ce grand mot signifie originairement *amour* en latin et en grec; c'est de là que vient mon *cher*, ma *chère*. Les barbares welches ont avili cette expression divine; et de *charitas* ils ont fait le terme infâme qui parmi nous signifie l'aumône. » Par les Welches, Voltaire désignait ses compatriotes, la nation qui s'est le plus incorporé l'esprit du christianisme

---

(1) Lettre à d'Argental, du 30 janvier 1761.
(2) Lettre à Saint-Lambert, du 7 mars 1769.

dans son langage comme dans ses mœurs. En rejetant la charité, le mobile de toutes les actions qu'il avait louées, Voltaire s'appliquera-t-il à faire oublier tout ce qu'avait enfanté cette vertu?

Dans son *Dictionnaire philosophique*, à l'article *Job*, il adresse ces paroles à Job : « Bonjour, mon ami Job. J'ai été beaucoup plus riche que toi. Aucun de tes prétendus amis ne te prête un écu. Quoique j'aie perdu une grande partie de mon bien, je ne t'aurais pas traité ainsi. Rien de plus commun que gens qui conseillent, rien de plus rare que ceux qui secourent. C'est bien la peine d'avoir trois amis pour n'en pas recevoir une goutte de bouillon, quand on est malade! Je les aurais condamnés pour n'avoir point secouru leur ami. » Dans le même *Dictionnaire philosophique,* à la section première du mot *Fertilisation*, il écrit ces mots : « Le nombre des mendiants est prodigieux, et, malgré les lois, on laisse cette vermine se multiplier. Je demanderais qu'il fût permis à tous les seigneurs de retenir et faire travailler à un prix raisonnable tous les mendiants robustes, hommes et femmes, qui mendieront sur leurs terres. » Dès 1749, dans ses *Embellissements de Paris,* il voulait qu'on condamnât au travail les « indigents fainéants qui ne fondent leur misérable vie que sur le métier infâme et punissable de mendiants, et qui contribuent à déshonorer la ville. » Au chapitre XI de la IIe partie de son *Histoire de Russie*, il a loué Pierre le Grand d'avoir délivré les villes « de la foule odieuse de ces mendiants qui ne veulent avoir d'autre métier que celui d'importuner ceux qui en ont, et de traîner aux dépens des autres hommes une vie misérable et honteuse... » N'était-ce pas ressusciter le *turpis egestas* de l'antiquité? Dans tous ses écrits, Voltaire confond habituellement les gueux avec les pauvres.

Voltaire rappellera-t-il dans sa vie privée l'humanité de l'auteur de l'article *Job*, ou la dureté de celui des mots *Fertilisation*, des *Embellissements de Paris* et de l'*Histoire de Russie?* Lisez attentivement toute sa volumineuse correspondance, vous n'y remarquerez aucun sentiment de générosité pour les pauvres. A Ferney comme à Cirey, à Berlin et à Paris, jamais il ne s'occupe des pauvres. A aucune époque il ne charge un ami discret de distribuer des aumônes aux pauvres. Quand il leur jette un écu, c'est pour se débarrasser au plus vite de leurs importunités. Il en agit ainsi avec tous les descendants de Corneille. Suivant Wagnière (p. 73), il donna un jour une pièce de 6 francs à un capucin avec autant d'ostentation que s'il lui eût remis une lettre de change d'une valeur considérable. Quelques Jésuites s'étant présentés pour lui demander un asile, il leur fit demander s'ils voulaient lui servir de laquais et porter sa livrée, et les envoya chercher une retraite ailleurs, au moyen de quelque secours, raconte Wagnière (p. 56). Cependant n'avait-il pas été content, en Angleterre, de recevoir un cadeau du roi? A Colmar, n'avait-il pas été obligé d'emprunter de l'argent à un ami? Dans un de ses voyages avec Mme du Chastelet, une personne de sa connaissance n'avait-elle pas payé pour lui des frais de réparation de voiture, comme le prouve Longchamp (p. 139)? Sur son *Livret*, il consacrait 1,000 *francs en aumônes*, comme nous savons. Il paraît qu'il ne dépassait pas cette somme. Elle était suffisante, s'il n'avait en vue que les pauvres de Ferney. Songeait-il aux pauvres des autres pays? Non. Wagnière (p. 31) nous dit à ce sujet : « Il faisait beaucoup d'aumônes, non aux mendiants des rues et vagabonds, qu'il ne pouvait souffrir, mais aux habitants des environs de Ferney, qui peuvent attester combien de secours ils recevaient de lui dans leurs besoins et dans leurs maladies. Il a payé longtemps pour l'instruction de quelques enfants suisses, dans les écoles de charité de Lausanne; mais une partie des ministres de cette ville lui ayant fait une querelle sur ce qu'il avait dit nouvellement du fameux Saurin, il fut si piqué qu'il discontinua les contributions qu'il accordait à cet établissement respectable. » Cette dernière anecdote nous montre ce qu'il faut penser du désintéressement de Voltaire lorsqu'il faisait du bien, et nous amène à conclure qu'il était difficile d'obtenir quelque chose de lui, quand on n'égratignait pas l'épiderme de sa vanité.

Quand Voltaire prend la plume, il s'adresse au genre humain. S'agit-il de soulager l'humanité, l'homme n'est plus que le serf de ses terres; le monde, que le territoire de Ferney. Ses aumônes ne dépassaient pas les frontières de ses propriétés. Arrêtons-nous donc maintenant pour contempler ce qu'il fit dans ce hameau, dont il enrichissait les pauvres du cent cinquante-deuxième de son superflu.

VIII. — *Voltaire et sa colonie de Ferney.*

Si j'avais une lyre, j'aimerais à faire l'épopée de Ferney. Je chanterais sa genèse obscure, ses développements rapides comme l'éclair, l'étendue de son commerce, les prodiges de son activité dévorante, l'enthousiasme de ses spectacles, la gaieté de ses sociétés ; puis je déplorerais avec amertume ses révolutions, ses catastrophes, sa ruine profonde, ruine prématurée comme celle de Babylone, de Tyr, de Troie, de Lacédémone, d'Athènes, de Carthage, s'il est permis de comparer les petites choses aux grandes.

Hélas ! pauvre cité,

> Elle a vécu ce que vivent les roses,
> L'espace d'un matin.

Cette éphémère destinée ne mérite-t-elle pas un regard de l'historien ?

La victoire, le commerce, l'opulence, la pitié, la puissance avaient eu leur métropole ; il était réservé à Ferney de devenir la capitale de l'esprit, dans un siècle où chacun avait et croyait avoir beaucoup d'esprit, où c'était une manie, une épidémie d'en étaler prodigieusement ; de sorte qu'à chaque instant on le voyait quitter les cours et les académies pour s'attabler dans un corps de garde ou s'asseoir nonchalamment sur la paille d'un bouge, et descendre quatre à quatre l'escalier de la mansarde pour courir dans les rues et les jardins, et retourner ensuite, brisé de fatigue, s'assoupir sur les édredons des boudoirs ruisselants d'or et de pierreries. Tous les monarques s'empressèrent de reconnaître cette principauté ; ils la saluèrent à l'envi comme la reine des nations, le flambeau de la civilisation ; ce qu'elle abhorrait, ils l'abhorraient ; ce qu'elle aimait, ils l'aimaient ; ce qu'elle aspirait à détruire, ils s'efforçaient de le détruire; ils lui envoyaient des courriers presque toutes les semaines; ils donnèrent ordre à leurs ambassadeurs de respecter toutes ses fantaisies, de favoriser toutes ses entreprises, d'oublier ses fautes. Les parlements avaient brûlé d'envie de sévir contre elle; mais la cour de France la laissait faire. L'évêque d'Annecy la menaçait de ses foudres; mais la ville éternelle, la ville aux sept collines, la ville du vicaire de Jésus-Christ tolérait ses insolences continuelles, ses injures grossières. Des flots d'étrangers y affluaient sans cesse; ducs, maréchaux, gentilshommes, académiciens, présidents y coudoyaient l'avocat, l'officier, le prêtre, le robin, le journaliste; on eût dit que c'était le rendez-vous de quiconque quittait ses pénates.

En effet, tout chemin conduisait alors à Ferney, comme on l'avait dit autrefois de Rome. Se proposait-on de parcourir Venise, Gênes, Florence ou Naples, on passait par Ferney. Était-on appelé à la cour de Postdam, on s'arrêtait à Ferney. Désirait-on baiser les mules du pape, ou lécher les pieds de l'impératrice de Russie, on courait à Ferney. Se rendait-on en Allemagne, en Hollande ou en Belgique, on se détournait de sa route pour descendre de voiture à Ferney. Quel que fût le sujet du départ, amour, intrigues, affaires, guerre, persécutions, plaisir, curiosité, santé, on faisait une halte à Ferney. Quand on était ennuyé de garder le coin du feu, et qu'on voulait respirer l'air de la campagne, sans savoir où flâner, on tombait inopinément à Ferney.

Un vieillard paraissait courbé sous le faix des ans, appuyé sur une petite canne, paré de précieuses dentelles, enveloppé de superbes fourrures, la tête couverte de la vénérable perruque à quatre marteaux, bien frisée, bien poudrée ; ses yeux brillaient comme des diamants ; son front rayonnait de joie, un sourire fin et léger comme celui des Grâces errait sur ses lèvres. C'était lui. A son aspect, c'était un flux et reflux de flatteries, un assaut de magnificat, une conspiration d'éloges longtemps ruminés, élaborés et répétés. On n'eût point osé l'aborder sans l'accabler de compliments ; le cérémonial engageait les dames à l'embrasser ; une actrice crut de son devoir de se jeter à ses genoux ; il est vrai qu'il s'agenouilla aussi et lui demanda ce qu'on pouvait faire dans cette posture. On était présenté.

Alors on se plantait à Ferney, on y mangeait, on y buvait, on y dormait, on s'y promenait, on y causait, on y dansait, on y jouait la comédie. Mais monsieur n'était plus visible. Les petites entrées étaient réservées aux princes, aux philosophes déjà célèbres ; il ne manquait jamais de leur lire quelque chant de *la Pucelle*. Le soir, il riait volontiers avec tous ses hôtes ; mais il se retirait de bonne heure pour se coucher, quoiqu'il fût toujours censé travailler ou souffrir. Il s'était beaucoup moqué de Desfontaines, de Jean-Baptiste Rousseau, de Fréron, de Jean-Jacques Rousseau, de Nonotte et de ses critiques.

Quand on avait pris congé de lui, on ne manquait pas de publier ce qu'on avait vu, et même ce qu'on n'avait pas pu admirer chez lui. C'était lui qu'on avait recherché à Ferney ; mais pour lui faire plaisir, on se croyait obligé de vanter tout ce qu'il avait fait à Ferney, car il prenait plaisir à conduire ses hôtes dans les maisons qu'il y avait bâties, dans les terrains qu'il avait exploités.

Qu'était-ce donc que Ferney avant l'arrivée de Voltaire? Il convient d'avouer que sa fondation se perd dans la nuit des temps, et que les nuages les plus épais nous voilent ses faibles développements. Qui lui prêcha la foi? Qui posa la première pierre de sa chapelle? Qui éleva son manoir? Quel rôle joua-t-il sous les Mérovingiens, les Carlovingiens, les Capétiens? Quelle part prit-il aux croisades, à l'affranchissement des communes? Telles sont les questions qu'il serait important d'examiner; mais aucun bénédictin n'ayant songé à les approfondir, nous nous bornerons à relater ce qu'était Ferney en 1758.

Il y avait alors un château, une église, quelques maisons, par conséquent un noble, un prêtre, et un peuple ôtant son chapeau à M. le comte, marquis ou baron, et faisant un salut encore plus profond à M. le curé. Remarquait-on autre chose dans les villes de l'ancienne France? M. de Bonald exige-t-il davantage pour constituer un État? Ferney n'attendait donc pas un premier occupant.

Voltaire prétend, dans son *Commentaire historique,* que sa passion avait toujours été de s'établir dans un canton abandonné pour le vivifier. Il est certain, au contraire, que sa passion avait toujours été de s'établir à Paris, et que c'est après plusieurs années employées en vain à solliciter de la cour la permission de rentrer à Paris, qu'il se décida à chercher un domaine au meilleur marché possible, et qu'il n'acheta Ferney qu'à une époque où il avait perdu tout espoir de venir se prosterner aux pieds du roi son seigneur, et de vivre dans les boudoirs de la favorite. De plus, cette passion innée ferait présumer que Voltaire désirait s'identifier avec la populace, mettre sa main dans la main calleuse du paysan en sabots, en blouse bleue et en bonnet de laine. Or, il nous apprend lui-même que nul n'avait plus d'aversion et de mépris pour ces classes nombreuses, qui gagnent leur vie à la sueur de leur front. « Nous ne nous soucions pas, mandait-il, le 13 auguste 1762, à Helvétius, que nos laboureurs et nos manœuvres soient éclairés. » Voilà pour l'instruction, voici pour le travail : « Oui, disait-il, je crie contre les fêtes, je fais travailler les fêtes. Il est abominable d'avoir soixante jours consacrés à l'ivrognerie. C'est une affaire dont tous les parlements devraient se saisir (1). Le roi devrait, je ne dis pas permettre les travaux champêtres ces jours-là, mais les ordonner. » Sevrer les ouvriers de toute instruction, leur supprimer leurs seules heures de repos et de bonheur, n'est-ce pas les assimiler à des bêtes de somme ? Ces maximes de Voltaire ne suffisent-elles pas pour prouver combien il serait volontiers resté indifférent au sort de quelques malheureux ?

Ferney était-il cet endroit où il avait toujours pensé à s'établir (2) ? Dans son *Commentaire historique*, il n'en parle que comme d'un désert sauvage. Le 20 décembre 1766, il se plaignait à M. Chardon de n'y avoir trouvé que des terres incultes, de la pauvreté, des écrouelles. S'il en eût été ainsi, pourquoi l'avait-il

---

(1) *Correspondance inédite de Voltaire avec de Brosses*, p. 363.
(2) Lettre à d'Argental, du 12 juin 1762.

acheté si cher? Un domaine en si mauvais état lui eût-il rapporté tout de suite ce qu'il se vantait d'en retirer?

Du moment qu'il eut jeté un regard de pitié sur Ferney, il le couvrit du manteau de sa renommée, et s'appliqua à le vivifier; de sorte que le nom de Voltaire reste confondu avec celui de Ferney, et que nommer Ferney c'est rappeler Voltaire, comme se souvenir de Voltaire c'est se reporter à Ferney.

Le 15 auguste 1760, Voltaire écrivait au roi Stanislas : « Le devoir des princes et des particuliers est de faire, chacun dans son État, tout le bien qu'il peut faire. » En a-t-il agi ainsi à Ferney?

Il commença par défricher des bruyères immenses, et il obtint du conseil du roi qu'on desséchât les marais qui infectaient sa province et qui y portaient la stérilité (1). Ce soin le préoccupa longtemps. Le 1er février 1765, il mandait à Damilaville : « Vous ne savez pas ce que c'est que la manutention d'une terre qu'on fait valoir. Je rends service à l'État sans qu'on en sache rien. Je défriche des terrains incultes ; je bâtis des maisons pour attirer les étrangers ; je borde les grands chemins d'arbres à mes dépens, en vertu des ordonnances du roi, que personne n'exécute. » Plus tard il implora les bontés de M. de Trudaine pour faire paver deux grandes routes qui traversaient Ferney ; sa demande lui fut octroyée (2).

En même temps qu'il travaillait à défricher et à améliorer ses terres, il continuait à bâtir des maisons. En 1767, dans sa lettre du 9 janvier à Montyon, il en comp-

---

(1) Lettre à Mme de Fontaine, du 1er février 1761.
(2) Lettre à Mme de Saint-Julien, du 12 juin 1776.

tait onze. Le 20 septembre 1771, il parlait à d'Argental de vingt nouvelles maisons qu'il venait de construire de fond en comble. En 1775, encore vingt autres de pierre de taille (1). Il éleva pour le marquis de Florian un pavillon qu'il vantait comme plus frais et plus joli que celui de Marly ; bientôt il en fit quatre ou cinq dans le même goût pour ceux qui les lui avaient demandés (2). En 1778, il portait à quatre-vingt-quatorze le nombre des habitations qu'il avait construites (3); car il avait fini par en commander à son maçon, comme d'autres commandent une paire de souliers à un cordonnier, rapportent les *Mémoires de Bachaumont*, du 22 décembre 1774.

C'est pourquoi, en 1777, dans une lettre où il rappelait à M. Le Pelletier de Morfontaine ces mots du livre premier de *l'Énéide* :

Felices queis mœnia surgunt !

il disait : « Ce vers de Virgile m'a coûté 1,500,000 livres. » Il y aurait sans doute beaucoup à rabattre de cette addition. Mais il n'est pas moins vrai que la population avait augmenté.

Dès 1766, suivant sa lettre, du 20 décembre, à M. Chardon, il croyait que son territoire était peuplé de trois fois plus d'habitants qu'en 1758. En 1769, il se flattait d'avoir quadruplé le nombre de ses paroissiens (4). A la vue de tout ce ramassis, en 1771, il ne

---

(1) Lettre à de Vaines, du 5 septembre 1775.
(2) Lettre à d'Argental, du 24 octobre 1774.
(3) Lettre au même, du 3 février 1778.
(4) Lettre à Saint-Lambert, du 7 mars 1769.

craignit plus de parler de son hameau comme d'une ville (1). Qu'on juge de sa joie et de son orgueil en 1778, où on pouvait y afficher un dénombrement de douze cents personnes, au lieu des quarante-neuf malheureux paysans qu'il avait trouvés dans la pauvreté, lorsqu'il y vint pour la première fois! Dans son *Commentaire historique*, il certifie qu'elles étaient toutes à leur aise, comme il l'avait dit à Berger, dès le 25 février 1765. Il n'avait rien épargné pour augmenter et le nombre de ses maisons et celui de ses paysans. Nous avons vu que, quand ses revenus ne lui arrivaient pas à échéance, il supprimait la pension de ses neveux (2); tout l'argent qu'il attendait et qu'il recevait était toujours censé destiné à la prospérité de Ferney. Aussi en vint-il à confesser qu'il avait fait des efforts au-dessus de son état et de sa fortune (3).

Comment pouvait-il dire qu'il servait l'État (4) en donnant au roi de nouveaux sujets?

« Figurez-vous, disait-il à d'Argental, le 4 mai 1767, que j'ai fondé une colonie à Ferney; que j'y ai établi des marchands, des artistes, un chirurgien; que je leur bâtis des maisons. » Il regardait cette entreprise comme la plus belle qu'on eût faite dans le mont Jura (5). Ses nouveaux hôtes étaient des horlogers français ci-devant établis à Genève (6). Voltaire compta, le 24 avril 1770, quarante ouvriers employés chez lui à

---

(1) Lettre au duc de Richelieu, du 29 avril 1771. — (2) *Idem.*
(3) Lettre à Mme de Saint-Julien, du 21 septembre 1772.
(4) Lettre à Mme du Deffand, du 25 avril 1770. — (5) *Idem.*
(6) Lettre à d'Argental, du 25 avril 1770.

enseigner l'heure à l'Europe (1). Le lendemain, il parlait de cinquante familles nouvellement recueillies chez lui (2). Quelques mois plus tard, il s'agissait de plus de cent Genevois avec leurs familles (3). Trois ans plus tard, c'était une colonie de cinq à six cents artistes (4).

Pourquoi tous ces ouvriers tombaient-ils deux à deux, quatre à quatre au beau milieu de Ferney? Voltaire nous l'apprendra. Le 11 mai 1770, il écrivait au cardinal de Bernis : « M. le duc de Choiseul établit une ville nouvelle à deux pas de mon hameau. On a déjà construit sur le lac de Genève un port qui coûte 100,000 écus. Les bourgeois de Genève ont conçu une grande jalousie de cette ville, qui sera commerçante ; et ils ont craint que je ne convertisse leurs meilleurs ouvriers, et que je ne transplantasse leurs ouailles dans un nouveau bercail, comme de fait la chose est arrivée. Il y eut beaucoup de tumulte à Genève, il y a trois mois. Les bourgeois assassinèrent quelques Genevois qui ne sont que natifs. les confrères des assassinés, ne pouvant se réfugier dans la ville de M. le duc de Choiseul, parce qu'elle n'est pas bâtie, choisirent mon village de Ferney pour le lieu de leur transmigration ; ils se sont aussi répandus dans les villages d'alentour. Ce sont tous d'excellents horlogers ; ils se sont mis à travailler dès que je les eu logés. Notre dessein est de ruiner saintement le commerce de Genève, et d'établir celui de Ferney. »

---

(1) Lettre à Hennin, du 24 avril 1770.
(2) Lettre à d'Argental, du 25 avril 1770.
(3) Lettre au duc de Richelieu, du 11 juillet 1770.
(4) Lettre à d'Argental, du 24 octobre 1774.

La fortune tendait les bras à Voltaire ; il se garda bien de lui tourner le dos. Il comprit tout le parti qu'il pouvait tirer de ces fatales circonstances. Dès que son plan fut conçu, il se hâta de l'exécuter et parvint à tout convertir en or. Il avait sous la main une colonie entière d'excellents artistes en horlogerie ; il commandait aussi à des peintres en émail (1). Il prêta de l'argent à tous ces ouvriers pour leur aider à travailler, et leur confia une manufacture de montres (2). Elle devint considérable (3) et attira une foule de marchands de toute espèce (4). Il y en eut bientôt deux pour les montres et une troisième pour les étoffes de soie (5). Le commerce ayant pris du développement, on en compta plus tard quatre pour les montres et trois autres petites pour d'autres objets (6). En juillet 1772, on en remarquait surtout six, dont une pour les blondes (7). Quelques mois plus tard, il était question d'une grande quantité de manufactures (8).

Dans presque toutes ces manufactures, on ne fabriquait que des montres ; bien que faites en six semaines (9), elles étaient très jolies, très bonnes et à bon marché (10). Toutes les conditions du succès se

---

(1) Lettre au duc de Richelieu, du 11 juillet 1770.
(2) Lettre à d'Argental, du 25 avril 1770.
(3) Lettre à de la Borde, du 16 avril 1770.
(4) Lettre au duc de Richelieu, du 11 juillet 1770.
(5) Lettre à Mme du Deffand, du 21 octobre 1770.
(6) Lettre à d'Argental, du 20 septembre 1771.
(7) Lettres à Mme de Saint-Julien, des 31 juillet et 21 septembre 1772.
(8) *Idem*.
(9) Lettre à de la Borde, du 16 avril 1770.
(10) Lettre à de Bernis, du 11 mai 1770.

trouvant réunies, ce fut Voltaire qui se chargea de la *commission*. Il surpassa tous les commis ou courtiers Le 16 mai 1770, il écrivait à d'Argental : « Je suis bien fâché que les prémices de ma manufacture ne puissent être acceptées. J'avais envoyé à Mme la duchesse de Choiseul une petite boîte de six montres charmantes, et qui coûtent très peu. La plus chère est de 46 louis, et la moindre est de 12; tout cela coûterait le double à Paris. J'aurais voulu surtout que le roi eût vu les montres qui sont ornées de son portrait en émail, et de celui de Mgr le dauphin. Je suis persuadé qu'il aurait été surpris et bien aise de voir que, dans un de ses plus chétifs villages, on eût pu faire, en aussi peu de temps, des ouvrages si parfaits. » Voltaire obtint la récompense due à sa courtoisie. Le roi acheta plusieurs montres et lui promit sa protection pour la nouvelle colonie (1), tant il avait été ravi de l'échantillon mis sur son compte par le duc de Choiseul (2) !

Celui-ci portait le plus vif intérêt à la prospérité de Ferney. Dès 1766, Voltaire lui disait : « Je vous dois tout, car c'est vous qui avez rendu ma petite terre libre. C'est par vous que mon désert horrible a été changé en un séjour riant; que le nombre des habitants est triplé, ainsi que celui des charrues, et que la nature est changée dans ce coin, qui était le rebut de la terre. » Le 7 juillet 1770, c'était à Dalembert qu'il en parlait en ces termes : « M. le duc de Choiseul me soutient de toutes ses forces, il fait son affaire de la

---

(1) Lettre à de Bernis, du 11 mai 1770.
(2) Lettre à d'Argental, du 22 juillet 1770.

mienne ; Mme la duchesse de Choiseul l'encourage encore, et nous lui avons les dernières obligations. » Aussi, le 18 septembre 1769, envoya-t-il à cette dame les premiers bas de soie fabriqués à Ferney. Il ne cessa de se recommander à elle dans tous ses embarras. Le 9 avril 1770, il lui écrivit : « A peine Mgr Atticus-Corsicus-Pollion (le duc de Choiseul) a dit, en passant dans son cabinet : Je consens qu'on reçoive les émigrants, que sur-le-champ j'ai fait venir des émigrants dans ma chaumière. A peine y ont-ils travaillé, qu'ils ont fait assez de montres pour en envoyer une petite caisse en Espagne. C'est le commencement d'un très grand commerce. J'envoie la caisse à Mgr le duc par ce courrier, afin qu'il voie combien il est aisé de fonder une colonie, quand on le veut bien. Nous aurons dans trois mois de quoi remplir sept ou huit autres caisses. Je me jette à vos gros et grands pieds, pour vous conjurer de favoriser cet envoi, pour que cette petite caisse parte sans délai pour Cadix, soit par la terre (le texte de diverses éditions porte *par l'air*; c'est par erreur, autrement Voltaire aurait dit une absurdité), soit par la mer ; pour que notre protecteur, notre fondateur, daigne donner les ordres les plus précis. J'écris passionnément à M. de la Ponce (secrétaire du duc) pour cette affaire, dont dépend absolument un commerce de plus de 100,000 écus par an. Je glisse même dans mon paquet un placet pour le roi. J'en présenterais un à Dieu, au diable, s'il y avait un diable. » Le 25 avril, Voltaire apprit à d'Argental qu'il craignait beaucoup que sa caisse pour Cadix n'eût pas été favorablement accueillie du duc. Mais le 21 juillet suivant, il mandait au même d'Argental : « Je vous supplie de communiquer à M. le duc de Choiseul mon étonnement, dont je ne suis pas encore revenu. J'avais pris la liberté d'envoyer sous son enveloppe, en Espagne, une caisse des ouvrages de ma manufacture. Il daigna se charger de la faire passer par la poste à Bordeaux, et de l'adresser à un patron de vaisseau pour la rendre à Cadix ; et voici qu'il m'envoie lui-même le reçu du patron : mon protecteur devient mon commissionnaire. »

Sur ces entrefaites, il avait envoyé, le 5 juin, cette circulaire A TOUS LES AMBASSADEURS : « Monsieur, j'ai l'honneur d'informer Votre Excellence que les bourgeois de Genève ayant malheureusement assassiné quelques-uns de leurs compatriotes, plusieurs familles de bons horlogers s'étant réfugiées dans une petite terre que je possède au pays de Gex, et M. le duc de Choiseul les ayant mises sous la protection du roi, j'ai eu le bonheur de les mettre en état d'exercer leurs talents. Ce sont les meilleurs artistes de Genève ; ils travaillent en tout genre, et à un prix plus modéré qu'en toute autre fabrique. Ils font en émail, avec beaucoup de promptitude, tous les portraits dont on veut garnir les boîtes des montres. Ils méritent d'autant plus la protection de Votre Excellence, qu'ils ont beaucoup de respect pour la religion catholique. C'est sous les auspices de M. le duc de Choiseul que je supplie Votre Excellence de les favoriser, soit en leur donnant vos ordres, soit en daignant les faire recommander aux négociants les plus accrédités. Je vous prie, monseigneur, de pardonner à la liberté que je prends, en considération de l'avantage qui en résulte pour le royaume. » Voltaire accabla de lettres non moins pathétiques toutes les personnes de sa connaissance. Le duc de Choiseul s'étant chargé de l'expédition des caisses de montres pour Rome, Voltaire manda, le 11 mai 1770, au cardinal de Bernis : « La bonne œuvre que je supplie Votre Éminence de faire est seulement de daigner faire chercher par un de vos valets de chambre, ou par quelque autre personne de confiance, un honnête marchand établi à Rome, qui veuille se charger d'être notre correspondant. Je vous réponds qu'il y trouvera son profit. Les entrepreneurs de la manufacture lui feront un envoi dès que vous nous aurez accordé la grâce que nous vous demandons. » Le cardinal de Bernis n'ayant pas pris cette affaire à cœur, Voltaire lui écrivit de nouveau, le 28 décembre suivant : « Je ne peux m'empêcher de vous dire que vous m'avez profondément affligé. Je n'ai point mérité cette dureté de votre part ; je m'en plains à vous avec une extrême douleur. Vous avez cru apparemment que ma colonie n'était qu'une licence poétique. Il n'y a point d'ambassadeur qui ne se soit empressé de nous procurer des correspondances dans les pays étrangers. Vous êtes le seul qui non seulement n'ayez pas eu cette bonté, mais qui ayez dédaigné de me répondre. Que vous en coûtait-il de faire dire un mot au consul de France que vous avez à Rome ? J'attendais cette grâce de la bienveillance que vous m'aviez témoignée. Si vous aviez voulu pour vous ou pour quelqu'un de vos amis quelque jolie montre aussi bonne que celles d'Angleterre, et qui aurait coûté la moitié moins, vous l'auriez eue en dix jours par la poste de Lyon. » En même temps Voltaire pressait le duc de Praslin de faire parvenir des montres au dey et à la milice d'Alger, au bey et à la milice de Tunis (1). Il eut soin de recommander sa colonie à la bienveillance de l'impératrice de Russie, dont on grava le portrait sur des montres, comme on l'avait fait pour le roi et le dauphin; en peu de temps, il lui expédia pour 39,238 livres d'orfèvrerie (2). Dans le *Commentaire historique*, il régla son compte à 50,000 livres. Dès l'année 1771, il eut la consolation d'entrer en relation avec l'Espagne, l'Italie, la Russie, la Hollande (3). Il pénétra même dans les murs de Constantinople (4); et, en 1773, il finit par se faufiler dans la Turquie et jusque dans le Maroc (5) et l'Amérique (6). Ses lettres du 6 mai et du 18 octobre 1771, à la fameuse Catherine, prouvent qu'il songeait à établir une succursale sur les frontières de la Tartarie et de la Chine. Mais il n'oubliait nullement Paris. Le 20 septembre 1771, il pria d'Argental de plaider éloquemment sa cause auprès des intendants des menus plaisirs du roi. Le 9 septembre 1774, il traita aussi avec le célèbre L'Épine, horloger du roi. Il ne négligea rien non plus pour fournir des blondes de ses fabriques aux premières maisons de modes de la capitale (7).

Tant de démarches devaient être couronnées de succès éclatants. Voltaire avait espéré voir affluer

---

(1) Lettre à d'Argental, du 26 septembre 1770.
(2) Lettres à Catherine, des 22 décembre 1770, 30 avril et 19 juin 1771.
(3) Lettre au duc de la Vrillière, du 9 mai 1771.
(4) Lettre au comte de Saint-Priest, du 17 juin 1771.
(5) Lettre à d'Argental, du 28 juin 1772.
(6) Lettre à Mme du Deffand, du 5 juin 1772.
(7) Lettre à Mme de Saint-Julien, du 31 juillet 1772.

100,000 écus tous les ans à Ferney. Dès 1773, ses manufactures envoyaient pour 100,000 livres de marchandises au bout du monde (1). En 1774, on fit un inventaire de 450,000 livres (2), et on ne désespéra pas de parler bientôt de 1 million (3). En 1776, il était question déjà de 600,000 livres (4). Ferney alors était vanté comme une ville et même une très jolie ville (5); on y comptait douze cents âmes (6); on y remarquait un médecin et plusieurs bourgeois qui avaient acheté des maisons de 6,000, de 12,000 livres et d'autres plus considérables (7). Tous les jours il y arrivait des artistes; Voltaire leur bâtissait des habitations et leur avançait de fortes sommes d'argent (8). Il leur procurait jusqu'à des lingots d'or (9); il se chargeait de tous leurs remboursements et de leurs affaires en souffrance dans les pays étrangers (10). Il obtint du roi qu'ils ne payassent aucun impôt (11) et qu'ils eussent toutes les facilités possibles pour leur commerce (12); de sorte que personne ne pouvait travailler mieux et à meilleur compte (13), et qu'il n'y avait qu'un tremble-

---

(1) Lettre à M⁽ᵐᵉ⁾ du Deffand, du 13 août 1773.
(2) Lettre à de Vaines, du 5 septembre 1775.
(3) Lettre à L'Epine, du 9 décembre 1774.
(4) Lettre à M⁽ᵐᵉ⁾ de Saint-Julien, du 12 juin 1776.
(5) Lettre au duc de Richelieu, du 15 octobre 1776.
(6) Lettre à de Bacquencourt, du 4 octobre 1776.
(7) Lettre au marquis de Florian, du 6 janvier 1777.
(8) Lettre à d'Argental, du 28 juin 1773.
(9) Lettre à de la Borde, du 16 avril 1770.
(10) Lettre à d'Argental, du 28 juin 1773.
(11) Lettre au duc de la Vrillière, du 9 mai 1771.
(12) Lettre à de Pomaret, du 14 octobre 1771.
(13) Lettre à Catherine, du 22 janvier 1771.

ment de terre qui fût capable de ruiner un établissement si puissamment soutenu (1). Grâce à la protection du duc de Richelieu et de Mme de Saint-Julien, dit Wagnière (p. 65), Voltaire avait la faculté de se servir de l'enveloppe du baron d'Ogny, intendant général des postes, pour expédier sans frais tous les objets d'horlogerie et de bijouterie qui seraient fabriqués à Ferney, dans toute la France et les pays étrangers, et même jusque dans la Turquie et le Maroc.

Il est facile de deviner combien Voltaire devait rechercher la protection des ministres. Il avait recommandé ses manufactures avec une persévérance infatigable au duc de Choiseul (2); celui-ci étant disgracié, Voltaire tâcha de capter la bienveillance de son successeur. Il crut que le duc d'Aiguillon avait juridiction sur Ferney. Aussi, le 20 septembre 1771, écrivit-il à d'Argental : « Si, dans l'occasion, mon cher ange peut faire quelque éloge de nos colonies à M. le duc d'Aiguillon, il nous rendra un grand service. Figurez-vous que nous avons fait un lieu considérable d'un méchant hameau où il n'y avait que quarante misérables, dévorés de pauvreté et d'écrouelles. Loin d'avoir le moindre intérêt dans toutes ces entreprises, je me suis *ruiné* à les encourager, et c'est cela même qui mérite la protection du ministère. Le simple historique d'un désert affreux changé en une habitation florissante et animée est un sujet de conversation à table avec des ministres. M. le duc de Choiseul avait daigné acheter quelques-

---

(1) Lettre à Mme du Deffand, du 8 août 1770.
(2) Lettre au duc de Richelieu, du 29 avril 1771.

unes de nos montres pour en faire des présents au nom du roi. Nos fabricants les vendent à un tiers meilleur marché qu'à Paris. Presque tous les horlogers de Paris achètent de nous les montres qu'ils vendent impudemment sous leur nom, et sur lesquelles ils gagnent non seulement ce tiers, mais très souvent plus de moitié. Tout cela très bon à dire quand on traitera par hasard le chapitre des arts. » Trois jours après, Voltaire chargea le duc de Richelieu de la même commission, en lui représentant sa colonie comme un objet de commerce intéressant pour l'État, et digne d'attirer l'attention du ministère. Mais il ne laissait pas d'être inquiet. Le 11 octobre, il manda à d'Argental : « Ma colonie, qui n'est plus protégée, me donne de très vives alarmes. Je me suis ruiné pour l'établir et pour la soutenir ; j'ai animé un pays entièrement mort ; j'ai fait naître le travail et l'opulence dans le séjour de la misère, et je suis à la veille de voir tout mon ouvrage détruit. Je vous demande en grâce de parler à M. le duc d'Aiguillon ; vous le pouvez, vous le voyez tous les mardis ; je ne vous demande point de vous compromettre, j'en suis bien éloigné. Je lui ai écrit, je lui ai demandé en général sa protection ; j'ose dire qu'il me la devait ; il ne m'a point fait de réponse ; ne pourriez-vous pas lui en dire un mot ? Il vous est assurément très aisé de savoir, dans la conversation, s'il est favorablement disposé ou non. Voilà tout ce que je conjure votre amitié de faire le plus tôt que vous pourrez dans une occasion si pressante. Si M. le maréchal de Richelieu était à Versailles, il pourrait lui en dire quelques mots, c'est-à-dire en faire quelques plaisanteries, tourner mon entreprise en ridicule, se bien moquer de moi et de ma colonie ; mais mon ange sentira mon état sérieusement et le fera sentir. » Le 16 octobre, Voltaire pria aussi la duchesse d'Aiguillon de le rappeler au souvenir du duc. Il n'oublia pas non plus le duc de la Vrillière, dans le département duquel se trouvaient le territoire de Ferney et l'entreprise de Versoy (1). Enfin il finit par supplier le prince de Condé de ne pas l'abandonner (2). Dès que Turgot fut porté au faîte du pouvoir par le flot irrésistible de l'opinion, Voltaire tressaillit d'espérance, et pensa qu'une colonie, dont il ne croyait pas l'existence inutile au royaume, allait être encouragée (3). Le 24 octobre 1774, il en parlait ainsi à d'Argental : « M. Turgot ne m'a point écrit. Il m'a fait dire qu'il avait entre les mains la requête de ma colonie. J'attendrai le résultat de ses bontés. Je présume que vous verrez M. Turgot à Fontainebleau, et que vous pourrez lui dire en général quelques mots qui réveilleront son attention pour un établissement digne en effet d'être protégé par lui. » Dans le mois de novembre 1775, il vanta les *Édits* de Sa Majesté Louis XVI pendant l'administration de M. Turgot. Ce n'était pas sans raison. Presque tout ce qu'il demanda lui fut octroyé, bien qu'il lançât requêtes sur requêtes. Ainsi il composa, de 1774 à 1776, les pièces suivantes : *Au roi en son conseil; Lettre écrite à M. Turgot par MM. les syndics généraux du clergé, de la noblesse et du tiers état du pays de Gex; Petit écrit sur l'arrêt du conseil du 13 sep-*

---

(1) Lettre au duc de la Vrillière, du 9 mai 1771.
(2) Lettre à Mme de Saint-Julien, du 15 novembre 1776.
(3) Lettre à d'Argental, du 23 septembre 1774.

tembre 1774, qui permet le libre commerce des blés dans le royaume ; *Notes concernant le pays de Gex; Mémoire sur le pays de Gex; Mémoire du pays de Gex, à M. Turgot, ministre d'État ; Mémoire à M. Turgot; Délibération des États de Gex, du 14 mars 1776, à M. le contrôleur général ; A M. Turgot; Remontrances du pays de Gex au roi; Au roi en son conseil*. Grâce à l'appui de Turgot, la province de Gex devint libre et heureuse, et fut délivrée de toutes les vexations et de toutes les charges dont Voltaire n'avait cessé de se plaindre. Ferney reconnaissant, dit Wagnière (p. 64), frappa une médaille en l'honneur de Turgot, et, dans son *Commentaire historique*, Voltaire l'appela le bienfaisant ministre. Quand celui-ci fut destitué, Voltaire avoua à de Vaines, le 15 mai 1776, qu'il était atterré et désespéré. L'élévation de Necker acheva de l'accabler. Le 30 octobre 1776, il apprenait à Mme de Saint-Julien qu'il comprenait que les intérêts de Ferney étant opposés aux intérêts de Genève, Necker serait obligé de donner la préférence à sa patrie.

Voltaire avait prévu que le jour où le gouvernement ne le favoriserait plus, serait le commencement de sa ruine (1), puisqu'il lui était impossible, sans le secours du gouvernement, de parvenir à faire tomber le commerce de Genève (2). Le duc de Choiseul l'avait encouragé de tout son crédit; Turgot lui avait donné toutes les facilités qui se conciliaient avec les lois, et l'intendant d'Ogny continuait de lui accorder la franchise de

---

(1) Lettre à d'Argental, du 25 juin 1770.
(2) Lettre au contrôleur général des finances, de novembre 1772.

la poste pour toutes les caisses de montres fabriquées à Ferney (1). Mais il suffisait que le ministère ne prit plus ses affaires à cœur, pour que Voltaire se crût perdu. Dès le 30 octobre 1776, il se plaint à Mme de Saint-Julien de ruine entière. Il n'écrit plus une lettre sans déposer son bilan. Nous avons vu comment il développa ce thème pour remuer et attendrir ses débiteurs, et aiguillonner le zèle de son notaire (2).

Le gouvernement pouvait-il accorder plus de privilèges qu'il n'a fait sur les instances de Voltaire? Évidemment non. Il avait eu l'intention de ruiner Genève en fondant Versoy. Il fut trop préoccupé et trop appauvri pour continuer cette entreprise. Voltaire escamota cette idée. Il tenta à Ferney ce qui devait être exécuté à Versoy. Tous les ministres, toutes les puissances le secondèrent. Il avait sondé leurs intentions, avant de se mettre à l'œuvre. Dès qu'il fut persuadé de n'être point abandonné, il profita des circonstances. Le bon de l'affaire fut de convertir en question d'État une habile spéculation.

Nous savons pourquoi et comment Voltaire parvint à faire regarder toutes ses entreprises à Ferney comme un objet intéressant pour l'État. Il s'agit de prouver maintenant que sa conduite dans cette opération ne fut qu'une spéculation.

Voltaire ne convenait pas de cette vérité. Ainsi il déclarait, le 21 octobre 1771, à Mme du Deffand qu'il avait tout fait par pure vanité. Il disait qu'il avait tout entre-

---

(1) Lettre à Baudeau, d'avril 1775.
(2) Lettres au duc de Richelieu et à du Tertre, des 18 et 20 janvier 1777.

pris à ses dépens, sans se réserver un denier de profit pour ses peines (1); qu'il prêtait tout son argent sans intérêt (2). Il répétait qu'il n'avait acheté un domaine que pour le vivifier (3), et que c'était la pureté de ses intentions qui devait lui mériter la protection de Moyse-Turgot (4). Dans ses moments d'ennui, il se consolait dans la pensée qu'il avait toujours été entrainé par le seul désir de faire du bien (5). Rien de plus certain que le contraire.

Du moment que Voltaire eut acheté Ferney, il était de son intérêt de défricher et d'améliorer ses terres, puisqu'elles rapportent en raison du soin qu'on prend de les travailler.

Un concours inouï de circonstances lui fit espérer de parvenir à changer son hameau en ville. Il le tenta et réussit. Ferney lui appartenait; il est évident que les propriétés augmenteraient de valeur suivant le nombre des habitants. C'est ce qui arriva. Le domaine que Voltaire avait acheté près de 100,000 livres, sa nièce le vendit 230,000. En attendant, Voltaire ne négligeait pas de réclamer la dîme (6), et il se récria contre son curé, qui lui réclamait ce bénéfice (7). Il avouait que ses maisons lui rapportaient des lods et ventes qui étaient considérables (8), si nous en jugeons par ce qu'il

(1) Lettre à d'Argental, du 25 juin 1770.
(2) Lettre à de la Borde du 16 avril 1770.
(3) Lettre à Baudeau, d'avril 1775.
(4) Lettre à de Vaines, du 5 septembre 1775.
(5) Lettre au duc de Richelieu, du 20 janvier 1777.
(6) Lettre à Bertrand, du 29 décembre 1760.
(7) Lettre à Damilaville, du 13 août 1762.
8) *Correspondance inédite de Voltaire avec de Brosses*, p. 363.

9.

fut obligé lui-même de payer pour l'acquisition de Ferney. C'était lui qui les avait construites; il avait l'habitude de les vendre. Perdit-il dans ces marchés? Luchet (t. II, p. 145) prétend que ces habitations étaient plutôt données que vendues. Mais Wagnière (p. 65), mieux informé que Luchet, nous apprend qu'elles n'étaient cédées que moyennant une rente viagère à 5, à 6 ou à 7 0/0. La preuve qu'elles étaient vendues tout leur prix, c'est qu'à la mort de Voltaire, sa nièce fut obligée d'accorder de fortes réductions sur toutes ces rentes, quoique l'intendant d'Ogny n'eût point cessé de permettre l'usage de son couvert, et que les fermiers généraux ne demandassent point les droits qui leur revenaient. Quant à l'argent qu'il prêtait à ses colons, il en retirait 4 0/0 d'intérêt suivant Wagnière, mieux informé encore sur cette question que Luchet, qui parle d'un taux modique.

Toutes les spéculations coûtent d'abord quelques sacrifices. Voltaire dut certainement en faire quelquefois pour attirer les étrangers et se les attacher. Mais ne perdait-il pas à ne leur prêter de l'argent qu'à 4 0/0, et à leur vendre des maisons à 5, à 6 ou à 7 0/0? C'est ce qu'il faut examiner.

Tous les ans, il lui restait des sommes immenses à utiliser. A qui allait-il les prêter? A l'étranger? mais ces placements exigeaient beaucoup de formalités; leurs remboursements étaient difficiles et occasionnaient d'énormes frais de change. A Genève? mais tout y était en révolution; on s'y poursuivait dans les rues, on s'y livrait des batailles avec des seringues chargées d'eau bouillante, à défaut de canons et de mortiers. En

France, l'État, les capitalistes, les propriétaires ne jouissaient pas d'un grand crédit. Ainsi la Compagnie des Indes penchait d'heure en heure vers sa ruine. Le bon temps des fermiers généraux était passé; on les avait tellement accablés de croupes et de charges que leur position devenait de plus en plus précaire.

L'État n'était qu'un abîme insondable qui engloutissait tous les capitaux et ne revomissait pour intérêts que quelques chiffons de papier de nulle valeur sur la place. Les changements de ministères n'amenaient que de nouveaux impôts toujours plus écrasants; les perpétuelles dilapidations de la cour, en temps de paix comme en temps de guerre, avaient habitué le gouvernement à ne plus rougir, et à ne rien négliger pour extorquer tout l'argent du royaume, de sorte que les arrêts du conseil semblaient échappés à la caverne de quelque bande de brigands. Le 18 février 1770, le payement des rescriptions fut suspendu; cet acte enleva 200,000 livres à Voltaire. Sous un régime où les caprices des prostituées devenaient des lois que s'empressait de signer un monarque abruti par le vin, les propriétés foncières avaient tout à redouter. Les deux tiers de ces propriétés appartenaient aux couvents et aux nobles. Si les couvents étaient opulents, ils n'avaient pas besoin d'emprunter; ils n'auraient pu le faire sans autorisation. Bien qu'ils pussent offrir hypothèque, ils devaient appréhender un refus, s'ils s'étaient hasardés à demander des fonds. Les Jésuites avaient été riches et puissants; on les avait réduits à la misère en les chassant de leurs maisons, en s'emparant de leurs portefeuilles. Jamais leurs créanciers ne furent remboursés. Dans son *Histoire de Russie*, Voltaire loua Pierre le Grand et Catherine II d'avoir dépouillé le clergé de presque tout ce qu'il possédait ; maintes fois, de concert avec tous les encyclopédistes, il provoqua le gouvernement à suivre cet exemple en France. Il était facile de conjecturer qu'on ne se bornerait pas à diminuer le nombre des couvents, et qu'on finirait par les supprimer tous sans s'occuper de leur passif. C'est ce qui explique pourquoi Voltaire, si attentif à rechercher des débiteurs qui offrissent toutes les garanties possibles, n'eut point de rapports avec les couvents. Il préféra toujours les grands seigneurs destinés à recueillir quelques lots du partage des immeubles de l'Église. Sans doute ils étaient solvables, puisqu'ils possédaient de vastes domaines ; ils avaient encore l'expectative de toutes les sinécures qui leur étaient réservées ; ils trouvèrent toujours moyen de s'octroyer des pensions, des gratifications ordinaires et des gratifications extraordinaires, de n'être jamais compris dans les réformes, et même de transiger avec les fermiers généraux pour les sommes qu'ils étaient forcés de verser dans les coffres du fisc. Mais rien n'égalait leur audace et leur mauvaise foi pour continuer de se vautrer dans la débauche. Aussi étaient-ils si las de payer de gros intérêts à Voltaire, que ce n'était qu'après plusieurs années de sollicitations et d'exploits qu'il leur arrachait ses rentes. Il était si éloigné d'eux, qu'il ne pouvait traiter de puissance à puissance avec eux que par l'intermédiaire d'un notaire et d'un homme d'affaires auxquels il faut donner des honoraires ; il avait besoin d'eux, et se voyait encore obligé de ménager leur susceptibilité. Ses colons, au contraire, travaillaient sous ses yeux et n'avaient rien à craindre des édits du conseil; s'il leur avançait des capitaux, tout les portait à les faire fructifier, afin d'obtenir de nouvelles avances et de gagner davantage; ils ne devaient espérer de nouvelles faveurs qu'autant qu'ils s'acquitteraient des engagements qu'ils avaient contractés. Ont-ils été fidèles à leur parole? Oui, puisque jamais Voltaire ne s'est plaint de leur négligence, de leurs banqueroutes, et qu'il n'a cessé de leur abandonner tous les ans l'argent dont il disposait.

Voltaire ne pouvait prudemment et raisonnablement prêter de l'argent à ses anciens débiteurs que par contrats et sur hypothèques : or, ces contrats étaient sujets à des droits de plus en plus exorbitants. Plus ces charges augmentaient, plus l'intérêt du capital devait diminuer. Ferney étant exempt de tous ces impôts et de toutes ces vexations dont Terray avait accablé toutes les propriétés, Voltaire pouvait y placer ses économies à de meilleures conditions qu'ailleurs. De plus, il avançait des fonds sans crainte sur des billets à terme à ses colons, suivant qu'il avait confiance dans l'emprunteur. Par là il s'épargnait des frais considérables, qui rognaient toutes les rentes qu'il touchait ailleurs, comme son *Livret* l'indique.

En prêtant de l'argent à 4 0/0 à ses colons, Voltaire leur faisait-il une grâce? non. Il s'était réduit à ce taux avec le duc de Wurtemberg. Il n'aurait pas obtenu de plus forts intérêts ailleurs, à cause des frais dont nous venons de parler. Mais rien ne prouve qu'il se contentât toujours de ce 4 0/0 avec ses colons. Il leur vendait des maisons moyennant une rente viagère à 5, à 6 ou à 7 0/0, c'est-à-dire autant qu'il pouvait. De même il devait exiger d'eux tout l'intérêt qu'il pouvait retirer des fonds qu'il leur avançait. Son *Livret* nous apprend qu'au besoin il s'élevait souvent au 5 0/0. Par conséquent, soit qu'il vendît des maisons en viager à ses colons, soit qu'il leur prêtât de l'argent pour des époques fixes, Voltaire touchait tout le profit qu'il avait droit d'attendre. S'il a beaucoup prêté à 4 0/0, il est facile d'en trouver la raison. Ce taux n'était pas sans exemple en Europe. De Brosses a constaté, dans ses *Lettres familières écrites d'Italie*, qu'à Rome le mont-de-piété n'exigeait que 2 0/0 d'intérêt, et que les effets de la Chambre apostolique étaient fort recherchés comme placement d'argent, quoiqu'ils ne rapportassent qu'un intérêt de 3 0/0. Duclos confirme ces détails, mais en ajoutant qu'au mont-de-piété l'intérêt de 2 0/0 n'atteignait que les objets excédant 525 francs ; il fait observer encore que le gouvernement avait réglé l'intérêt des placements à 6 0/0 sur les marchands, à 4 sur les particuliers, et seulement à 3 sur les communautés religieuses. Casanova raconte dans ses *Mémoires* qu'il se rendit à Trévise pour y mettre au mont-de-piété, qui prêtait à 5 0/0. Suivant Gorani, Hercule Renaud, duc de Modène, prêtait à 4 0/0 à la ville de Reggio, qui avait donné un intérêt de 5 et même de 5 1/2 0/0 à ses créanciers ; les banques de Naples prêtaient ouvertement sur gages ou sur hypothèques à un taux qui s'élevait rarement à 3 ; à Gênes, la banque de Saint-Georges, dont les statuts ont servi de base à la banque d'Amsterdam ainsi qu'à la Compagnie des Indes, et qui était l'un des comptoirs les plus fameux de l'Europe, prêtait sur nantissement et ne donnait pas plus de 3 1/2 0/0 d'intérêt. En vertu du concordat de 1763, la cour d'Espagne, dit Bourgoing, s'engagea à payer à Rome 4,595,500 livres, et à ne donner qu'un intérêt de 3 0/0 par an jusqu'au remboursement intégral de cette somme. Plusieurs voyageurs ont trouvé l'intérêt de 2 0/0 assez commun dans le Portugal. En Angleterre, Sheridan regardait comme un taux assez convenable l'intérêt de 4 0/0 qu'il payait pour les emprunts de son théâtre de Londres ; l'intérêt de 2 1/2 était en honneur dans toute l'Angleterre. Lavaux nous apprend, dans son *Histoire de Pierre III*, qu'au moment où cet empereur de Russie fut précipité du trône et assassiné, il allait créer une banque où les commerçants auraient pu emprunter de l'argent à raison de 4 0/0 d'intérêt. Coxe dit qu'en Danemark l'État ne payait qu'un intérêt de 4 0/0. Il ajoute qu'en Suède il y avait une banque qui prêtait à raison de 3 0/0 sur les lingots d'or, d'argent, de cuivre, d'airain et même de fer, et moyennant 4 0/0 sur les maisons et sur les terres, et qu'il y avait une autre banque dont toutes les opérations roulaient sur une commission de 2 0/0. Denina ne porte qu'à 4 0/0 l'intérêt de l'argent en Prusse ; il avance que Frédéric II soutint une banque qui prêtait à 4 0/0 et quelquefois seulement à 3 1/2 ; on a loué ce monarque parce qu'il prêta plus de 8 millions à la noblesse de Poméranie à raison de 2 0/0, et d'autres sommes considérables à 1 0/0 seulement. Riesbeck ne mentionne qu'un intérêt de 3 1/2 0/0 dans la Saxe.

A Dresde, Mirabeau a trouvé le 4 0/0 fort recherché. Dutens affirme que Kaunitz réduisit l'intérêt de l'argent au-dessous de 4 0/0 pour l'Autriche. Suivant Paganel, l'empereur Joseph II prohiba tout placement de fonds sur particuliers au delà d'un intérêt de 4 0/0 ; il alla même jusqu'à défendre au mont-de-piété d'exiger plus de 4 0/0 pour les effets qui ne seraient ni en or ni en argent. Mirabeau avance qu'en Hollande la province ne payait habituellement qu'un intérêt de 2 1/2 0/0 et allait rarement au taux de 3 0/0 pour ses emprunts. Dans sa lettre du 1er octobre 1763, à M. Prost de Roger, Voltaire convient que les banquiers de Genève ne lui donnaient qu'un intérêt de 4 0/0 pour tous ses placements de fonds. En France, il n'y avait que dans les moments de crise financière que l'intérêt de l'argent s'élevait à 5 0/0. Un édit du roi, enregistré le 29 août 1766, fixa l'intérêt de l'argent à 4 0/0 pour tout le royaume. A la vérité, un autre édit du roi, enregistré le 23 février 1770, annula l'édit précédent et permit les placements à l'ancien 5 0/0. Mais, sous Turgot, le 4 0/0 d'intérêt redevint sinon le taux légal, du moins le taux le plus commun. C'est pourquoi le clergé par lettres patentes du 21 octobre 1775, les États de Bourgogne par lettres patentes du 16 décembre 1775, ceux du Languedoc par arrêt du 19 février 1776, et ceux de Provence par arrêt du 10 mars 1776, furent autorisés à emprunter de de fortes sommes à 4 0/0. Aussi, le 1er novembre 1775, les *Mémoires de Bachaumont* faisaient-ils cette remarque : « L'intérêt de l'argent se remet comme naturellement à 4 0/0. Tous les fermiers généraux, receveurs généraux des finances et autres gens riches dans le cas d'avoir des fonds étrangers et de renouveler leurs engagements à la fin de l'année, suivant l'usage, ont déclaré qu'ils ne donneraient plus désormais un intérêt plus fort, et que les propriétaires seraient maîtres de les retirer si cette condition ne leur convenait pas. En sorte qu'il n'est aucun doute, si la paix subsiste, que ce taux ne devienne la loi générale du royaume incessamment. »

Ne perdons point de vue que chaque fois que les maisons qu'il avait vendues en viager à ses colons changeaient de propriétaires, Voltaire touchait des *lods et ventes considérables*. Or, ces lods et ventes étaient considérables, comme le prouve cette lettre à Tronchin, de Lyon, du 23 octobre 1758 : « Je ne sais encore si je serai seigneur de Ferney. On exige pour le droit goth et vandale des lods et ventes le quart du prix de la terre. Il faut pour rafraîchissement payer au roi le centième, à la Chambre des comptes le cinquantième. Ainsi, à fin de compte, on achèterait le double. » Mais, dans une autre lettre au chanoine Perrand, du 24 avril 1767, Voltaire convient que le droit des lods et ventes est du sixième et que la coutume a réduit ce droit au douzième; il assure qu'il se contente du vingt-quatrième pour son droit, ce qui est douteux. Il est certain que ces lods et ventes le dédommageaient de ce qu'il perdait en ne vendant en viager ses maisons qu'à raison de 5 ou 6 ou 7 0/0 d'intérêt, et en ne prêtant des fonds qu'à 4 0/0 à une époque où les placements d'argent étaient si difficiles, puisque l'État osait tout pour échapper à une banqueroute inévitable ; où les couvents s'attendaient à être supprimés, où les capitalistes étaient dans des transes perpétuelles, où le commerce languissait et était entravé dans toutes ses spéculations, où les grands seigneurs qui pouvaient emprunter sûrement et hypothéquer leurs domaines se faisaient un honneur de vivre endettés et de mourir insolvables, et où quiconque avait le courage de faire des remontrances se voyait enlevé et plongé dans les cachots de la Bastille, en vertu d'une lettre de cachet. Qu'on se rappelle les pertes et les banqueroutes que Voltaire essuya à Cadix et en France, et on s'expliquera facilement pourquoi les vingt dernières années de sa vie, il prit tant à cœur la prospérité de Ferney.

Grâce à ce concours inouï de toutes les circonstances dont il nous a déroulé le tableau dans sa correspondance, Voltaire a tellement animé du souffle de sa fécondation tout Ferney, que Ferney ne respire que lui. C'est là qu'on peut jauger la capacité de ses facultés positives. Il y a déployé une puissance de volonté, une audace de moyens qu'on serait tenté d'assimiler à des scènes de comédie. Là il a prouvé combien il excellait dans l'action aussi bien que dans le conseil ; qu'il était aussi propre à diriger qu'à exécuter ; qu'il était né pour élever plutôt que pour détruire. Là il donne à présumer quel beau rôle il eût pu jouer sur un plus vaste théâtre, si on eût daigné l'employer, comme il l'avait si ardemment désiré et si souvent demandé.

Il fut le fondateur de Ferney ; mais son entreprise ne fut qu'une habile spéculation. Nous le regarderions avec joie comme le bienfaiteur de ses colons s'il nous était permis d'oublier qu'en leur vendant des maisons, et en leur avançant des sommes considérables, il tirait le meilleur et même le seul parti possible de sa fortune.

Le rôle de Voltaire à Ferney est donc celui du plus rusé des spéculateurs, du plus actif des capitalistes, du plus retors des propriétaires.

IX. — *Voltaire et les Comédiens.*

Les libéralités de Voltaire aux comédiens, comme ses entreprises à Ferney, n'ont-elles pas été des spéculations ? C'est ce que nous nous proposons d'examiner.

Ouvrons d'abord le *Commentaire historique* pour y lire ces lignes :

« Voltaire avait commencé dès l'âge de dix-huit ans la tragédie d'*Œdipe*. Les comédiens eurent beaucoup de répugnance à jouer une tragédie traitée par Corneille, en possession du théâtre ; ils ne la représentèrent qu'en 1718, et encore fallut-il de la protection.

« Il donna la tragédie de *Mariamne* en 1722. Mariamne était empoisonnée par Hérode ; lorsqu'elle but la coupe, la cabale cria : *La reine boit !* et la pièce tomba.

« En 1732, à la première représentation de *Zaïre*, quoiqu'on y pleurât beaucoup, elle fut sur le point d'être sifflée.

« Le 27 janvier 1736, la tragédie d'*Alzire* eut un grand succès. Il attribua cette réussite à son absence.

« Il paraît que les contradictions, les perversités, les calomnies qu'il essuyait à chaque pièce qu'il faisait représenter ne pouvaient l'arracher à son goût, puisqu'il donna la comédie de *l'Enfant prodigue*, le 10 octobre 1736 ; mais il ne la donna point sous son nom.

L'auteur écrivit à Mlle Quinault : « Si l'on m'avait reconnu, la pièce aurait été sifflée. »

« Il fit la tragédie de *Mahomet* et alla faire jouer cette pièce à Lille. *Mahomet* ne fut rejoué que longtemps après, par le crédit de Mme Denis, malgré Crébillon, alors approbateur des pièces de théâtre sous les ordres du lieutenant de police. On fut obligé de prendre M. Dalembert pour approbateur. »

Après ces aveux officiels, surprenons Voltaire dans les conficences de sa correspondance. Dans le mois de mars 1732, il écrit à Moncrif, secrétaire des commandements du comte de Clermont : « J'ai besoin plus que jamais d'être approuvé, et approuvé par votre charmant maître. S'il daignait envoyer chercher la troupe comique encore une fois, et lui recommander *Ériphyle*, ce serait une bonne action digne de lui. J'ai abandonné cette pièce aux comédiens, quant au profit. Mon véritable intérêt, qui est celui de ma réputation, le droit que j'ai de faire continuer la pièce après Pâques, et surtout la protection dont m'honore Mgr. le comte de Clermont, me font espérer que les comédiens ne refuseront pas de jouer la pièce. » Dans le mois de novembre 1734, il mande à d'Argental : « Voulez-vous que je vous envoie certaine tragédie fort singulière (*Alzire*) que j'ai achevée dans ma solitude ? Dieu veuille qu'elle ne soit pas sifflée à Paris ! J'avais commencé cet ouvrage l'année passée, et j'en avais même lu la première scène au jeune Crébillon et à Dufresne. Je suis assez sûr du secret de Dufresne ; mais je doute fort de Crébillon. En tout cas, je lui ferai demander le secret, sauf à lui à le garder, s'il veut. Vous pourriez toujours faire donner la pièce à Dufresne, sans que Crébillon ni personne en sût rien. Le pis qui pourrait arriver serait d'être reconnu après la première représentation ; mais nous aurions toujours prévenu les cabales. Les examinateurs, ne sachant pas que l'ouvrage est de moi, le jugeraient avec moins de rigueur, et passeraient une infinité de choses que mon nom seul leur rendrait suspectes. » Un mois après, en lui envoyant cette pièce, il lui dit : « Vous pourriez faire présenter l'ouvrage à l'examen secrètement, et sans qu'on me soupçonnât. Je consens qu'on me devine à la première représentation ; je serais même fâché que les connaisseurs s'y pussent méprendre ; mais je ne veux pas que les curieux sachent le secret avant le temps, et que les cabales, toujours prêtes à accabler un pauvre homme, aient le temps de se former. De plus, il y a bien des choses dans la pièce qui passeraient pour des sentiments très religieux dans un autre, mais qui, chez moi, seraient impies, grâce à la justice qu'on a coutume de me rendre. »

A l'apogée de sa gloire, en pleine possession du théâtre, et placé à côté de Corneille et de Racine, et quelquefois au-dessus d'eux, Voltaire avait encore besoin de protecteur pour faire accepter et représenter ses pièces. Le 16 décembre 1752, il envoie ce placet : « Je supplie monseigneur le maréchal duc de Richelieu, premier gentilhomme de la chambre du roi, de vouloir bien interposer son autorité pour qu'on reprenne au théâtre la tragédie de *Rome sauvée;* qu'on la représente suivant l'exemplaire que j'ai envoyé, et que les acteurs se chargent des rôles suivant la distribution que j'en ai faite, approuvée par monseigneur le maréchal de Richelieu. » Le 11 mai 1760, il dit à d'Argental : « Vous me faites un plaisir sensible en donnant le produit de l'impression à Lekain. Il faudra qu'il veille à empêcher les éditions furtives. Vous pouvez promettre le profit de *Tancrède* à Mlle Clairon ; ainsi il n'y aura point de jalousie, et Lekain pourra hautement jouir de ce petit bénéfice, supposé que la pièce réussisse. » Le 9 janvier 1762, il s'adresse ainsi à Damilaville : « Vraiment j'apprends de belles nouvelles ! Frère Thieriot reste indolemment au coin de son feu, et on va jouer le *Droit du Seigneur* tout mutilé, tout altéré, et ce qui était plaisant ne le sera plus, et la pièce sera froide, et sera sifflée ; et frère Thieriot en sera pour sa mine de fèves. Un autre inconvénient qui n'est pas moins à craindre, c'est qu'on ne prenne votre frère pour le sieur Picardec, de l'académie de Dijon ; alors il n'y aurait plus d'espérance, et tout serait perdu sans ressource. Je demande deux choses très importantes : la première, c'est qu'on m'envoie la pièce telle qu'on la jouera ; la seconde, qu'on jure à tort et à travers que je n'ai nulle part à cet ouvrage : mon nom est trop dangereux, il réveille les cabales. Il n'y en a point encore de formée contre M. Picardec, et M. Picardec doit répondre de tout. » Le 8 mai 1763, voici la missive que décachète d'Argental : « Vous voulez qu'on imprime la médiocre *Zulime* au profit de Mlle Clairon : très volontiers, pourvu qu'elle la fasse imprimer comme je l'ai faite. Je doute qu'elle trouve un libraire qui lui en donne 100 *écus ;* mais je consens à tout, pourvu qu'on donne l'ouvrage tel que je l'ai envoyé en dernier lieu. Voulez-vous supprimer l'édition de l'*Olympie,* ou en faire imprimer une autre, en adoucissant quelques passages, et le tout au profit de Mlle Clairon ? De tout mon cœur, avec plaisir assurément. » Le 30 auguste 1769, autre avis au même : « J'ai écrit à M. le maréchal de Richelieu pour le prier de faire mettre *les Scythes* sur la liste de Fontainebleau. Tels qu'ils sont, ils pourront être utiles à Lekain, et lui fournir trois ou quatre représentations à Paris. »

Ces passages, pris au hasard dans la correspondance de Voltaire, concordent avec le *Commentaire historique*. Il en résulte que le théâtre fut pour Voltaire un sujet perpétuel des plus étranges contrariétés, et un véritable tourment. *Les Originaux, Samson, l'Envieux, Pandore, Thérèse, Charlot, le Baron d'Otrante, les Deux Tonneaux, les Guèbres, les Pélopides, les Lois de Minos, Don Pèdre*, ne parurent jamais sur la scène à Paris. *Sophonisbe* y obtint peu de succès ; *Brutus* n'y eut que seize représentations, *Oreste* neuf, *Artémire* huit, *la Mort de César* sept, *l'Indiscret* six, *les Scythes* quatre. Dès la septième représentation, Voltaire avait retiré *Irène* ; il condamna au même sort *Ériphyle*, dont le début avait cependant été applaudi. *Tancrède* ne fut d'abord joué que douze fois, et *Mérope* seulement cinq.

Pour obtenir l'honneur de la représentation, Voltaire éprouvait beaucoup de difficultés. Il avait passé plusieurs années avant de parvenir à faire accepter *Œdipe* ; il avait été obligé d'employer des protecteurs pour débuter. Ses efforts furent couronnés d'un immense succès. Dès lors, il semblait qu'il dût avoir ses entrées sur la scène pour tout ce qui sortirait de sa plume. Une réputation acquise tire tout autre poète d'embarras ; pour Voltaire, c'était la source des plus grandes contrariétés. Son nom seul suffisait pour réveiller les cabales et irriter ses nombreux ennemis ; tout ce qui pouvait lui procurer un triomphe occasionnait du trouble au parterre. La censure était impitoyable pour ses vers, les supprimait ou les corrigeait, et recherchait toutes les allusions qui ne manqueraient pas d'être remarquées. Les comédiens craignaient de se commettre avec le gouvernement, dont ils dépendaient ; ils redoutaient aussi d'être sifflés de nouveau, comme ils l'avaient été à chaque pièce de Voltaire. S'il leur offrait lui-même une tragédie, il en était rebuté. Il courait le même danger en se cachant sous le voile de l'anonyme. Il en reconnut plusieurs fois les inconvénients. Ainsi, « avant qu'il fût question de *l'Écueil du Sage*, rapportent les *Mémoires de Bachaumont*, le 7 janvier 1762, un jeune homme obscur vint présenter cette comédie comme sienne, sous le titre du *Droit du Seigneur*, au comédien semainier. Il fut reçu avec la morgue ordinaire. Il fallut bien des courses, bien des prières, avant d'obtenir une nouvelle audience. Enfin on lui déclara que sa comédie était détestable. Le pauvre diable insista pour obtenir une lecture, la troupe assemblée. Il fallut avoir recours aux suppliques, aux bassesses ; et les entrailles du comédien s'étant émues, on lui accorda par compassion un jour de lecture. Le comique aréopage était si prévenu, qu'il ne fit pas grande attention à ce qu'il entendait, et la pièce fut conspuée par toute l'assemblée. Le jeune homme se retira fort content de la comédie qu'il venait de jouer. Quelque temps après, M. de Voltaire adressa cette même pièce aux comédiens sous le titre qu'elle porte aujourd'hui, *l'Écueil du Sage;* on la reçut avec respect, elle fut lue avec admiration, et l'on pria M. de Voltaire de continuer à être le bienfaiteur de la Comédie. » Wagnière (p. 191) dit que cette anecdote est très vraie, et que le jeune homme se présenta sous le nom d'un M. Picardin, de Dijon. Même mystification en 1767 pour *le Baron d'Otrante.* « Je fus chargé de présenter la pièce aux comédiens italiens, comme l'ouvrage d'un jeune poète de province, relate Grétry (1). Le sujet parut comique et moral, et les détails agréables; mais ils ne voulurent point recevoir cet ouvrage, à moins que l'auteur n'y fît des changements. Cependant ils voyaient dans *le Baron d'Otrante* un talent qui pouvait leur être utile, et ils m'engagèrent à faire venir le jeune auteur anonyme à Paris. Je leur promis d'y faire mes efforts. On peut croire que la proposition fit rire Voltaire, et qu'il se consola facilement du refus des comédiens. Il renonça à l'opéra comique. » Encore une anecdote sur ce sujet. « *Le Dépositaire,* la nouvelle comédie en cinq actes de M. de Voltaire, a été lue il y a quelque temps, était-il écrit, le 7 février 1770, dans les *Mémoires de Bachaumont,* par le sieur Molé, à l'assemblée des comédiens, sans qu'ils sussent qui en était l'auteur. Elle leur a paru si bassement intriguée, si platement écrite, qu'elle a été refusée généralement, et que plusieurs se sont permis des réflexions piquantes. L'un voulait la faire jouer chez Nicolet, l'autre aux Capucins. L'aréopage a été confondu quand

---

(1) *Mémoires.* Paris, an V. In-8°, t. I. p. 166.

le lecteur leur a appris quel en était l'auteur. Par respect pour ce grand homme, ils ont déclaré qu'ils la joueraient s'il l'exigeait, mais ils ont persisté à la trouver détestable, et les amis de M. de Voltaire l'ont retirée. » *Mérope* n'avait pas été accueillie plus favorablement des comédiens : à la vérité, La Harpe (t. I. p. 378) le nie, mais c'est un fait admis par Duvernet (p. 107) et tous les biographes, et même par M. Beuchot. Ils ont eu raison, car on lit dans les *Mémoires* de Favart (t. III, p. 218) que Voisenon, ayant appris de Voltaire lui-même la sottise que venaient de commettre les comédiens, s'empressa d'aller les trouver, leur fit honte de leur peu de goût et ne les quitta que quand ils eurent réformé leur jugement sur *Mérope*.

Soit qu'il révélât son nom, soit qu'il gardât l'anonyme, Voltaire avait tout à craindre. Quels moyens employa-t-il donc pour vaincre toutes les difficultés qu'il rencontrait sous ses pas ?

« Il faut avouer que, sans les grands acteurs, une pièce de théâtre est sans vie, » disait-il dans la *Dédicace* de *Zulime* à Mlle Clairon. Aussi cultiva-t-il toujours l'amitié des actrices ou des acteurs célèbres, dont l'influence suffisait, à défaut du prestige d'un nom d'auteur connu, pour faire recevoir une pièce. Il s'occupa avec une persévérance infatigable du sort des comédiens, et travailla à obtenir qu'ils ne fussent plus excommuniés, et qu'ils jouissent de tous les privilèges que les lois leur refusaient. Il fut l'amant de Mlle de Corsembleu, suivant Condorcet, de Mlle Duclos, au dire de Villette (p. 120), et de la fameuse Adrienne Lecouvreur (1), à laquelle il dédia l'*Anti-Giton*, et qu'il loua dans son *Temple du Goût*, après avoir consacré des vers à sa mort. Trente-sept lettres à Mlle Quinault, publiées en 1822, à Paris, par Renouard, nous apprennent quel fruit Voltaire retira de sa liaison avec elle. Citons-en des fragments. Le 16 mars 1736, il avait écrit à cette actrice : « Votre *Enfant Prodigue* est fait. Songez que c'est vous qui m'avez donné ce sujet très chrétien, fort propre, à la vérité, pour l'autre monde ; mais gare les sifflets de celui-ci ! Il n'y a rien à risquer si vous vous chargez de l'ouvrage ; et, en vérité, vous le devez. C'est à vous à nourrir l'enfant que je vous ai fait. La pièce, arrangée et conduite par vos ordres, et embellie par votre jeu, aura un succès étonnant si on ignore que j'en suis l'auteur, et sera sifflée si on s'en doute. Le titre d'*Enfant Prodigue* lui ferait autant de tort que mon nom ; il faudra que vous soyez la marraine, comme vous êtes la mère de la pièce, et que vous lui trouviez un titre convenable. » Quelque temps après, il lui envoie des corrections pour cette pièce, et lui dit : « Je laisse entre vos mains, comme de raison, la destinée de *l'Enfant Prodigue*. En vérité, je ne sais où j'en suis ; je ne conçois pas le goût du public ; il faut être sur les lieux pour bien juger. Vous savez que je corrige tout ce qu'on veut, et que je ne fais pas attendre. » Bientôt nouvelle missive : « Vous pourriez engager M. de Pont de Vesle ou M. d'Argental à m'envoyer la pièce telle qu'on la joue. Je n'ai dit mon secret à personne. Niez toujours fort et ferme ; quand

---

(1) Lettre à Thieriot, du 1er juin 1731.

tout le parterre crierait que c'est moi, il faut dire qu'il n'en est rien. » Le 13 octobre de la même année, il la remercia de son attention en ces termes : « C'est vous qui, par vos soins, avez fait réussir la pièce. Quand vous vous mêlez de faire passer quelque chose, il faut qu'il passe. Divine Thalie, envoyez-moi cet enfant tel qu'il a paru, afin que je le rende moins indigne de tant de bonté. Tout Cirey vous remercie de ce petit *Enfant Prodigue*. Eh bien ! vous l'avez donc hardiment mis sous ce nom sacré ? » En 1740, il s'adressa de nouveau à elle, pour lui recommander le succès de *Mahomet* et celui de *Zulime;* le 3 juillet, il lui dit : « Je conviens avec vous qu'une pièce trop annoncée est à moitié tombée et que mon nom rassemble tous les sifflets de Paris. Trop d'attente de la part du public, et trop de jalousie de la part des beaux esprits, sont deux choses que je ne mérite guère, mais qui me joueront souvent de mauvais tours. » Pour récompenser tant de zèle et de discrétion, le 12 décembre 1736, il avait prié Berger de porter chez Mlle Quinault une très jolie pendule d'or moulu ; mais cette bagatelle ne fut pas agréée.

Mlle Quinault ayant renoncé au théâtre dès 1741, Mlle Clairon, dont La Harpe (t. I. p. 361) citait le talent comme le plus parfait qui eût jamais illustré la scène, attira les regards de Voltaire. Il lui prodigua les mêmes compliments qu'à Mlle Lecouvreur ; il lui dédia *Zulime* et la vanta dans plusieurs tirades de ses poésies. Il avait même l'attention de prier Damilaville de lui remettre un exemplaire de ses ouvrages (1). Il l'ac-

---

(1) Lettres à Damilaville, des 7, 21 septembre et 4 octobre 1763.

cueillit avec distinction à Ferney et l'y fit jouer ses pièces (1). Était-elle à Paris, il ne la perdait pas de vue quand elle remplissait un rôle dans *Oreste* (2), dans *l'Orphelin de la Chine* (3), dans *Alzire* (4), dans *Tancrède* (5). Il lui donnait des avis sur la manière de déclamer certains endroits de ces tragédies; il lui envoyait journellement des corrections. A la vérité, on ne les prenait pas toujours en considération ; l'actrice se permettait d'écourter un acte de *Tancrède*; elle était accoutumée à couper bras et jambes aux pièces nouvelles pour les faire aller plus vite, de sorte que Voltaire craignait de voir ses chefs-d'œuvre se réduire à des mines et à des postures (6). Elle substituait les vers les plus ridicules à ceux que l'auteur avait quelquefois travaillés avec le plus d'amour (7). Son exemple était suivi par la troupe, ce qui occasionnait les fautes les plus singulières à l'impression. Aussi Voltaire écrivait-il, le 19 décembre 1766, à d'Argental : « Je vous demande en grâce, quand vous ferez jouer *Zulime* à Mlle Durancy, de la lui faire jouer comme je l'ai faite, et non pas comme Mlle Clairon l'a jouée. Ce mot de *Zulime* avec un cri douloureux : *O mon père ! je suis indigne*, fait un effet prodigieux. La manière dont les comédiens de Paris jouent cette scène est de Brioché.

Je meurs sans vous haïr... Ramire, sois heureux,
Aux dépens de ma vie, aux dépens de mes feux.

(1) Lettre à Thieriot, du 30 auguste 1765.
(2) Lettres à Mlle Clairon, du mois de janvier 1750.
(3) Lettres à la même, des 3 et 25 octobre 1755.
(4) Lettres à d'Argental, du 12 mars 1758.
(5) Lettre à Mlle Clairon, du 24 septembre 1760.
(6) Lettre à d'Argental, du 25 novembre 1760.
(7) Lettre à Lekain, du 17 février 1767.

Comment ces malheureux ignorent-ils assez leur langue pour ne pas savoir que cette répétition, *aux dépens*, fait attendre encore quelque chose ; que c'est une suspension, que la phrase n'est pas finie, et que cette terminaison, *aux dépens de mes feux*, est de la dernière platitude ? Mlle Clairon avait juré de gâter la fin de *Tancrède*. J'ai mille grâces à vous rendre d'avoir fait restituer par Mlle Durancy ce que Mlle Clairon avait tronqué. Un misérable libraire de Paris, nommé Duchesne, a imprimé mes pièces de la façon détestable dont les comédiens les jouent ; il a fait tout ce qu'il a pu pour me déshonorer et pour me rendre ridicule. Je me suis précautionné contre les plus violentes persécutions, et j'ai de quoi les braver ; mais je n'ai point de remède contre l'opprobre et le ridicule dont les comédiens et les libraires me couvrent. J'avoue cette sensibilité. » Toutefois Voltaire finissait par se résigner, à cause de la vogue que Mlle Clairon donnait à ses compositions, qui seraient peut-être restées dans l'oubli sans elle. Pour la dédommager de ses peines, il lui abandonnait sa part d'auteur.

Telle était la gratification que Voltaire réservait aux artistes dont il était le plus content. Il convient de parler maintenant de celui qu'il vantait, le 23 janvier 1778, à Decroix, comme le seul qui fût véritablement tragique, et dont il disait, le 27 septembre 1772, à Mme Necker : « Ce n'est pas moi qui ai fait mes tragédies, c'est lui. » Il s'agit d'Henri-Louis *Cain*, connu sous le nom de *Lekain*. Le 26 octobre 1760, il lui mandait : « J'ai envoyé à M. d'Argental la tragédie de *Tancrède*, dans laquelle vous trouverez une différence de plus de deux cents vers; je demande instamment qu'on la rejoue suivant cette nouvelle leçon, qui me paraît remplir l'intention de tous mes amis. Il sera nécessaire que chaque acteur fasse recopier son rôle; et il n'est pas moins nécessaire de donner incessamment au public trois ou quatre représentations, avant que vous mettiez la pièce entre les mains de l'imprimeur. Ne doutez pas que, si vous tardez, cette tragédie ne soit furtivement imprimée. Il est de votre intérêt de prévenir une contravention qui serait très désagréable. » Le 2 juin 1762, il lui écrivait encore : « Je crois qu'on ne doit imprimer *Zulime* que quand on l'aura reprise, et qu'il ne faut pas la reprendre sitôt. Il n'en est pas de même du *Droit du Seigneur*; je crois que, s'il est bien joué, il pourra procurer quelque avantage à vos camarades; je m'intéresserai toujours à eux, et particulièrement à vous. » Autre lettre, le 21 février 1767 : « Vous avez dû recevoir la tragédie des *Scythes*. Voici encore un petit changement que j'ai jugé absolument nécessaire. Ma mauvaise santé et mon épuisement total ne me permettent plus de travailler à cet ouvrage. Je vous demande en grâce si vous pouvez la faire jouer le mercredi des Cendres, parce que, si elle ne peut être rejouée dans ce temps-là, il est d'une nécessité absolue que je donne l'édition corrigée, pour indemniser le libraire de la perte de la première édition. Il serait beaucoup plus avantageux pour vous que la pièce fût jouée le mercredi des Cendres, parce qu'alors je serais plus en état de vous procurer un honoraire de la part du libraire. Il paraît indispensable que les comédiens se déterminent sans délai. Je vous prie très instamment de me mander votre dernière résolution. » Le 17 juillet suivant, il revient sur le même sujet : « J'attends tous les jours l'édition des *Scythes* faite à Lyon, pour vous l'envoyer; c'est la seule à laquelle on doit se tenir. A l'égard d'*Olympie*, je suis persuadé que cette pièce, remise au théâtre, vous vaudra quelque argent; mais il est absolument nécessaire de la jouer comme je l'ai faite, et non pas comme Mlle Clairon l'a défigurée : elle a cru devoir sacrifier la pièce à son rôle, supprimer et changer des vers, dont la suppression ou le changement ne forme aucun sens. Si vous jouez *l'Orphelin de la Chine*, je vous prie très instamment de la donner aussi telle qu'elle est imprimée dans l'édition de Cramer. Voici encore un petit mot pour *l'Écossaise*, que je vous prie de donner à l'assemblée. »

Ces lettres indiquent la nature des rapports de l'auteur avec l'acteur, la confiance sans bornes de l'un et la docilité extraordinaire de l'autre. Toutefois Lekain n'acceptait pas aveuglément tout ce qui lui arrivait de Ferney. Ainsi, le 11 janvier 1778, le marquis de Thibouville mandait aux comédiens français : « Il est malheureusement indispensable et nécessaire de suspendre, pour ce moment, les préparatifs d'*Irène*. M. Lekain ose refuser à M. de Voltaire de jouer le rôle d'Alexis qu'il vient de faire pour lui. » Le lendemain il annonce à M. Préville que « les préparatifs d'*Irène* sont suspendus forcément par le procédé indigne et révoltant de M. Lekain pour son bienfaiteur ». Le 4 février, il écrit à MM. les Semainiers à la Comédie : « M. de Voltaire me mande, par le courrier d'aujourd'hui, qu'ayant appris les critiques faites sur *Irène* depuis la lecture, il veut faire des changements (1). » Voltaire fut tellement irrité de ces tracasseries, raconte Wagnière (p. 119), qu'il se laissa persuader par ses amis qu'il était de son honneur d'accourir à Paris pour y faire jouer sa pièce. Le 17 janvier, il avait appris au marquis de Thibouville qu'il n'entendait rien à ce qui se passait au théâtre; le 20 suivant, il parlait à d'Argental de cet oubli de toutes les convenances, et le 30, il lui avouait qu'il mourrait du chagrin que tout cela lui causait.

Voltaire se rappelait de n'avoir pas été inutile à Lekain; il l'avait reçu aux Délices en 1755 (2), puis à Ferney en 1762 (3), en 1772 (4) et 1776 (5), et, à chacune de ces entrevues, il l'avait fait jouer sur son petit théâtre, et lui avait accordé des présents, suivant Wagnière (p. 88), outre les frais d'auteur qu'il lui cédait sur ses pièces, comme nous savons. Lekain avoue avoir été gratifié par lui de plus de 2,000 écus (6), mais il garde le silence sur la nature de ces témoignages d'amitié. Il est probable que c'étaient des dédommagements pour ses voyages, et le montant de ce que lui avaient rapporté les droits qui lui étaient abandonnés pour amener les comédiens à agréer et les tragédies et les perpétuelles corrections que lui envoyait le poète. En 1766, il publia *Adélaïde du Guesclin*, qu'il avait remise le 9 septembre 1765, de son propre mouvement,

---

(1) *Revue rétrospective*, 3° série, t. III.
(2) Lettre au duc de Richelieu, du 2 avril 1755.
(3) Lettres à d'Argental et à Collini, des 17 et 23 avril 1762.
(4) Lettres à d'Argental et au duc de Richelieu, du 21 septembre 1772.
(5) Lettre à d'Argental, du 5 auguste 1776.
(6) *Mémoires de Lekain*. Paris, 1801. In-8°, p. 8.

sur la scène, aux applaudissements de tout le parterre, quoiqu'elle n'eût été couronnée d'aucun succès en 1734, et lorsqu'elle reparut en 1752, sous le titre de *Duc de Foix,* avec des changements (1). Voltaire, qui estimait que le sort d'une tragédie dépend absolument des acteurs (2), était donc redevable à Lekain d'une grande partie de sa gloire. Il y aurait eu ingratitude de sa part à ne pas récompenser ces services. Aussi avait-il profité de toutes les occasions de protéger Lekain. Le 2 avril 1755, il avait écrit au duc de Richelieu : « Un grand acteur est venu me trouver dans ma retraite; c'est Lekain, c'est votre protégé, c'est le meilleur enfant du monde. Je lui ai conseillé d'aller gagner quelque argent à Lyon, au moins pendant huit jours. *Il ne tire pas plus de* 2,000 *livres par an de la Comédie à Paris.* On ne peut ni avoir plus de mérite, ni être plus pauvre. Je vous promets une tragédie nouvelle, si vous daignez le protéger dans son voyage de Lyon. Nous vous conjurons de lui procurer ce petit bénéfice dont il a besoin. Ayez la bonté de lui faire cette grâce. » Le 19 février 1757, il lui disait : « Permettez que je vous envoie ce qu'on m'écrit sur Lekain. S'il a tant de talent, s'il sert bien, est-il juste qu'il n'ait pas de quoi vivre, quand les plus mauvais acteurs ont une part entière? » Le 4 juin, autre lettre : « Je suis assassiné de lettres qui disent que Lekain est le seul acteur qui fasse plaisir, le seul qui se donne de la peine, et le seul qui ne soit pas payé. On se plaint de voir des moucheurs de

---

(1) P. 71.
(2) Lettre à d'Argental, du 11 janvier 1773.

chandelles qui ont part entière, dans le temps que celui qui soutient le théâtre de Paris n'a qu'une demi-part. On s'en prend à moi; on dit que vous ne faites rien en ma faveur, et on croit que je ne vous demande rien ; cependant je demande avec instance. Je conviens que Baron avait un plus bel organe que Lekain, et de plus beaux yeux; mais Baron avait deux parts ; et faut-il que Lekain meure de faim, parce qu'il a les yeux petits et la voix quelquefois étouffée ? Il fait ce qu'il peut; il fait mieux que les autres : les amateurs font des vers à sa louange; mais il faut que son métier lui procure des chausses. »
Dans les premières pages de ses *Mémoires*, Lekain avoue que c'est au crédit de Voltaire qu'il obtint son ordre de début au théâtre, et qu'il parvint à surmonter toutes les difficultés qui l'éloignaient de cette carrière, et qui continuèrent de l'assaillir dès qu'il eut de la réputation. Mais une chose difficile à expliquer, c'est que Voltaire lui ait offert 10,000 livres pour l'en détourner. En le voyant jouer avec un talent remarquable une mauvaise pièce de d'Arnaud, il l'avait invité à se rendre chez lui, s'était informé de sa position, avait su qu'il jouissait de 750 livres de rente et qu'il pouvait suivre l'état de son père. Il le retint dans son hôtel pour le former aux rôles de ses pièces; il le nourrit et le logea ainsi environ six mois. Cette conduite n'est-elle pas en contradiction avec cette offre de 10,000 livres qui auraient été garanties par un petit patrimoine, mais qui étaient bien hasardées entre les mains d'un jeune homme qui n'avait pas vingt ans, et qui confessait n'avoir aucun goût pour le commerce? Sans doute il y a loin d'une promesse à la réalisation; mais quand on

songe aux principes de Voltaire dans de pareilles circonstances, et à sa passion pour le théâtre, le récit de Lekain ne saurait être attribué qu'à l'impudence, ou plutôt à la crédulité si naïve de la jeunesse.

Entre Voltaire et Lekain, les services ont été au moins réciproques. Sans Voltaire, Lekain eût-il percé? Oui ; car rien au monde ne saurait comprimer l'essor du génie. Sans Lekain, Voltaire serait-il parvenu à obtenir des comédiens la complaisance dont il avait besoin? Non. 2,000 écus de gratification étaient-ils une juste récompense de tous les efforts de Lekain pour triompher des cabales et augmenter la gloire de Voltaire? C'est douteux.

Pour comprendre combien étaient grands les services que rendaient à Voltaire les comédiens qui avaient le courage de se charger de ses pièces, asseyons-nous un instant dans une loge, pour y contempler les scènes qui se passaient au parterre, lorsqu'on devait représenter une de ces tragédies ou comédies dont Voltaire, dans son *Commentaire historique,* dans ses lettres à ses amis, dans ses billets aux acteurs et aux actrices, augurait si mal, comme nous l'avons constaté, et dont il ne s'expliquait pas plus la chute que le succès :

« Dès qu'on savait qu'il avait à l'étude une tragédie nouvelle, rapporte Duvernet (p. 410), les cabales commençaient à se former pour en préparer la chute. Des groupes de vociférateurs, des meutes de roquets littéraires, s'emparaient de bonne heure des postes les plus importants du parterre : c'était là le champ de bataille. Une première représentation était comme un jour de combat, où les ennemis longtemps en présence finissent par se charger. Que faisait Voltaire pour s'assurer cette victoire, que la médiocrité et l'envie de concert cherchaient à lui ravir? Il distribuait trois à quatre cents billets d'entrée; et lorsque les coups de sifflet commençaient à se faire entendre, le bruit en était aussitôt étouffé par de violents battements de mains. C'est ainsi que la plupart de ses triomphes dramatiques furent encore moins dus au mérite de ses chefs-d'œuvre qu'aux applaudissements des personnes dont il avait soin de garnir le parterre. » Pour comprendre ce récit, il n'est pas inutile de rappeler ce que Favart dit page 21 du tome II de ses *Mémoires* sur l'organisation de la *claque*: « La Morlière était chef des cabales contre les pièces nouvelles; il est prouvé qu'il avait à sa solde plus de cent cinquante conspirateurs. Il mettait tous les auteurs à contribution et faisait tomber ou réussir les pièces, suivant ce qu'on lui donnait ou refusait. »

Suivant les *Mémoires* de Lekain (p. 17), *Adélaïde du Guesclin* fut sifflée depuis trois heures jusqu'à six heures de relevée.

Sémiramis, pour la décoration de laquelle le roi avait donné 5,000 livres, au dire de Collé (t. I, p. 2), fut l'objet des scènes les plus singulières. « Les comédiens français, raconte Longchamp (p. 209), avaient déjà fait une répétition de la tragédie de *Sémiramis*. Ils la répétèrent plusieurs fois en présence de M. de Voltaire, qui leur donna quelques avis utiles dont ils profitèrent. Quoiqu'il fût assez content de leurs talents, qu'il pût compter sur leur zèle, et qu'il eût mis beaucoup de soin à travailler sa tragédie, il était loin d'oser compter sur la réussite. Il n'ignorait point que Piron, qui se croyait fort supérieur à lui, et qui était jaloux de ses succès, avait ameuté une forte cabale contre *Sémiramis*; qu'à ce groupe venaient se rallier les soldats de Corbulon; c'est ainsi qu'il appelait quelquefois les partisans de Crébillon, par allusion à quelque passage de l'une de ses pièces. Ceux-ci, dans le fond, étaient bien moins admirateurs sincères de leur héros qu'ennemis jaloux de M. de Voltaire. Pour contrebalancer les forces de cette ligue, M. de Voltaire eut recours à un moyen, à la vérité peu digne de lui, mais dont il crut avoir besoin et qui en effet ne lui fut pas inutile : ce fut de prendre au bureau un nombre de billets de parterre qu'il distribua, outre les siens, à des personnes de sa connaissance, qui en donnèrent à leurs amis. MM. Thieriot, Dumolard, Lambert, le chevalier de Mouhy, le chevalier de la Morlière, l'abbé de La Mare, etc.; dont il connaissait le dévouement, s'acquittèrent fort bien de cette commission. J'eus aussi, pour ma part, des billets à distribuer, et je les mis en de bonnes mains, capables de bien claquer à propos. Il fallait sans doute être armés et prêts à la défense contre des agresseurs connus et nombreux. Le jour de la première représentation arrivé, les champions de part et d'autre ne manquèrent pas de se trouver sur le champ de bataille, armés de pied en cap; j'y tenais de pied ferme mon rang de fantassin. Chaque parti se promettait bien la victoire; aussi fut-elle disputée et la lutte pénible. Dès la première scène, des mouvements excités dans le parterre, des brouhahas, des murmures se manifestèrent; on crut même entendre quelques coups de sifflets obscurs et honteux; mais dès le commencement aussi les applaudissements balancèrent au moins tous ces bruits, et ils finirent par les étouffer. La pièce se soutint, la représentation se termina très bien, et le succès ne parut point équivoque. Les antagonistes de M. de Voltaire renouvelèrent leurs tentatives aux représentations suivantes ; mais elles ne servirent qu'à mieux assurer son triomphe. » Suivant Collé (t. I, p. 98), Voltaire avait distribué quatre cents billets pour la première représentation de *Sémiramis* ; il en avait donné à ses nièces, à toutes les femmes de sa connaissance, afin d'être assuré des deux tiers du parterre et des loges ; grâce à ces moyens, il triompha des cabales, mais la réussite de *Sémiramis* lui coûta 800 livres de son argent, au delà du produit des quinze représentations qu'elle obtint. Bientôt on annonça qu'on allait jouer à Fontainebleau et à Paris, sur le théâtre des Italiens, une parodie de *Sémiramis*. Voltaire ne négligea rien pour écarter ce nouveau péril. Le 10 octobre 1748, il écrivit en droiture à la reine, et le même jour lui fit demander sa bienveillance par le roi de Pologne ; en même temps, il accabla de lettres pathétiques et pressantes et Mme de Pompadour, et Mme d'Aiguillon, et Mme de Villars, et Mme de Luynes, et Maurepas, et le président Hénault, et le duc de Fleury, et le duc de Gèvres, et d'Argental, et Berrier, lieutenant de police.

Oreste réveilla les cabales assoupies. Depuis plus de trente ans, suivant les *Mémoires* de Lekain (p. 17), on n'en avait point vu d'aussi fortes que celles qui s'élevèrent contre Voltaire à la première représentation d'*Oreste*. On siffla longtemps avant que la pièce fût commencée, dit Duvernet (p. 156) ; on siffla jusque dans la rue. Pendant les quatre premiers actes, ce fut un concert bizarre d'applaudissements et de coups de sifflets. Au cinquième, au redoublement des sifflets se mêlèrent les sarcasmes, les huées et les cris immodérés. « Voltaire a été hué de toute la salle, raconte Collé (t. I, p. 147), excepté du parterre, qui a été le plus modeste, comme payé pour cela, mais qui a été pourtant forcé malgré lui de laisser échapper des marques de son ennui. Il avait eu la petite vanité de faire imprimer sur les billets de parterre les lettres initiales de ce vers d'Horace :

Omne tulit punctum qui miscuit utile dulci.

C'était sans doute un petit coup de patte qu'il voulait donner à Crébillon sur sa versification, qui effectivement n'est pas aussi correcte et aussi douce que la sienne, mais est plus mâle. Après la chute de la pièce, un plaisant du parterre trouva que ces lettres initiales voulaient dire : *Oreste, tragédie pitoyable que M. Voltaire donne.* Je fus à la seconde représentation d'*Oreste*, que Voltaire a rapetassé. Le dernier acte n'est pas, à beaucoup près, aussi détestable qu'il l'était; mais il est encore bien mauvais. Du reste, la pièce est à peu près la même, et je n'ai point vu de changements sensibles et de quelque importance. Malgré cela, le parterre soudoyé fit son devoir d'applaudir, et tâcha de gagner son argent; en sorte qu'aidé de ses fanatiques, soutenu par ses cabales et son manège, je ne doute pas que Voltaire ne fasse traîner sa pièce huit ou dix représentations, peut-être même ne lui fasse faire une petite fortune injuste, comme il l'a procurée à *Sémiramis* (en payant, s'entend.) On a appelé le cinquième acte de cette tragédie qu'il a refait, à peu de chose près, en entier, *un acte de contrition;* et je dis, moi, que c'est tout au plus *un acte d'attrition*, car la contrition n'est nullement parfaite (t. I, p. 154). — Neuvième et dernière représentation de l'*Oreste* de Voltaire. Il faudrait une brochure entière pour écrire les extravagances qu'il a faites pour faire applaudir forcément cette rapsodie ; il n'en est pourtant pas venu à bout. Il se présentait à toutes les représentations, animant ses partisans, distribuant ses fanatiques et ses applaudisseurs soudoyés. Tantôt, dans le foyer, il jurait que c'était la tragédie de Sophocle, et non la sienne, à laquelle on refusait de justes louanges ; tantôt, dans l'amphithéâtre, et plongeant sur le parterre, il s'écriait : « Ah ! les barbares ! ils ne sen« tent pas la beauté de ceci ! » et se retournant du côté de ses gens, il leur disait : « Battons des mains, mes chers amis ! « applaudissons, mes chers Athé« niens ; » et il claquait sa pièce de toutes ses forces. »

Collé n'avait pas tort de regarder Voltaire comme la principale cause du mécontentement des comédiens et des spectateurs. Rien n'égale la précipitation avec laquelle Voltaire composait ses pièces. A *Tancrède*, il ne consacra que vingt-six jours (1), aux *Lois de Minos* vingt-cinq (2), à *Zaïre* dix-huit (3), au *Droit du Seigneur* quinze (4), aux *Guèbres* douze (5), aux *Scythes*

---

(1) Lettre à d'Argental, du 19 mai 1759.
(2) Lettre au même, du 19 janvier 1772.
(3) Lettre à Mlle Quinault, du 16 mars 1736.
(4) Lettre à d'Argental, du 30 avril 1760.
(5) Lettre au même, du 14 auguste 1768.

dix (1), à *Olympie* six (2), à *Charlot* cinq (3), et seulement trois, suivant Wagnière (p. 264). Il lui suffit d'une nuit pour tracer le plan et écrire quelques-unes des principales scènes de l'*Enfant prodigue* (4). Ce qu'il avait dit de *Tancrède* commencée le 22 avril et terminée le 18 mai 1759, que c'était une *tragédie finie*, à la vérité, et *non faite* (5), il pouvait le répéter à chaque tragédie ou comédie qu'il envoyait à Paris. De là ce mot de Fontenelle recueilli par Collé (t. I, p. 156) : « *Voltaire est un auteur bien rare, il fait ses pièces à mesure qu'on les joue.* » Exemple que suivaient quelquefois les comédiens, et particulièrement à la réception de *Tancrède*, qu'ils ajustèrent à leur fantaisie, et ornèrent d'une soixantaine de vers de leur façon. Aussi l'auteur mandait-il, le 22 octobre 1760, à Duclos : « Ils en ont usé comme de leur bien, parce que je leur ai abandonné le profit de la représentation et de l'édition. » En vain expédiait-il corrections sur corrections, cartons sur cartons; les comédiens lui témoignaient peu de déférence, quoiqu'il leur abandonnât, au rapport de Wagnière (p. 202), la rétribution qu'il avait droit d'exiger d'eux comme auteur. Ils ne faisaient aucun cas et même se moquaient de ses reproches réitérés sur leur extrême négligence à rejouer ses pièces telles qu'il les avait refaites, et c'était avec hauteur qu'ils écoutaient les avis qu'il prenait la liberté de leur

---

(1) Lettre au même, du 19 novembre 1766.
(2) Lettre au même, du 20 octobre 1761.
(3) Lettre à Damilaville, du 28 septembre 1767.
(4) Lettre à Mlle Quinault, du 16 mars 1736.
(5) Lettre à d'Argental, du 19 mai 1759.

donner sur le rôle qu'il leur distribuait de son autorité privée, suivant la nature de leur talent; quelques-uns même se fâchaient de cette attention. Suivant Longchamp (p. 270), une année ils jurèrent de refuser tout ce qui serait offert en son nom, tant ils étaient fatigués des corrections qu'on leur imposait chaque fois qu'ils allaient répéter ou représenter ses tragédies ou ses comédies! Mais, comme ils dépendaient de l'un des gentilshommes de la chambre, Voltaire ne manquait pas d'invoquer leur protection, dit Collé (t. I, p. 182); il recourait au duc de Richelieu dans tous ses embarras. Il lui avait recommandé le sort de Lekain. Il le chargeait du sort de tout ce qu'il désirait voir passer à Fontainebleau. Il n'épargnait ni lettres ni compliments pour flatter son amour-propre. Il lui dédia *l'Orphelin de la Chine* et les *Lois de Minos*. Une prière du duc devenait un ordre pour une troupe; l'influence, soit des Quinault, soit des Clairon, soit des Lekain, achevait de vaincre l'obstination des rebelles.

Tels étaient les moyens que Voltaire était obligé d'employer en dernier lieu pour parvenir à faire accepter, jouer ou rejouer ses pièces par des comédiens pour qui tout ce qui sortait de sa plume devenait une occasion de grandes humiliations et d'une conjuration de coups de sifflets au théâtre. Voltaire croyait mériter leur reconnaissance en leur abandonnant sa part d'auteur. Une telle générosité était pour lui la seule voie qui lui facilitât l'entrée des spectacles, remarque Collé (t. I, p. 59). Était-ce un dédommagement suffisant pour toutes les avanies auxquelles son nom exposait les acteurs? Non. Autrement ils auraient été plus disposés à déclamer ses vers. Les droits d'auteur se réduisaient à peu de chose. Dans une lettre, du 11 février 1759, au comte de Saint-Florentin, Rousseau nous apprend que le produit d'un grand opéra, pour chacun des deux auteurs de la partition et des paroles, était de 2,000 livres, lorsqu'il soutenait 30 représentations consécutives, savoir, 100 francs pour chacune des 10 premières représentations, et 50 pour chacune des 20 autres. Son *Devin du village* ne lui valut que 1,200 francs, outre ses entrées, franches à perpétuité, qui lui furent bientôt refusées. Suivant Collé (t. I, p. 361), la Comédie française n'était abonnée que 60,000 livres par an. Nous avons montré que les recettes extraordinaires ne dépassaient jamais 3,800 livres, dont le quart était réservé aux pauvres. Il restait donc peu de bénéfice pour un auteur dont les pièces, comme beaucoup de celles de Voltaire, avaient peu de succès. La première représentation de *Mérope* ne produisit que 3,270 livres. L'acteur que Voltaire traita en favori ne reçut de lui que 2,000 écus de gratification dans l'espace de dix-huit ans. On peut deviner par ce chiffre que les comédiens avaient peu à gagner en travaillant à ajouter quelques fleurons à sa couronne.

Nous disons que le droit d'auteur était peu de chose. Prouvons-le par ces particularités que nous empruntons à un article de M. Louis de Loménie sur Beaumarchais, publié dans la *Revue des deux mondes*, du 1er mai 1853 : « Un règlement de l'autorité royale en 1697 donnait aux auteurs le neuvième de la recette pour les pièces en cinq actes, le douzième pour les pièces en trois actes, sauf le prélèvement des frais journaliers du théâtre, fixés à 500 livres pendant l'hiver et à 300 livres pendant l'été. Il statuait très équitablement que, lorsque deux fois de suite ce chiffre de recette de 500 et de 300 livres ne serait pas atteint, les comédiens auraient la faculté de retirer la pièce; mais il n'était pas dit qu'en cas de réussite heureuse l'auteur perdrait tous ses droits sur son ouvrage. Ce règlement fut en vigueur jusqu'en 1757. A cette époque, les Comédiens français obtinrent du roi la faculté de vendre à vie des entrées au spectacle qui ne figuraient point dans le compte fourni à l'auteur. Ils obtinrent de plus la faculté de confisquer une pièce à leur profit aussitôt que la recette en serait tombée une seule fois, non plus au-dessous de 500 livres pendant l'hiver et de 300 livres pendant l'été, mais au-dessous de 1,200 livres l'hiver et de 800 livres l'été. Ils parvinrent enfin à faire passer en habitude de ne plus guère compter aux auteurs que la recette casuelle faite à la porte, de supprimer presque tous les autres éléments de la recette, abonnements et loges; de leur faire supporter sur ce produit casuel des frais journaliers évalués arbitrairement, et une retenue d'un quart pour le quart des pauvres, qu'ils payaient à l'année moyennant une somme fixe trois fois moindre. Grâce à ces ingénieux calculs, quand la pièce était confisquée par eux comme n'ayant pas fait 1,200 livres de recette, elle en avait fait en réalité plus de 2,000; et quand elle dépassait le chiffre de 1,200 livres, le neuvième de l'auteur était rogné de plus de moitié. » C'est ainsi qu'après trente-deux représentations du *Barbier de Séville*, dont la première représentation avait produit une recette de 3,367 livres, les comédiens, ajoute M. de Loménie, n'offrirent à Beaumarchais que 4,506 livres pour son droit d'auteur. Ces documents permettent de conjecturer qu'il n'y a guère de pièces de Voltaire qui ne devinrent, de droit, la propriété des acteurs, et qu'il lui serait revenu peu de bénéfice pour ses tragédies qui eurent le bonheur de se soutenir constamment en été comme en hiver sur le théâtre.

Pour comprendre la modicité des recettes de la Comédie française à cette époque, il est nécessaire de remarquer que chez la Pompadour comme chez la reine Marie-Antoinette, dans les palais des princes comme dans les hôtels des fermiers généraux, dans les boudoirs de tous les grands seigneurs comme dans les salons de toutes les personnes aisées, on jouait la comédie, et que, chez toutes les personnes qui se piquaient de philosophie et d'éducation, la principale pour ne pas dire l'unique occupation était de s'exercer à briller dans un rôle de tragédie ou de comédie. On fréquentait avec d'autant plus de plaisir ces théâtres de société, qu'on était sûr d'y rencontrer des personnes de connaissance et d'y voir représenter des pièces sur lesquelles l'impitoyable censure n'avait aucun pouvoir. On les donnait telles que les auteurs les avaient faites, ou plutôt telles qu'elles avaient été commandées ; ici doucereuses, morales, intéressantes ; là, au contraire, dévergondées, impies, licencieuses. La multitude de ces théâtres de société attirait les grands et les gens éclairés, et les empêchait par conséquent de hanter et d'enrichir la Comédie française, à laquelle il ne restait que la populace.

Comme Voltaire abandonnait aussi quelquefois aux

comédiens le bénéfice de l'impression de ses pièces, il s'agit de savoir combien rapportait la publication de ces pièces. L'histoire de la librairie à cette époque va trancher la question.

X. — *Voltaire et les libraires.*

Dans son *Art poétique*, Boileau avait dit :

> Je sais qu'un noble esprit peut, sans honte et sans crime,
> Tirer de son travail un tribut légitime.

Au xviiie siècle, aucun écrivain ne se faisait un scrupule de vendre le fruit de ses veilles. La propriété littéraire était reconnue dans toutes les classes de la société. Elle s'était mise sous la protection des lois. A la requête de Crébillon, qui s'était plaint de ce qu'on avait saisi sa part d'auteur de *Catilina* entre les mains des comédiens, et la somme pour laquelle cette pièce avait été cédée au libraire Prault pour la publier, il fut rendu, le 21 mars 1749, un *Arrest du Conseil d'Estat du Roy*, qui déclara que les productions de l'esprit n'étaient point au rang des effets saisissables.

Quelle était alors la valeur d'une propriété littéraire ? Pour éclaircir cette question, il faut prouver que le nombre des lecteurs était loin d'être considérable.

Le *Mercure de France* était le journal le plus répandu de l'Europe ; quand on en tira 7,000 exemplaires, La Harpe en parla dans sa *Correspondance littéraire* (t. II. p. 300) comme d'un succès sans exemple. La Harpe était peut-être la dupe des bureaux, car, en 1763, le *Mercure* publia la liste de ses souscripteurs; elle ne n'en présentait que 1,600, savoir 600 pour Paris, 900 pour la province et de 30 à 40 pour l'étranger. A Londres, où les débouchés sont plus considérables qu'à Paris, quand le *Courrier de l'Europe* qui avait influé sur la guerre d'Amérique compta 5,000 abonnements, son directeur, De Serres de Latour fut étonné de sa fortune, dit Brissot, (t. II, p. 166 de ses *Mémoires*).

L'ouvrage qui fit le plus de bruit fut l'*Encyclopédie*, dont chaque volume revenait à 1 louis. Elle ne compta d'abord que 3,000 souscripteurs; en septembre 1764, Grimm, dans sa *Correspondance littéraire*, regardait ce nombre comme un prodige. L'*Encyclopédie* eut mille peines à atteindre au chiffre net de 4,000 abonnés.

Beaucoup d'ouvrages eurent un succès prodigieux, mais n'enrichirent guère leurs auteurs.

Dans sa lettre, du 27 mai 1750, au marquis de Stainville, Montesquieu nous apprend que son *Esprit des lois* eut vingt-deux éditions en dix-huit mois, et qu'il fut traduit dans toutes les langues. Ses lettres, du 7 mars 1749, au grand-prieur Solar, du 27 juin 1751, et du 4 octobre 1752, à l'abbé de Guasco, attestent que le seul profit qu'il en retira fut de vendre beaucoup de vin de son crû aux Anglais.

Delille ne retira que 400 francs de sa traduction des *Géorgiques*. Les *Mémoires de Grammont* ne furent vendus que 1,500 francs. Par l'intermédiaire de Dalembert, Bernardin de Saint-Pierre remit (1) le manuscrit

---

(1) Peignot, *Amusements philologiques*. Dijon, 1842. In-8°, p. 269 et 274.

de son premier ouvrage pour un billet de 1,000 livres.

Dans sa lettre du 18 août 1749, à Georges Montagu, Horace Walpole nous apprend que Fielding ne retira d'abord que 600 livres sterling de son *Tom Jones*.

Crébillon vendit 40 louis sa pièce de *Xerxès*, au dire de Collé (t. I. p. 72). Quant à son *Catilina*, attendu avec la plus vive impatience depuis trente ans, et dont les morceaux les plus saillants avaient été lus dans des séances de l'Académie française, il lui valut 3,600 francs (1).

Collé fit imprimer à ses frais son *Théâtre de société*. « En comptant tout, dit-il, il me revient à 3,077 livres 10 sous ; il se vend 8 livres 8 sous les deux volumes. Le produit net pour moi sera de 6 livres par chaque exemplaire. » Collé n'obtint probablement pas ce bénéfice, car il laissa au libraire Gueffier le soin de publier une seconde édition de son *Théâtre* en trois volumes ; elle ne fut tirée qu'à 1,500 exemplaires, comme il l'avoue lui-même (t. III. p. 370).

« J'étais lié avec l'abbé de Condillac, raconte Rousseau au livre VII de ses *Confessions*. Je suis le premier peut-être qui ait vu sa portée, et qui l'ait estimé ce qu'il valait. Il travaillait à l'*Essai sur l'origine des connaissances humaines*, qui est son premier ouvrage. Quand il fut achevé, l'embarras fut de trouver un libraire qui voulût s'en charger. Les libraires de Paris sont arrogants et durs pour tout homme qui commence, et la métaphysique, alors très peu à la mode, n'offrait pas un sujet bien attrayant. Je parlai à Diderot

(1) *Bulletin du bibliophile*, de 1850.

de Condillac et de son ouvrage. Diderot engagea le libraire Durand à prendre le manuscrit de l'abbé, et ce grand métaphysicien eut de son premier volume, et presque par grâce, 100 écus qu'il n'aurait peut-être pas trouvés sans moi. »

Ouvrons les *Confessions* de Rousseau pour savoir ce que lui valut le métier d'auteur. « Pissot, mon libraire, rapporte Rousseau, me donnait toujours très peu de chose de mes brochures, souvent rien du tout; et, par exemple, je n'eus pas un liard de mon premier *Discours*; Diderot le lui donna gratuitement. Il fallait attendre longtemps et tirer sou à sou le peu qu'il me donnait. — Après avoir demeuré longtemps sans entendre parler de l'*Émile*, qui m'avait coûté vingt ans de méditation et trois ans de travail, depuis que je l'avais remis à Mme de Luxembourg, j'appris enfin que le marché en était conclu à Paris avec le libraire Duchesne, et par celui-ci avec le libraire Néaulme d'Amsterdam. Mme de Luxembourg m'envoya les deux doubles de mon traité avec Duchesne pour les signer. Je reconnus l'écriture pour être de la même main dont étaient celles des lettres de M. de Malesherbes, qu'il ne m'écrivait pas de sa propre main. Cette certitude que mon traité se faisait de l'aveu et sous les yeux du magistrat me le fit signer avec confiance. Duchesne me donnait de ce manuscrit 6,000 francs, la moitié comptant, et, je crois, cent ou deux cents exemplaires. En attendant, je mis la dernière main au *Contrat social*, et l'envoyai à Rey, fixant le prix de ce manuscrit à 1,000 francs, qu'il me donna. — Je pris le parti de céder pour 12 louis mon extrait de la *Paix perpétuelle* à un certain

M. Bastide, auteur d'un journal appelé *le Monde*. Notre accord était qu'il s'imprimerait dans son journal; mais sitôt qu'il fut propriétaire de ce manuscrit, il jugea à propos de le faire imprimer à part. Mon *Dictionnaire de musique* m'avait valu 100 louis comptant et 100 écus de rente viagère. Il se présenta une compagnie de négociants de Neufchâtel pour l'entreprise d'une édition générale de mes écrits. J'avais, tant en ouvrages imprimés qu'en pièces encore manuscrites, de quoi fournir six volumes in-quarto; je m'engageai à veiller sur l'édition : au moyen de quoi ils devaient me faire une pension viagère de 1,600 livres de France, et un présent de 1,000 écus une fois payés. L'entreprise s'évanouit. »

Suivant La Harpe (t. I. p. 189), Diderot obtint 100 écus du libraire auquel il remit son premier ouvrage. Plus tard, raconte Mᵐᵉ de Vandeul, il composa l'*Essai sur le mérite et la vertu*, les *Pensées philosophiques*, l'*Interprétation de la nature*, les *Bijoux indiscrets*, les *Lettres sur les sourds et les aveugles;* chacun de ces manuscrits ne lui rapporta que 50 louis. Pour 1,200 francs par an, il se chargea de la direction de l'*Encyclopédie*. Aussi Voltaire disait-il, le 26 février 1758, à d'Argental : « Des engagements avec les libraires! Est-ce bien à un grand homme tel que lui à dépendre des libraires? C'est aux libraires à attendre ses ordres dans son antichambre. Cette entreprise vaudra donc à M. Diderot environ 30,000 livres! Elle devait lui en valoir 200,000 (j'entends à lui et à M. Dalembert, et à une ou deux personnes qui les secondent); et s'ils avaient voulu seulement honorer le petit trou de Lausanne de leurs travaux, je leur aurais fait mon billet de 200,000 livres. Il est question de ne pas travailler en esclaves des libraires. »

Voltaire n'a pas été moins fécond que tous ces illustres écrivains. Il s'agit de savoir quel profit il retirera de ses nombreux écrits.

A-t-il travaillé en esclave des libraires ? Non ; il ne les gâtait pas. C'est ce qu'atteste cette lettre qu'il adressa, le 12 décembre 1736, à son ami Berger : « Je vais faire partir la pièce (de l'*Enfant prodigue*) et la préface pour être imprimée par le libraire qui en offrira davantage, car je ne veux faire plaisir à aucun de ces messieurs, qui sont, comme les comédiens, créés par les auteurs, et très ingrats envers leurs créateurs. Je suis indigné contre Prault; faites-lui sentir ses torts et punissez-le en donnant la pièce à un autre. Ainsi, *négociez avec le libraire le moins fripon et le moins ignorant que faire se pourra.* »

A la vérité, je lis ces mots dans le *Commentaire historique* : « Je ne puis assez m'étonner de la bassesse avec laquelle tant de barbouilleurs de papier ont imprimé qu'il (Voltaire) avait fait une fortune immense par la vente continuelle de ses ouvrages. » Que faut-il en conclure ? Que Voltaire s'est mis en contradiction avec lui-même; car, dans ce même *Commentaire historique*, il avoue que le succès de *la Henriade* en Angleterre fut le commencement de sa fortune. Sa lettre, du 12 mars 1754, atteste que d'autres ouvrages contribuèrent à l'enrichir. Nous l'avons démontré plus haut.

Devenu riche, a-t-il renoncé au profit qu'il avait le droit de tirer de ses ouvrages ? Non. A toutes les époques de sa vie, il n'a cessé d'exiger des honoraires de ses éditeurs. Ainsi, le 29 mai 1733, il manda à Cideville : « A l'égard de *Charles XII*, Jore peut en tirer sept cent cinquante et m'en donner deux cent cinquante pour ma peine. » Le 19 juin suivant, il lui écrit : « Je ne change rien du tout à mes dispositions avec Jore, et j'insiste plus que jamais pour avoir les cent exemplaires (des *Lettres philosophiques*), dont il faut que je donne cinquante, qui seront répandus à propos. » Le 18 septembre 1736, il écrit à Berger : « Vous savez sans doute le marché que j'ai fait avec Prault. Je lui donne *la Henriade*, à condition qu'il m'en donnera soixante et douze exemplaires magnifiquement reliés et dorés sur tranche. Outre cela, je veux en avoir une centaine d'exemplaires au prix coûtant, en feuilles, que je ferai relier à mes frais. Quand je parle d'acheter cent exemplaires au prix coûtant, je veux bien mettre quelque chose au-dessus, afin que le libraire y gagne. C'est comme cela que je l'entends. » Le 25 février 1737, il mande à d'Argental : « Si cet *Enfant* (l'*Enfant prodigue*) a gagné sa vie, je vous prie de faire en sorte que son pécule me soit envoyé tous frais faits. C'est une bagatelle ; mais il m'est arrivé encore de nouveaux désastres ; j'ai fait des pertes dans le chemin. » Le 14 septembre suivant, il dit à l'abbé Moussinot : « Je prie M. votre frère d'aller trouver Prault et de lui dire que s'il veut donner 1,200 livres de l'*Enfant prodigue*, 600 livres comptant et 600 après l'impression, on lui livrera le manuscrit avec l'approbation, pourvu qu'il n'ébruite pas la chose avant le temps. » Le 7 octobre, nouvelle lettre : « M. Moussinot ne délivrera le paquet à M. Prault qu'en cas que ledit Prault fasse le billet dont le modèle est ci-joint. » Le 3 décembre, même sujet : « De plus, Prault doit 50 livres à M. votre frère pour pot-de-vin. Je veux qu'il les paye. » Citons ici cette lettre que Prault envoya, le 24 janvier 1739, à Mme de Chambonin : « J'ai commencé par imprimer *la Henriade*, avec des corrections considérables ; et M. de Voltaire, en me la donnant, en abandonna le profit à un jeune homme (La Mare) que ses talents lui ont attaché, et à qui il fait encore présent de sa tragédie de la *Mort de César*. Il permit, dans un autre temps, à un autre libraire de réimprimer *Zaïre*, dont le privilège était expiré. Il m'a donné, à moi, ses tragédies d'*OEdipe*, *Mariamne* et *Brutus*. J'ai imprimé l'*Enfant prodigue* : celui qui fut chargé d'en faire le marché m'en demanda un prix si honnête, que, bien loin de contester avec lui, je lui donnai 100 francs au-dessus du prix qu'il m'en avait demandé. Quelques jours après, M. de Voltaire m'écrivit qu'il n'exigerait jamais d'argent pour le prix de ses pièces, ni pour aucun autre de ses ouvrages, mais seulement *des livres*. Enfin il a fait présent de ses *Éléments de Newton* à ses libraires de Hollande. Peu de temps après, on en a fait une édition sous le titre de Londres, et je sais que le libraire qui l'avait faite, à l'insu de M. de Voltaire, crut cependant, avant de la faire paraître, lui devoir l'attention de la lui communiquer et de se soumettre à ses corrections. L'édition en état de paraître, M. de Voltaire en a acheté cent cinquante exemplaires pour faire des présents à Paris, qu'il a payés, et qui lui reviennent, avec la reliure, à près de 100 pistoles. » Arrivons à l'année 1760. Le 11 mai, Voltaire dit à d'Argental : « Vous me faites un plaisir sensible en donnant le produit de l'impression (de *Zulime*) à Lekain. Il faudra qu'il veille à empêcher les éditions furtives. Vous pouvez promettre le profit de l'édition de *Tancrède* à Mlle Clairon ; ainsi il n'y aura point de jalousie, et Lekain pourra hautement jouir de ce petit bénéfice, supposé que la pièce réussisse. » Dans le mois d'avril 1767, il est encore question de Lekain. Le libraire Lacombe, qui avait édité *les Scythes*, reçut ce billet de Voltaire : « Je vous prie de donner un petit honoraire de 25 louis d'or à M. Lekain pour toutes les peines qu'il a bien voulu prendre ; car, quoique cette pièce ne fût point faite du tout pour Paris, il faut pourtant témoigner sa reconnaissance à celui qui s'est donné tant de peine pour si peu de chose. Je suppose que la pièce a quelque succès : si vous y perdez, je suis prêt à vous dédommager. » Cependant voici Wagnière (p. 37) qui fait cette observation : « Je puis certifier à tous les détracteurs de M. de Voltaire que jamais, dans les 25 années que j'ai eu le bonheur de lui être attaché, il n'a exigé la moindre rétribution d'aucun de ses ouvrages ; qu'au contraire, je lui en ai vu souvent acheter des exemplaires pour les donner à ses amis, et qu'il n'a jamais voulu souffrir que ceux qu'il en gratifiait me fissent quelque présent, dans la crainte que l'on ne dit qu'il se servait de mon nom pour les vendre. » Il est évident que les lettres de Voltaire donnent un démenti à Wagnière. Mais Wagnière lui-même vient réfuter son allégation ; car il avoue (p. 171) que le libraire Panckoucke lui donna un billet de 6,000 francs à l'occasion d'une édition des *Œuvres de Voltaire*. Collini (p. 555 et 164), plus sincère, nous apprend que Voltaire lui céda le produit de l'édition de l'*Orphelin de la Chine*, et que les frères Cramer le récompensèrent généreusement de la peine qu'il avait eue de soigner les manuscrits des *OEuvres de Voltaire* que ces libraires publiaient à Genève.

Toutes ces citations, qu'il serait facile de multiplier, et auxquelles le lecteur peut joindre des faits analogues éparpillés dans tout le cours de nos recherches, démontrent que Voltaire ne travaillait pas en esclave des libraires. Car, pour eux, donner des livres à Voltaire, ou donner de l'argent à ses secrétaires et à ses courtiers, c'était toujours donner. Voltaire avait le droit d'exiger d'eux des honoraires; je ne lui en fais pas de reproche.

Qu'il soit aussi permis de prouver qu'il lui est arrivé plusieurs fois de frustrer ses éditeurs. Il résulte de sa lettre, du 2 novembre 1734, à Cideville, qu'il chercha à interdire l'entrée en France de l'édition de ses *OEuvres* faite à Amsterdam, chez Ledet et Desbordes, afin de favoriser la vente d'une édition des mêmes *OEuvres* qu'il surveillait à Rouen, au détriment du marché fait avec Ledet d'Amsterdam (1). De même en 1740. Le 1er juin, il écrit à Van Duren, libraire à La Haye : « J'ai en main un manuscrit singulier, composé par un des hommes les plus considérables de l'Europe; c'est une espèce de réfutation du *Prince* de Machiavel, chapitre par chapitre. L'ouvrage est nourri de faits intéressants et de réflexions hardies qui piquent la curiosité du lecteur, et qui font le profit du libraire. Je suis

---

(1) *Lettres de La Beaumelle à Voltaire* Londres, 1763. In-12, p. 152.

chargé d'y retoucher quelque petite chose, et de le faire imprimer. J'enverrais l'exemplaire que j'ai entre les mains à condition que vous le ferez copier à Bruxelles, et que vous me renverrez mon manuscrit ; j'y joindrais une *Préface*, et je ne demanderais d'autre condition que de le bien imprimer et d'en envoyer deux douzaines d'exemplaires, magnifiquement reliés en maroquin, à la cour d'Allemagne qui vous serait indiquée. Vous m'en feriez tenir aussi deux douzaines en veau. Mais je voudrais que le *Machiavel*, soit en italien, soit en français, fût imprimé à côté de la réfutation, le tout en beaux caractères et avec grande marge. » Van Duren s'empressa d'imprimer le manuscrit proposé. Que se passa-t-il depuis ? Voltaire va nous l'apprendre. Le 20 juillet, il mande à Frédéric le Grand, l'auteur de la réfutation de *Machiavel* : « La première chose que je fis hier, en arrivant (à la Haye), fut d'aller chez le plus retors et le plus hardi libraire du pays, qui s'était chargé de la chose en question. Je répète à Votre Majesté que je n'avais pas laissé dans le manuscrit un mot dont personne en Europe pût se plaindre. Mais, malgré cela, puisque Votre Majesté avait à cœur de retirer l'édition, je n'avais plus ni d'autre volonté ni d'autre désir. J'avais déjà fait sonder ce hardi fourbe nommé Jean Van Duren, et j'avais envoyé en poste un homme qui, par provision, devait du moins retirer, sous des prétextes plausibles, quelques feuilles du manuscrit, lequel n'était pas à moitié imprimé ; car je savais bien que mon Hollandais n'entendrait à aucune proposition. En effet, je suis venu à temps ; le scélérat avait déjà refusé de rendre une page du manuscrit. Je l'envoyai chercher, je le sondai, le tournai de tous les sens ; il me fit entendre que, maître du manuscrit, il ne s'en dessaisirait jamais pour quelque avantage que ce pût être ; qu'il avait commencé l'impression, qu'il la finirait. Quand je vis que j'avais affaire à un Hollandais qui abusait de la liberté de son pays, et à un libraire qui poussait à l'excès son droit de persécuter les auteurs, ne pouvant ici confier mon secret à personne, ni implorer le secours de l'autorité, je me souvins que Votre Majesté dit, dans un des chapitres de l'*Anti-Machiavel*, qu'il est permis d'employer quelque honnête finesse en fait de négociation. Je dis donc à Jean Van Duren que je ne venais que pour corriger quelques pages du manuscrit. « Très volontiers, monsieur, me dit-il ; si vous voulez venir chez moi, je vous le confierai généreusement feuille à feuille : vous corrigerez ce qu'il vous plaira, enfermé dans ma chambre, en présence de ma famille et de mes garçons. » J'acceptai son offre cordiale, j'allai chez lui et je corrigeai en effet quelques feuilles qu'il reprenait à mesure et qu'il lisait pour voir si je ne le trompais point. Lui ayant inspiré par là un peu moins de défiance, j'ai retourné aujourd'hui dans la même prison, où il m'a enfermé de même, et, ayant obtenu six chapitres à la fois, pour les confronter, je les ai raturés de façon et j'ai écrit dans les interlignes de si horribles galimatias et des coq-à-l'âne si ridicules, que cela ne ressemble plus à un ouvrage. Cela s'appelle faire sauter son vaisseau en l'air pour n'être point pris par l'ennemi. J'étais au désespoir de sacrifier un si bel ouvrage, mais enfin j'obéissais au roi que j'idolâtre, et je vous réponds que j'y allais de bon cœur. Qui est étonné à présent et confondu? C'est mon vilain. » Cette lettre n'a pas besoin de commentaire. Qu'advint-il ensuite? Dans le mois d'août, Voltaire écrit à Frédéric le Grand : « Croiriez-vous que Van Duren, ayant le premier annoncé qu'il vendrait l'*Anti-Machiavel*, est en droit par là de le vendre, *selon les lois*, et croit pouvoir empêcher tout autre libraire de vendre l'ouvrage? » En dépit de ces prétentions, Voltaire envoie ce billet, le 18 du même mois, à l'abbé Moussinot : « Vous pouvez transiger avec Prault fils, mais il ne faudra pas moins qu'un *marché de mille écus*, dont le dixième, s'il vous plaît, sera pour vous. Je n'ai nulle part ni au manuscrit, ni au profit. Je remplis seulement ma mission. » En attendant que Prault eût publié à Paris l'*Anti-Machiavel*, Voltaire en faisait commencer une édition à La Haye même, comme nous l'apprend sa lettre, du 22 septembre, à Frédéric le Grand. Pourquoi cette édition? Il nous répond, dans sa missive, du 12 octobre, à l'auteur couronné : « J'ai fait travailler nuit et jour à cette nouvelle édition, dont je vais distribuer les exemplaires dans toute l'Europe, pour *faire tomber celle de Van Duren*. Si, après avoir confronté l'une et l'autre, Votre Majesté me trouve trop sévère ; si elle veut conserver quelques traits retranchés ou en ajouter d'autres, elle n'a qu'à dire ; comme je compte acheter la moitié de la nouvelle édition de Paupie pour en faire des présents, et que Paupie a déjà vendu par avance l'autre moitié à ses correspondants, j'en ferai commencer dans quinze jours *une édition plus correcte*, et qui sera conforme à vos intentions. Donnez-moi, Sire, des ordres précis. Si votre Majesté ne trouve pas assez encore que l'édition de Van Duren soit étouffée par la nouvelle, si elle veut qu'on retire le plus qu'on pourra d'exemplaires de celle de Van Duren, elle n'a qu'à ordonner. J'en ferai retirer autant que je pourrai, sans affectation, dans les pays étrangers, car il a commencé à débiter son édition dans les autres pays; c'est une de ces fourberies à laquelle on ne pouvait remédier. Je suis obligé de soutenir ici un procès contre lui; l'intention du scélérat était d'être seul le maître de la première et de la seconde édition. Il voulait imprimer et le manuscrit que j'ai tenté de retirer de ses mains, et celui même que j'ai corrigé. Il veut friponner sous le manteau de la loi. Il se fonde sur ce qu'ayant le premier manuscrit de moi, il a seul le droit d'impression; il a raison d'en user ainsi; ces deux éditions et les suivantes feraient sa fortune, et je suis sûr qu'un libraire, qui aurait seul le droit de copie en Europe, gagnerait 30,000 ducats au moins, » Voilà comment Voltaire interprétait les lois et observait les contrats. A Ferney, il continua aussi d'agir à sa guise, sans s'inquiéter de l'embarras où se trouverait un libraire qui venait de publier un ouvrage déjà confié, à son insu, à un autre libraire. Témoin ces lignes adressées, le 16 décembre 1760, à d'Argental : « J'avais bien raison de vouloir revoir l'édition de Prault. Daignez jeter les yeux sur la pièce, et vous verrez que j'ai fait toutes les corrections indispensables. Son édition était ridicule et absurde. Prault aura un peu à remanier, c'est le terme de l'art; mais c'est une peine et une dépense très médiocres. Il a très grand tort de craindre que l'édition des Cramer ne croise la sienne. Les Cramer n'ont point commencé; ils n'ont point l'ouvrage, et ils ne l'imprimeront que pour les pays étrangers. D'ailleurs, j'enverrai incessamment au petit Prault un ouvrage que je crois assez neuf et assez intéressant (*Appel à toutes les nations de l'Europe*). » Finissons par un passage dans lequel Voltaire abandonnait ses droits d'auteur à trois libraires différents. C'est le 5 novembre 1756, qu'il disait à Walther : « Le sieur Lambert à Paris, et les sieurs Cramer à Genève ont voulu, chacun de leur côté, faire une nouvelle édition de mes *OEuvres*. Je ne puis corriger celle de Lambert, mais je ne puis m'empêcher de corriger, dans celle des frères Cramer, toutes les pièces dont je suis mécontent; c'est un ouvrage auquel je ne puis travailler qu'à mesure qu'on imprime. Il y a à chaque page des corrections et des additions si considérables, que tout cela fait en quelque sorte un nouvel ouvrage. Si vous pouviez trouver le moyen de mettre toutes ces nouveautés dans votre dernière édition, cela pourrait lui donner quelque cours à la longue. Je suis très fâché de toute *cette concurrence d'éditions*. » Si, dans ces circonstances, Voltaire n'exigeait aucune rétribution, il n'en mérite pas moins d'être blâmé, puisqu'il causait un préjudice réel au libraire qui avait fait les frais d'une édition annulée par les corrections d'une édition suivante.

Voltaire avait-il besoin des libraires, il ne reculait devant aucun sacrifice. Dès le 30 août 1738, il écrivait au Rédacteur de la Bibliothèque française; « Dès que l'édition des sieurs Ledet parut à Paris, les libraires de Paris en firent une autre qui lui était entièrement conforme; elle est intitulée de Londres, parce qu'ils n'ont qu'une permission tacite. J'ai obtenu qu'ils corrigeassent toutes les fautes de leur édition, et qu'ils imprimassent des feuilles nouvelles. J'ai envoyé les mêmes additions et les mêmes changements aux libraires de Hollande à qui j'avais fait présent de cet ouvrage ; ils doivent avoir la même attention que ceux de Paris ; ils doivent corriger les fautes d'impression qui sont dans leur livre et celles des éditeurs de Paris, et rendre par là leur édition complète. Elle sera alors infiniment au-dessus des autres éditions, tant par cette correction nécessaire qui s'y trouvera que par la beauté du papier, et pour les ornements. Je n'exige point ce travail de la part des sieurs Ledet, comme le prix du présent que je leur ai fait de tous mes ouvrages ; je ne l'exige que pour leur propre bien, et je paierai même très volontiers les frais des cartons qu'il faudra faire. Qu'il me soit permis de proposer ici à tous les éditeurs de livres une idée qui me paraît assez utile au bien de la littérature : c'est que, dans les livres d'instruction, quand il se trouve des fautes soit de copiste, soit d'imprimeur, qui peuvent aisément induire en erreur les lecteurs peu au fait, on ne doit point se contenter d'indiquer les fautes dans un *errata;* mais alors il faut absolument un carton. Je crois même que les livres en vaudraient beaucoup mieux, si les libraires qui se chargent de les imprimer en pays étrangers envoyaient le premier exemplaire de leur édition aux auteurs avant de mettre le livre en vente, et s'ils leur donnaient par là le temps de les corriger. Car il est certain que, quand on voit son ouvrage imprimé et dans la forme dans laquelle le public doit le juger, on le voit avec des yeux plus éclairés ; on y aperçoit des fautes qu'on n'avait pas vues dans le manuscrit ; et la crainte d'être indigne des juges devant lesquels on va paraître produit de nouveaux efforts et de nouvelles beautés. Pour moi, je ne répondrais que de mes nouveaux efforts ; et, comme il n'est pas juste que les libraires en portent la dépense, je paierai très volontiers à mes libraires, à qui j'ai fait présent de mes ouvrages, tous les changements que je voudrais y faire. Je suis si peu content de tout ce que j'ai écrit, que j'aurai très grande obligation à ceux qui m'impriment actuellement, s'ils veulent entrer dans mes vues. Il y a beaucoup d'endroits de *la Henriade*, et surtout de mes tragédies, dont je ne suis point du tout content. A l'égard de l'*Histoire de Charles XII*, je suis actuellement occupé à la réformer. J'en ai déjà envoyé plus d'un tiers aux libraires. Si les libraires veulent attendre un peu, l'ouvrage n'en sera que meilleur ; s'ils n'attendent pas, il faudra bien le corriger un jour. »

Maintenant, donnons quelques coups de ciseaux à la correspondance de Voltaire avec le libraire Walther. Le 15 juin 1747, Voltaire écrit à Walther : « M. Algarotti m'ayant mandé que vous vouliez faire une nouvelle édition de mes ouvrages, non seulement je vous donne mon consentement, mais je vous aiderai et je vous achèterai beaucoup d'exemplaires ; bien entendu que vous vous conformerez aux directions que vous recevrez de ceux qui conduiront cette impression, et qui doivent vous fournir mes vrais ouvrages bien corrigés. Gardez-vous bien de suivre l'édition débitée sous le nom de Nourse à Londres, celle qui est intitulée de Genève, celle de Rouen, et surtout celle de Ledet, et d'Arkstée et Merkus à Amsterdam ; ces dernières sont la honte de la librairie ; presque tout ce que j'ai fait y est défiguré. » — Le

23 septembre suivant, autre lettre : « Je vous ai mis en état de faire une édition complète et correcte de mes *OEuvres*. Je vous en ai envoyé trois tomes remplis de beaucoup de choses qui ne sont dans aucune autre édition, et purgés de toutes les fautes qui les défiguraient. J'ai travaillé aux autres volumes avec le même soin, et je vous achète quatre cents exemplaires de votre édition, que je veux bien vous payer tome à tome pour vous encourager. » Walther ayant voulu lui faire cadeau d'un service de porcelaine de Saxe à l'occasion de ces corrections, Voltaire lui répondit le 19 novembre 1748 : « Je recevrai avec plaisir quelques exemplaires de votre édition ; c'est bien assez ; et si vous m'envoyez autre chose, je vous avertis que je vous renverrai votre présent ; vous avez fait assez de dépense pour votre édition. Encore une fois, des exemplaires sont tout ce qu'il me faut, et tout ce que je veux. » Dans le mois de septembre 1749, nouvelle lettre : « Je vous envoie les pièces curieuses que j'ai recouvrées, et qui feront valoir votre édition. Vous aurez incessamment cette tragédie de *Sémiramis* qu'on joue depuis un mois à Paris. Votre intérêt doit être d'en tirer des exemplaires à part avant de faire paraître l'édition totale. Il y aura un petit avertissement dans lequel on annoncera les huit tomes, et on désavouera les autres éditions antérieures. » Cependant Voltaire ne fut pas content de cette édition. Aussi, le 19 septembre 1750, mande-t-il à Walther : « Je vous adresse un exemplaire de votre édition que j'ai enfin trouvé le temps de corriger. J'y joins des pièces nouvelles qui ont été imprimées à Paris depuis la publication de votre dernier volume. J'ai fait refaire de nouvelles feuilles à

quelques endroits qui étaient imprimés sur des copies défectueuses. Je vous envoie trois exemplaires de ces feuilles nouvelles que j'ai fait imprimer, et que j'ai fait insérer dans votre exemplaire, qui doit vous rester, et qui sera votre modèle. Voici ce que vous pourriez faire. Je vous conseillerais de réformer toute votre édition sur ce plan autant que vous le pourrez, d'y ajouter un *nouveau titre* qui annoncerait une édition nouvelle plus complète et très corrigée. J'y ferais une nouvelle épître dédicatoire et une nouvelle préface. Je serais alors autorisé, par les soins que vous auriez pris, à vous soutenir contre les libraires de Hollande, et à faire valoir votre ouvrage; je le ferais annoncer dans les gazettes comme le seul qui contient mes œuvres véritables. Je vous exhorte à prendre ce parti. Je crois que c'est le seul moyen de faire tomber les éditions de Hollande, et de décrier ces corsaires. Je ne peux vous dissimuler que votre édition est décriée en France; mais, quand vous l'aurez un peu corrigée par le moyen que je vous indique, je ferai entrer dans Paris tant d'exemplaires que vous voudrez, et je vous procurerai un débit très avantageux. » Bientôt Voltaire s'occupa d'une édition du *Siècle de Louis XIV*. Le 29 mai 1751, il écrit à Walther : « Si vous avez besoin d'argent, j'ai 1,000 écus à votre service que je vous prêterai sans intérêt. Ils sont entre les mains de mon banquier. » Le lendemain il est plus explicite : « Je suis fort occupé de l'*Histoire du siècle de Louis XIV*, mais cet ouvrage ne sera pas sitôt prêt. J'attends des manuscrits de Paris. J'ai encore besoin de quelques livres, mais surtout j'ai besoin de temps pour rendre l'ouvrage moins indigne de l'impression;

plus je l'aurai travaillé avec soin, et plus il vous deviendra utile. Je n'exigerai rien de vous, que des exemplaires en grand papier. » Le 28 décembre, il revint sur ce sujet : «J'examine avec soin votre édition. Il y a beaucoup de fautes. Jugez où nous en aurions été, si je vous avais donné d'abord à imprimer le *Siècle de Louis XIV*. Il a fallu l'imprimer chez l'imprimeur du roi de Prusse. C'est M. de Francheville, conseiller aulique, qui s'est chargé de l'édition. On sait assez, dans l'Europe, que j'en suis l'auteur ; mais je ne veux pas m'exposer à ce qu'on peut essuyer, en France, de désagréable quand on dit la vérité. J'ai donc pris le parti de ne point envoyer d'exemplaires en France. Ce n'est pas moi qui ai le privilège impérial ; et celui de Prusse est sous le nom de M. de Francheville. Il y a trois mille exemplaires de tirés, dont quatre-vingts, ou à peu près peuvent être ou gâtés ou incomplets ; j'en envoie cinq cents à un de mes amis à Londres. Ce débit ne passera point par les mains des libraires, c'est une affaire particulière. Reste donc deux mille cinq cents exemplaires dont je puis disposer ; j'en prends cent pour en faire des présents, et je me déferai des deux mille quatre cents exemplaires restants avec un seul libraire auquel je transporterai le privilège, le droit de copie et le droit de faire traduire. On peut vendre les deux mille quatre cents exemplaires au moins 2 florins chacun. Je ne veux pas assurément y gagner, mais je ne veux pas y perdre. L'ouvrage m'a coûté, avec le secrétaire et M. de Francheville qu'il a fallu payer, environ 2,000 écus, parce qu'il y a des feuilles que j'ai refaites trois fois. Je vous donnerai volontiers la préférence sur d'autres libraires qui m'en offrent davantage, et encore je ne vous demanderai ces 2,000 écus qu'au 1ᵉʳ juillet, et vous donnerez un présent de 50 écus à M. de Francheville. Si je vous abandonnais seulement cinq cents exemplaires, vous ne pourriez avoir ni le privilège, ni le droit de traduction, parce qu'il faudrait nécessairement donner ces droits à ceux qui prendraient la plus grosse partie ; mais si vous vous chargiez du total, vous pourriez ensuite joindre cet ouvrage à mes œuvres. » Plus tard Walther ayant témoigné le désir de publier des *OEuvres de Voltaire* en sept volumes, l'auteur lui répondit, le 29 mai 1754 : « Vous savez ce que je vous ai toujours dit ; combien elle est fautive, et à quel point elle est décriée : vous prenez le seul parti qui puisse vous tirer d'affaire. Je m'amuserai à corriger cette édition, de façon qu'à l'aide de douze ou treize feuilles substituées aux plus défectueuses et pleines d'ailleurs de nouveautés peut-être assez intéressantes, et à l'aide d'une nouvelle préface et d'un nouvel avertissement, vous pourrez, sans beaucoup de frais, donner un air tout neuf à cet ouvrage, et le débiter avec beaucoup de succès. Je vous aiderai encore en vous achetant une centaine d'exemplaires que je vous paierai comptant, et j'en ferai des présents qui, en faisant connaître cette édition nouvelle, pourront vous en faciliter le débit. »

Walther ne fut pas le seul libraire auquel Voltaire témoigna beaucoup de bienveillance. Lorsqu'il était à Colmar, Voltaire avait des raisons pour faire imprimer ses *Annales de l'empire* par Schœpflin. Mais comme celui-ci était très gêné, et qu'il ne pouvait par conséquent se charger d'une telle entreprise, Voltaire, suivant sa lettre, du 11 novembre 1755, à M. Dupont, lui prêta 10,000 francs sans intérêt pour deux ans. Il apprit, le 3 décembre 1755, à M. Dupont que son débiteur avait satisfait à sa dette. Depuis cette époque il écrivit beaucoup; était-ce un avantage pour un libraire? Le 13 février 1769, il mandait à Panckoucke : « Je n'ai point trafiqué de mes idées, mais je vous avertis qu'elles vous porteront malheur, et que vous les vendrez à la livre très bon marché, si on s'opiniâtre à faire un si prodigieux recueil de choses inutiles. Un auteur ne va point à la gloire, et un libraire à la fortune, avec un si lourd bagage. Passe pour de gros dictionnaires; mais, pour de gros livres de pur agrément, c'est se moquer du public; c'est se faire un magasin de coquilles et d'ailes de papillon. » Déjà au commencement de l'année 1756, il avait dit aux frères Cramer : « Je ne peux que vous remercier de l'honneur que vous me faites d'imprimer mes ouvrages ; mais je n'en ai pas moins de regret de les avoir faits. *Il n'y a presque aucun de mes ouvrages dont je sois content,* et il y en a quelques-uns que je voudrais n'avoir jamais faits. Toutes les pièces fugitives que vous avez recueillies étaient des amusements de société qui ne méritaient pas d'être imprimés. J'ai toujours eu d'ailleurs un si grand respect pour le public, que, quand j'ai fait imprimer *la Henriade* et mes tragédies, je n'y ai jamais mis mon nom. Puisque vous avez rassemblé mes ouvrages, c'est-à-dire des fautes que j'ai pu faire, je vous déclare que je n'ai point commis d'autres fautes; que toutes les pièces qui ne seront point dans cette édition sont supposées, et que c'est à cette seule édition que ceux qui me veulent du mal ou du bien doivent ajouter foi. »

Pourquoi Voltaire avait-il intérêt à traiter avec les frères Cramer ? Il nous répond par cette lettre, du mois de décembre 1765, à d'Argental : » L'idée de faire imprimer le tout par Cramer m'était venue pour deux raisons : la première, que j'évitais le honteux désagrément de passer par les mains de la police; la seconde raison est que, sur l'inspection d'une feuille imprimée, je corrige toujours vers et prose. Les caractères imprimés parlent aux yeux bien plus fortement qu'un manuscrit. On voit le péril bien plus clairement ; on y court, on fait de nouveaux efforts, on corrige, et c'est ma méthode. » Voltaire crut acquérir des droits à la reconnaissance des frères Cramer. De là cet aveu qui lui échappa, le 11 mai 1764, en écrivant à Damilaville : « Je crois avoir fait assez de bien aux Cramer pour être en droit de compter sur leur reconnaissance. Les Cramer sont mes frères ; ils sont philosophes, et les philosophes doivent être reconnaissants ; je leur ai fait présent de tous mes ouvrages, et je ne m'en repens point. » Mais faut-il prendre à la lettre ces mots qu'il adressa, le 6 mars 1776, à d'Argental : « Cramer a gagné plus de 400,000 francs à imprimer mes ouvrages depuis vingt ans? »

Il s'agit maintenant de savoir si la publication des ouvrages de Voltaire rapportait beaucoup à un libraire.

C'est un fait incontestable que les bénéfices d'un éditeur dépendent du tirage des ouvrages. Plus ce tirage est considérable, plus le *boni* est grand.

Pouvait-on et devait-on tirer à un grand nombre d'exemplaires les ouvrages de Voltaire ? Non. L'habitude qu'avait Voltaire de désavouer tous ses ouvrages, la nature, le peu d'étendue et le genre de tous ces ouvrages ne le permettaient pas. Prouvons-le.

1° L'habitude qu'avait Voltaire de désavouer tous ses ouvrages. En effet : « Je n'ai nul goût à voir mon nom à la tête de mes sottises ou folles ou sérieuses, ou tragiques ou comiques, » disait-il, le 16 décembre 1760, à d'Argental. C'est pourquoi il mandait, le 18 avril 1764, à Damilaville : « Quand de maudits libraires ont mis mon nom à mes ouvrages, ils l'ont toujours fait malgré moi. » Bien plus, quoiqu'il confessât, le 21 juillet 1764, à Damilaville qu'on est aussi coupable de mettre sur le compte d'un auteur un ouvrage qu'il n'a point composé, que de contrefaire son écriture, il ne cessa toute sa vie de publier ses compositions sous des noms étrangers.

Qu'il nous soit permis de transcrire ici la *Table alphabétique des noms, qualifications sous lesquels Voltaire s'est déguisé dans beaucoup d'ouvrages :*

« F. Abauzit; Jacq. Aimon; le docteur Akakia; le rabbin Akib; Irénée Aléthès; Ivan Alethof; l'humble évêque d'Alétopolis; Alexis, archevêque de Novogorod; Amabed...; des Amateurs; l'archevêque de Cantorbéry; l'abbé d'Arty; plusieurs Aumôniers d. R. d. P.; l'Auteur du Compère Mathieu; le sieur Aveline; Geo. Avenger.

« Feu l'abbé Bazin; Bazin, neveu; Beaudinet; Belleguier, ancien avocat; l'abbé Big***; l'abbé de Bigorre; milord Bolingbrocke; Joseph Bourdillon; le pasteur Bourn.

« Dom Calmet; Jérôme Carré; Cassen, avocat aux conseils du roi; Chambon et autres; Nicolas Charisteski; les Cinquante; Clair...; Clocpitre; le comte de

Corbera ; le Corps des pasteurs du Gévaudan ; Covelle, Théro, etc ; Cubstorf, pasteur ; le Curé de Frêne.

« M. D... M*** ; le comte Da*** ; Damilaville ; Amb. Decroze ; Demad, capit. ; veuve Denys ; Desjardins ; Anne Dubourg ; Dumarsais ; Dumoulin.

« De l'Écluse ; Ératou ; le R. P. l'Escarbotier ; Étallonde de Morival ; Évhémère.

« Fatema ; Formey ; le P. Fouquet.

« Le Gardien des Capucins de Raguse ; Gérofle ; le docteur Goodheart ; Charles Gouju ; Gabr. Grasset.

« Hude ; Huet ; Hume.

« Imhof.

« Joussouf-Cheribi.

« Le major Kaiserling.

« M. L*** ; de La Caille ; Joseph Laffichard ; de La Lindelle ; Lantin ; La Roupillière ; de La Visclède.

« Mairet ; Malicourt ; Mallet ; M. Mamaki ; Mauduit ; Mauléon ; Maxime de Madaure ; Caius Memmius Gemellus ; le curé Meslier ; de Montmolin ; M. de Morza.

« Naigeon.

« Le docteur Obern.

« Le comte de Passeran ; Jean Plokof ; le R. P. Polycarpe.

« Le P. Quesnel.

« Le docteur Ralph ; Ramponeau ; D. Apuleius Risorius ; Josias Rosette.

« Feu M. de Saint-Didier ; Saint-Hyacinthe ; Scarmentado ; le Secrétaire de M. de Voltaire ; Sherloc ; Scheremotof ; Soranus.

« Tomponet ; Thero ; Thomson ; l'abbé de Tilladet ;

M. le comte de Tournay ; Trois avocats d'un Parlement.

« Un académicien de Londres, de Berlin, etc. ; Un académicien de Lyon ; Un amateur de belles-lettres ; Un auteur célèbre qui s'est retiré de France ; Un avocat de Besançon ; Un avocat de province ; Un bachelier en théologie ; Un bénédictin ; Un bénédictin de Franche-Comté ; Un chrétien... contre six juifs ; Un citoyen de de Genève ; Un ecclésiastique ; Un homme de lettres ; Un membre du conseil de Zurich ; Un membre des nouveaux conseils ; Un membre d'un corps ; Un prêtre de la doctrine chrétienne ; Un proposant ; Un quaker ; Une belle dame.

« Antoine Vadé ; Catherine Vadé ; Guillaume Vadé ; Verzenot ; le Vieillard du mont Caucase ; le marquis de Villette.

« Le docteur Wellwisher good Natur'd.

« Le marq. Ximènes.

« Zapata. »

Quelque longue que paraisse cette table publiée par M. Quérard, dans sa *Bibliographie Voltairienne*, elle est loin d'être complète. Il est arrivé plusieurs fois à Voltaire d'attribuer le même ouvrage à plusieurs personnes. Il fit successivement honneur de son *Droit du Seigneur* à M. Hurtaud, à un académicien de Dijon, à M. Legouz, à M. Picardet, à M. Rigardet, à M. Melin de Saint-Gelais, à M. Picardin ; il en composa la préface sous le nom de M. Picardet. Il présenta les *Guèbres* comme une pièce posthume de Guimont de la Touche, puis il les mit sur le compte de *Desmahis*, et se les laissa dédier par Gabriel Grasset et compagnie.

Ainsi ou Voltaire désavouait ses ouvrages, ou il les attribuait à d'autres personnes.

Que Voltaire gardât l'anonyme, ou qu'il prit effrontément le masque du pseudonyme, le reconnaissait-on au cachet de son style ? Nous savons déjà combien de fois les comédiens tombèrent dans les filets que Voltaire leur avait tendus. Ses amis les plus judicieux commirent la même erreur. Ainsi, le 15 juillet 1764, Grimm écrivait, dans sa *Correspondance littéraire*, à propos d'une pièce de Voltaire, qu'il ne soupçonnait pas d'être de lui : « On a donné, le 5 de ce mois, sur le théâtre de la Comédie française, la première représentation des *Triumvirs,* tragédie nouvelle. L'auteur de la tragédie est anonyme ; on prétend que c'est un ex-jésuite qui s'appelle Marchand, et je ne serais pas éloigné de croire cette pièce l'ouvrage d'un homme de collège. Cette tragédie est tombée, et n'a point reparu. Le parterre n'était pas disposé cette fois à l'indulgence. Julie disait à Octave avec emphase, en montrant Pompée :

Nous nous aimons tous deux pour le bonheur du monde.

Ce vers et quelques autres aussi plats firent rire. Il s'en faut bien que cette tragédie soit un bon ouvrage. Les trois derniers actes surtout sont pitoyables, et toute la fable en est ridicule et absurde. Avec tout cela, malgré une intrigue très informe, malgré beaucoup d'absurdités et de platitudes dans le plan et dans les détails, si l'on m'assurait que l'auteur n'a que dix-huit ans, je n'en désespérerais pas. C'est que le ton en général est bien ; c'est que tous ces personnages parlent assez en Romains, qu'ils ont assez les idées et la tournure de leur siècle, et que ce mérite est fort rare ; c'est que le poète exprime ses idées souvent assez heureusement, qu'il les tire du fond de son sujet et des exemples domestiques ; c'est que son style, quoique inégal et souvent faible, m'a pourtant paru le véritable style de la tragédie. » Quand Grimm apprit de quelle main était cette pièce, il la jugea avec plus d'indulgence. Dans le mois de janvier 1767, il en parla ainsi, dans sa *Correspondance littéraire* : « Il y a quelques années que M. de Voltaire envoya très incognito une tragédie du dernier *Triumvirat* de Rome à M. Lekain pour la faire jouer. Le secret fut parfaitement gardé. On présenta la pièce aux comédiens de la part d'un auteur anonyme. On disait en confiance à quelques amateurs du théâtre que cette tragédie était d'un jeune jésuite qui, depuis la dissolution de la société, était tout près de courir la carrière dramatique, s'il pouvait y espérer quelque succès. La pièce fut jouée ; elle tomba, et, qui pis est, elle fut oubliée au bout de huit jours. M. de Voltaire eut tort de garder ainsi l'incognito. Ce n'est que depuis peu qu'on sait que M. de Voltaire est l'auteur de cette tragédie du *Triumvirat*. Il vient de la faire imprimer sous le titre d'*Octave et le jeune Pompée* ou *le Triumvirat*. Tout le tissu et le style en sont faibles, et, quand on a lu cette pièce, on n'est pas étonné qu'elle n'ait point fait d'effet au théâtre. Malgré cela, je suis persuadé que le nom de M. de Voltaire lui aurait procuré un succès passager. » Maintenant au tour de l'Académie française. En 1777, elle proposa pour sujet du prix de poésie, en 1778, la traduction en vers du seizième livre de l'*Iliade*. Voici ce que raconte à ce sujet La Harpe, à la page 273 du tome II de sa *Correspondance littéraire :* « L'Académie ne donnera point cette année de prix de poésie. Elle n'a été contente d'aucun des ouvrages qu'on lui a présentés, quoiqu'il y eût soixante pièces de concours, et que quelques-unes annonçassent du talent. Une anecdote très remarquable et dont j'ai la certitude, c'est que M. de Voltaire avait envoyé au concours une pièce sous le nom du marquis de Villette. Cette pièce s'est trouvée la *cinquième* du concours, et a été jugée très faible, quoique facile. Dépositaire du secret que m'avait confié le marquis de Villette, et qui aujourd'hui n'en est plus un, j'observais avec curiosité, je l'avoue, l'effet que produirait la pièce de Voltaire sur des juges qui n'en connaîtraient pas l'auteur : elle ne fit aucune sensation. A peine y vit-on un beau vers, et on eut peine à aller jusqu'à la fin. Elle n'aurait pas même obtenu une mention, si je n'avais, en opinant, ramené mes confrères à mon avis, et si je ne leur eusse représenté qu'elle était écrite au moins assez purement, mérite que l'Académie doit toujours encourager. Mais je me disais à moi-même : Si vous saviez quel homme vous jugez en ce moment! si vous saviez que vous balancez à relire un ouvrage qui est de l'auteur de *Zaïre* et de *la Henriade!* Voilà ce que je pensais intérieurement, et je plaignais le sort de l'humanité qui méconnaît sa faiblesse, et le sort du génie qui vieillit. »

La masse des lecteurs serait-elle plus clairvoyante que les comédiens, Grimm et tous les académiciens? Un libraire ne pouvait pas le présumer. Par conséquent, un ouvrage anonyme ou pseudonyme de Voltaire n'était ni prôné avec enthousiasme, ni recherché par le public, que son nom seul eût attiré comme un hameçon.

Voltaire était-il reconnu au cachet de son style? S'agissait-il d'un ouvrage qui était sûrement de lui, quoiqu'il ne l'avouât pas, on se hâtait de le dévorer. Mais ici nouveau danger. A l'instant cet ouvrage tombait dans le domaine public. Les libraires de France et ceux de Hollande le reproduisaient sous une rubrique étrangère. Comme Voltaire ne garantissait pas la propriété de ses compositions et de chacune des éditions de ses compositions, le libraire, qui le premier s'était hasardé à les publier, ne pouvait pas invoquer le nom de l'auteur pour poursuivre les libraires qui rééditaient séparément chaque brochure de Voltaire qui avait du succès, ou l'inséraient dans une collection de *Mélanges* ou des *OEuvres complètes de Voltaire*. Non seulement Voltaire ne s'opposait pas à ces contrefaçons, mais il les favorisait, parce qu'il était intéressé à voir multiplier tout ce qui échappait à sa plume. La nature de ses productions lui faisait un devoir de ces manœuvres.

2° Qu'étaient donc, par leur nature, les ouvrages de Voltaire? Lui-même a pris soin de nous l'apprendre. Le 5 novembre 1755, il disait à Walther : « Mandez-moi si je peux vous envoyer par la poste cette tragédie de *l'Orphelin de la Chine*, que vous me demandez. Je l'ai encore beaucoup changée depuis qu'elle est imprimée. C'est ainsi que j'en use avec tous mes ouvrages, parce que je ne suis content d'aucun d'eux. Cela déroute un peu les libraires et j'en suis très fâché ; mais je ne puis m'empêcher de corriger des ouvrages qui me paraissent défectueux. C'est un malheur pour moi de connaître trop mes défauts, et *il n'y aura jamais de moi d'édition bien arrêtée qu'après ma mort.* » Ainsi premier principe qu'on lit dans la lettre, du 3 avril 1752, à Cideville : « Une première édition n'est jamais qu'une ébauche. » Il en sera de même de toutes les autres éditions, selon ce mot, du 27 octobre 1736, à Prault : « Je ne suis content de rien et je raccommode tout. » Chaque jour, il pourra répéter ce qu'il a écrit à Cideville, le 15 avril 1752 : « Je passe ma vie à me corriger en vers et en prose. »

Voltaire avait-il tort de ne regarder ses ouvrages que comme des ébauches? « Son impatience, lorsqu'il avait commencé un ouvrage, n'avait point de bornes, rapporte Collini (p. 180). A peine était-il commencé qu'il voulait le voir mis au net et imprimé. On mettait souvent sous presse un livre à moitié composé. Voltaire écrivait lui-même lorsqu'il se portait bien. Était-il affligé de quelque maladie, il dictait avec autant de présence d'esprit que s'il eût eu la plume à la main. Il avait pour cette dernière manière de travailler une incroyable facilité, à laquelle il était parvenu par une longue habitude. »

Qu'était-ce qu'un manuscrit de Voltaire? Voltaire avait une écriture nette et assez lisible ; mais il écrivait avec une grande précipitation, ne formait pas toujours très bien ses lettres, supprimait les accents et la ponctuation, ne prodiguait pas les lettres majuscules, orthographiait le même nom propre de trois ou quatre façons différentes dans la même page, et par là rendait très difficile la lecture de ses autographes. Prenons pour exemple son *Livret*. L'éditeur Dupont l'a publié littéralement sur l'autographe que lui prêta M. de Jouy. La *Nouvelle Revue encyclopédique* en a donné des fragments transcrits également littéralement sur l'autographe à la Bibliothèque nationale. Pour la troisième fois, je l'ai copié aussi littéralement sur l'autographe à la Bibliothèque nationale. N'est-ce pas la faute de Voltaire si l'on remarque des différences notables de chiffres et de noms propres dans trois copies calquées par trois personnes différentes sur un autographe de Voltaire? Ses autres manuscrits devaient offrir le même inconvénient.

Qui était chargé de transcrire ces manuscrits si peu corrects? Des hommes sans instruction : un Céran, qui n'avait pas une grande dose de sens commun; un Longchamp, qui n'avait reçu aucune éducation; un Wagnière, peu intelligent, qui n'écrivait pas de page sans faire plusieurs fautes d'orthographe, comme l'attestent les lettres que j'ai vues de lui. Collini était capable de corriger Voltaire, et même de relever ses erreurs; mais, par malice, il aimait à les laisser passer, afin de s'en amuser avec ses amis, comme il le prouve dans sa lettre, du 4 février 1755, à M. Dupont.

Voltaire n'envoyait donc jamais à l'imprimerie que des manuscrits pleins de fautes. Un imprimeur ne pouvait pas faire un chef-d'œuvre de typographie avec de pareils autographes. Voltaire se réservait le droit de revoir toutes les épreuves. Malheureusement il les corrigeait très mal, nous assure Collini (p. 134).

Les ouvrages de Voltaire paraissaient remplis de fautes. En vain le libraire lui objectait qu'on s'était conformé à son manuscrit, qu'on l'avait même corrigé; Voltaire se hâtait de désavouer des feuilles qu'il avait revues lui-même autant de fois qu'il l'avait désiré. Si on se permettait de le lui représenter, comme le firent les éditeurs de sa *Philosophie de Newton*, ainsi qu'on peut le voir dans le *Voltariana*, Voltaire se fâchait et criait aux corsaires.

La critique tombait alors comme une massue sur toutes ses productions. Elle se plaisait à démontrer que rien n'était plus resserré que le cercle des connaissances positives de celui qui se croyait un génie universel. On le traquait sur tous les points; on ne lui pardonnait ni erreur ni bévue. On lui passait bien des contradictions, puisque c'est le privilège des philosophes d'en dire; mais comment ne pas s'appesantir sur des balourdises qui suffisaient pour faire décrier un ouvrage? Il n'est pas nécessaire d'être très instruit pour trouver le côté faible qui prêtait à la critique dans un ouvrage de Voltaire. Il n'est pas non plus nécessaire de feuilleter Desfontaines, Fréron, La Beaumelle, Larcher, Nonotte, Guénée, Clément, La Harpe pour le juger. Diderot, Grimm, ses amis eux-mêmes ne le lisaient pas toujours sans se moquer de sa légèreté. Qu'on parcoure seulement les notes de M. Beuchot, point hostile à Voltaire assurément; quelles *erreurs inconcevables* n'a-t-on pas à remarquer! Alors quelle comédie de voir Voltaire marier un article masculin avec un substantif féminin, finir des distiques par des syllabes qui ne rimeront que le jour où deux lignes parallèles se rencontreront face à face dans l'espace; de renvoyer dans l'*Histoire de Charles XII* à des passages qui ne se trouvent dans aucune édition de l'*Histoire de Charles XII*, de prendre deux fois l'église Bonne-Nouvelle de Paris pour une paroisse des environs de Paris, de confondre des tragédies de Corneille, de tronquer des tirades des auteurs classiques que tout le monde sait par cœur !

Voltaire alors de remanier son ouvrage. Il fallait vite des cartons, des feuilles nouvelles. Il changeait les rôles de ses pièces, le titre de ses ouvrages, l'ordre des chapitres. De *la Ligue* il fait la *Henriade*, et remplace Sully par Mornay ; avec l'*Histoire générale* il crée l'*Essai sur les mœurs et l'esprit des nations*. Il sacrifie cet endroit à ses amis, cet autre à ses critiques. Ici il retranche, là il développe. Les cartons circulent, il lui faut une nouvelle édition ; car il a de nouveau tout bouleversé, vers ou prose, littérature ou histoire, physique ou linguistique, philosophie ou astronomie. Une nouvelle édition est en train, il en désire une autre. A l'entendre dire, la bonne édition est toujours celle qui n'est pas encore imprimée ou mise en vente.

Ces cartons, ces feuilles, cette concurrence d'éditions ruinaient les libraires. Voltaire en était fâché, mais il ne répugnait pas à envoyer de nouveaux morceaux à quiconque voulait se charger d'imprimer ses ouvrages, à entreprendre une édition qu'il ne tardait pas à faire tomber en en préparant une nouvelle. Il suffit de parcourir les notes de M. Beuchot pour voir combien Voltaire a introduit de variantes dans tout ce qu'il a composé. Il a retouché presque tous les chants de *la Henriade* à chaque édition qui en a été publiée de son aveu.

Voltaire a ainsi passé toute sa vie à corriger ses ouvrages, et à désavouer toutes les éditions qui en ont été faites.

Chacun des ouvrages de Voltaire, n'étant qu'une ébauche, ne pouvait par conséquent devenir une propriété littéraire pour un libraire. Celui qui consentait à faire les frais d'une édition de Voltaire ne devait donc pas prudemment en tirer un grand nombre d'exemplaires, puisqu'il avait toujours à craindre l'apparition d'une nouvelle édition revue et corrigée, qui annulerait toutes les éditions précédentes.

3° Le peu d'étendue des ouvrages de Voltaire ne permettait pas à un libraire de faire un tirage considérable. Tous les ouvrages de Voltaire sont très courts. La plupart ne forment qu'un petit volume. Il en coûtait peu de les imprimer. Comme un libraire n'était jamais sûr de les vendre, il est évident qu'il aimait mieux en multiplier des éditions qui lui revenaient à peu de frais, au fur et à mesure qu'il en trouvait le débit, que de s'exposer à conserver en magasin des livres dont il n'aurait pu se débarrasser qu'au rabais.

4° Le genre des ouvrages de Voltaire nous apprend pourquoi ils étaient courts. « Toutes les œuvres de Voltaire, quelque nom qu'on leur donne, remarque un polémiste (1), se rapprochent plus ou moins du pamphlet. Ses *Romans* sont des pamphlets; son *Dictionnaire philosophique* est une collection de pamphlets par lettre alphabétique; l'*Essai sur les Mœurs* n'est qu'un énorme pamphlet historique de neuf siècles; ses tragédies même et sa *Henriade* sentent le pamphlet; l'allusion, l'attaque détournée, le trait perfide sont partout. Qu'on prenne Voltaire sous toutes ses faces, qu'on le tourne dans tous les sens, le pamphlétaire se voit toujours. »

(1) *Discours sur Voltaire.*

Aussi le gouvernement avait-il toujours les yeux sur lui. En 1741, on avait nommé 79 censeurs royaux pour examiner les ouvrages de théologie, ceux de jurisprudence, ceux de mathématiques et ceux de belles-lettres; comme ces censeurs ne pouvaient compter sur les faveurs de la cour qu'autant qu'ils jugeraient avec sévérité et qu'ils lacéreraient les manuscrits qui étaient soumis à leur approbation, ils avaient intérêt à être impitoyables pour Voltaire. Ils ne devaient lui pardonner aucune allusion, aucun trait, aucun sarcasme. Ils aimaient mieux être ridicules qu'indulgents, puisque leur avenir, les gratifications et les pensions qu'ils espéraient, dépendaient de la manière dont ils exerçaient des fonctions si délicates. Il n'y avait pas moyen de couper ce nœud gordien, car une *Déclaration du roi*, datée du 10 mai 1728, condamnait au carcan et aux galères tout imprimeur qui publierait des ouvrages sans privilège ni permission, et la même peine était applicable aux colporteurs de ces productions clandestines. Il se passait peu d'années sans que le gouvernement publiât des arrêts terribles contre les imprimeurs, les libraires et les colporteurs d'ouvrages qui n'auraient pas été approuvés; il accorda même des récompenses à ceux qui les dénonceraient : il prit toutes ses mesures pour qu'il n'en pénétrât pas par les frontières; et comme c'était presque toujours de l'étranger qu'ils arrivaient, un arrêt du 24 novembre 1771 imposa un droit de 20 livres par quintal sur tous les livres qu'on introduirait dans le royaume; un arrêt, du 17 octobre 1773, réduisit ce droit à 6 livres 10 sols, plus 8 sols par livre. Ce n'est que le 23 avril 1775 qu'un arrêt exempta de tous droits d'entrée dans le royaume tous les livres venant de l'étranger. Malgré tous ces arrêts, les productions clandestines parvenaient quelquefois à circuler. C'est alors que le clergé, dans ses mandements, dans ses sermons, dans ses remontrances au roi, en demandait la condamnation. Les parlements secondaient son zèle avec un indicible plaisir. Ainsi, les *Lettres philosophiques*, *la Religion naturelle*, le *Précis de l'Ecclésiaste* et du *Cantique des cantiques*, les *Extraits des sentiments de Jean Meslier*, le *Dictionnaire philosophique portatif*, le *Dîner du comte de Boulainvilliers*, *Dieu et les Hommes*, *la Bible enfin expliquée*, la *Diatribe à l'auteur des Éphémérides*, un *Recueil* en prose et en vers in-8° de 1740, *Candide*, *l'Ingénu*, *l'Homme aux quarante écus*, *la Voix du Peuple et du Sage*, *l'Essai sur le Siècle de Louis XIV*, *Saül*, entre autres ouvrages de Voltaire, avaient été ou saisis, ou supprimés, ou brûlés, par arrêts du parlement. Ceux qui avaient édité ou vendu quelques-uns de ces libelles furent punis. Le 23 octobre 1734, on destitua Jore fils, reçu imprimeur en survivance de son père; René Josse, libraire à Paris, et Duval, imprimeur à Bayeux, convaincus d'avoir édité les *Lettres philosophiques* sans permission. Le 24 septembre 1768, Jean-Baptiste Josserand, garçon épicier; Jean Lécuyer, brocanteur, et Marie Suisse, sa femme, furent condamnés, les deux premiers à la marque et aux galères, et la dernière à cinq ans de détention, pour avoir colporté *l'Homme aux quarante écus*, par Voltaire, et d'autres livres prohibés.

Les autres ouvrages de Voltaire n'étaient guère que tolérés. Pour comprendre la difficulté de les publier, citons quelques lettres relatives à l'*Histoire de Char-*

les XII, et à *la Henriade*. Le 30 janvier 1731, Voltaire écrivait à Cideville : « Je voudrais faire imprimer à Rouen une *Histoire de Charles XII*, roi de Suède, de ma façon. C'est mon ouvrage favori, et celui pour qui je me sens des entrailles de père. Si je pouvais trouver un endroit où je demeurasse incognito dans Rouen, et un imprimeur qui se chargeât de l'ouvrage, je partirais dès que j'aurais reçu votre réponse. Il y a deux manières de s'y prendre pour faire imprimer cette histoire. La première, c'est d'en montrer un exemplaire à M. le premier président, qui donnerait une permission tacite; la seconde, d'avoir un de ces imprimeurs qui font tout sans permission. Dans le premier cas, on pourrait peut-être craindre que le premier président ne fît quelques difficultés de laisser imprimer ici un ouvrage dont on a suspendu l'impression à Paris, par ordre du garde des sceaux. Dans le second cas, il y aurait à craindre d'être découvert. Il est bien triste pour la littérature d'être dans ces transes et dans ces extrémités, au sujet de presque tous les livres écrits avec un peu de liberté. La seule chose qui me rassure, c'est que, n'ayant mis dans mon ouvrage que des vérités qu'un magistrat et un citoyen doivent approuver, je pourrais aisément compter sur la connivence du premier président, en cas que la chose lui fût bien recommandée. Mais tout cela exigerait un profond secret, et il faudrait qu'en ce cas-là même le libraire chargé de l'impression n'en fût que plus secret et plus diligent. Dans cet embarras, je vais vous envoyer le premier volume de cette histoire. C'est le seul exemplaire qui me reste de deux mille six cents qui ont été saisis, après avoir été munis d'une approbation au sceau. Je laisse à votre amitié et à votre prudence à m'indiquer la voie la plus sûre pour réussir dans cette affaire, que j'ai extrêmement à cœur. » Le 30 février suivant, nouvelles instances. « Je m'imagine que le parti de parler au premier président est le seul raisonnable, quoiqu'il ne soit pas sûr. Il peut craindre de nous refuser; il peut se commettre; mais au moins gardera-t-il le secret; et surtout, ne sachant pas que c'est moi qui lui demande cette grâce, il ne pourra pas m'accuser au garde des sceaux d'avoir voulu faire imprimer un ouvrage défendu. Je n'ai donc, je crois, qu'un refus à craindre; par conséquent, il le faut risquer. Je ne sais si je me trompe, mais on peut dire au premier président qu'il a déjà permis l'impression du *Triomphe de l'intérêt*, qui était proscrit au sceau, et que cette permission tacite ne lui a point attiré de reproches; mais surtout on peut lui dire que M. le garde des sceaux n'a nulle envie de me désobliger; qu'il lui importe très peu que cette nouvelle *Histoire du roi de Suède* soit imprimée ou non; qu'il n'a retiré l'approbation que par une délicatesse qui sied très bien à la place où il est, n'étant pas convenable qu'il donnât publiquement un privilège pour un ouvrage plein de vérités qui peuvent choquer plusieurs princes, vérités déjà connues, déjà imprimées dans toutes les gazettes et dans plusieurs livres, mais dont il pourrait être responsable en son nom, si elles paraissaient avec son approbation et le privilège de son maître. Tout ce que M. de Chauvelin souhaite, c'est de ne donner aucun prétexte aux plaintes qu'on pourrait former contre lui. Ainsi, ce n'est point lui déplaire que de laisser imprimer à Rouen, avec un profond secret, cet ouvrage dont il ne sera plus obligé de répondre. Si M. le premier président veut y faire réflexion, cette affaire ne souffre pas l'ombre de difficulté, et ne commet ni lui ni le garde des sceaux dès qu'il n'y aura point de permission par écrit. J'ai par-devers moi un grand exemple d'une pareille connivence, que vous pouvez et que je vous prie même, en cas de besoin, de citer à M. le premier président. Cette nouvelle édition du poème de la *Henriade* a été faite à Paris par la permission tacite de M. Chauvelin, le maître des requêtes et de M. Hérault, sans que M. le garde des sceaux en sache encore le moindre mot. » Le 1er juin, Voltaire n'était pas encore rassuré. Il manda à Thieriot : « On a commencé, sans ma participation, deux éditions de *Charles XII*, en Angleterre et en France. Ne pourriez-vous point savoir de M. de Chauvelin quel sera, en cette occasion, l'esprit des ministres de la librairie? » L'année suivante, il disait à Cideville : « M. de Rouillé ferme les yeux sur l'entrée et le débit de la *Henriade*, mais il ne peut, à ce qu'il dit, en permettre juridiquement l'entrée. »

Tous les ouvrages de Voltaire étant prohibés ou seulement tolérés, étaient donc de contrebande, comme en convenait Voltaire, dans cette lettre, du 21 mai 1740, au marquis d'Argenson : « Je vous avoue que je ne regrette qu'une chose : c'est que mes ouvrages ne soient imprimés que chez les étrangers. Je suis fâché d'être de contrebande dans ma patrie. » Toute sa vie, la plupart de ses ouvrages eurent le même sort. De là la nécessité où était Voltaire de les désavouer continuellement, comme il l'avouait, le 19 septembre 1764, à

Dalembert, à propos du *Dictionnaire philosophique* :
« Dès qu'il y aura quelque danger, je vous demande en grâce de m'avertir, afin que je désavoue l'ouvrage dans tous les papiers publics avec ma candeur et mon innocence ordinaires. » Ces désaveux sauvaient Voltaire, mais attiraient la foudre sur ses éditeurs.

Les ouvrages de Voltaire étaient-ils imprimés à l'étranger, ils couraient le danger d'être saisis dans les bureaux de la douane. Aussi Voltaire écrivait-il, le 13 décembre 1763, à Damilaville : « Les Cramer ont ont été obligés de faire prendre à leur ballot un détour de cent lieues. » Le même jour, il mandait à Dalembert : « Les pauvres philosophes sont obligés de faire mille tours de passe-passe pour faire parvenir à leurs frères leurs épîtres canoniques. » Aussi avouait-il à Marmontel, le 20 octobre 1771, qu'il n'était entré à Paris aucun exemplaire des volumes de *Questions sur l'Encyclopédie* qui avaient été imprimés jusqu'alors à Genève, à Neuchâtel, dans Avignon, dans Amsterdam, et dont toute l'Europe était remplie. Voltaire était des premiers souvent à solliciter l'interdiction de ses ouvrages.

Était-ce en France qu'on les publiait, le danger n'était pas moins grand. Aucun libraire n'osait y mettre son adresse et il n'y avait par conséquent aucun moyen de les annoncer ni de les débiter promptement. Pendant près de quarante ans, *la Henriade* porta une rubrique étrangère, de même que presque toutes les productions de l'auteur. Quant à ses *OEuvres complètes*, parmi les éditions mentionnées par M. Beuchot, on n'en voit qu'une qui soit datée de Lyon, et une autre de Paris avec indication de la demeure de Lambert. Cette précaution d'afficher une rubrique étrangère ne mettait pas l'éditeur à l'abri des rigueurs de la loi ; car chaque exemplaire qu'il vendait pouvait le déceler ; chaque acheteur n'était pour lui qu'un délateur. Sans cesse il avait à craindre d'être envoyé à la Bastille, destitué de sa maîtrise et condamné à de fortes peines. Voltaire lui-même s'est permis de dénoncer à la police des éditions de ses propres ouvrages, et de demander des châtiments exemplaires contre les libraires et les colporteurs de ces éditions, comme le prouvent les révélations de M. Léouzon-Leduc.

Un libraire ne pouvait ni ne devait étaler ni annoncer des ouvrages de Voltaire sans se commettre. Il n'avait d'autre moyen de les débiter que de les confier à des colporteurs. Il n'était pas sûr que ces colporteurs ne le trahiraient pas, puisqu'ils étaient intéressés à le dénoncer, s'ils étaient arrêtés et surpris en contravention. Il est arrivé à plusieurs de l'être, sur la réquisition de Voltaire lui-même. Un nommé Grasset s'étant permis d'éditer et de vendre des exemplaires de *la Pucelle*, Voltaire, comme il s'en vante dans beaucoup de lettres, et notamment, dans celle du 30 juillet 1755, à d'Argental, le fit emprisonner, puis chasser de Genève, et, le 30 août, il pressa Berryer, lieutenant de police, de le poursuivre à Marseille.

Cette crainte perpétuelle où était un libraire d'être dénoncé et un colporteur d'être arrêté, explique pourquoi les ouvrages de Voltaire sévèrement défendus en France, en Italie, à Vienne, en Portugal, en Espagne ne se répandaient qu'avec lenteur, comme le remarque Condorcet. Ils ne pouvaient pas être tirés à un grand nombre d'exemplaires, à cause de la difficulté de les faire parvenir à ceux qui les recherchaient et les demandaient, soit en France, soit à l'étranger. Aussi Voltaire n'était-il connu que de nom en Italie, grâce à l'*Index*. Lorsque les Français s'emparèrent de Rome, ils n'y trouvèrent qu'un seul exemplaire des *OEuvres de Voltaire*. Dans ses *Lettres*, tome II, p. 467, Galiani affirme qu'il n'y avait pas un seul exemplaire des *OEuvres complètes* de Voltaire à Naples où la vente de ses ouvrages exposait à trois ans de galère, comme le remarque Colletta, tome I, p. 218, de son *Histoire du royaume de Naples*. En Autriche, Marie-Thérèse avait donné les ordres les plus sévères pour qu'on n'y introduisît aucun livre dangereux par les frontières ; on visitait toutes les malles des voyageurs, même à l'entrée de Vienne ; on n'y tolérait pas même Young ni Molière (1). Dans les pays où la presse était moins gênée, les ouvrages philosophiques furent loin d'avoir une grande vogue. Ainsi en Angleterre, Collins, Tolland, Tindal, Chubb, Morgan et toute la race des esprits forts n'eurent qu'un succès éphémère, comme l'a remarqué Edmond Burcke, dans ses *Réflexions sur la Révolution de France*. M. de Rémusat a constaté dans ses articles sur Bolingbrocke, publiés dans la *Revue des Deux Mondes*, que l'éditeur des *OEuvres de Bolingbrocke* passa vingt ans avant de rentrer dans ses frais. Voltaire lui-même a fait observer que la première édition des *œuvres* de Locke fut vingt ans à se débiter. Aussi Gibbon crut-il

---

(1) *Journal de Guibert*, t. I, p. 248 et 276. — *Voyage de Riesbeck*, t. I, p. 199.

qu'il était prudent de ne tirer qu'à 500 exemplaires la première édition de son *Histoire de la décadence et de la chute de l'empire romain*. Il s'aperçut que ses compatriotes aimaient encore plus le christianisme qu'il ne l'avait imaginé ; que le continent se souciait peu de ses hardiesses, et que ses traducteurs ne gagnèrent pas à les populariser (1). Dans sa lettre, du 22 septembre 1765, à Georges Montagu, Horace Walpole ne pouvait pas s'expliquer l'engouement des Parisiens pour Hume. N'était-ce pas avouer que Hume n'avait pas fait fortune à Londres ? Or, si tous ces philosophes anglais avaient si peu de lecteurs dans leur patrie, il est permis d'avancer que Voltaire, malgré tout le bien qu'il avait dit de l'Angleterre, n'y comptait pas un grand nombre de partisans. Le sort de son in-4° de *la Henriade* en est une preuve assez forte. Aussi lit-on, tome II, p. 205, des *Mémoires* de Brissot : « A Londres, on estime peu les écrivains français, et on les lit encore moins. Je doute que Voltaire, Rousseau ou Raynal y ait jamais plus de cent lecteurs ; je parle de l'original français. »

Tout semble prouver que les libraires ne pouvaient ni ne devaient tirer les ouvrages de Voltaire à un grand nombre d'exemplaires. Ils les publiaient à leurs risques et périls. Voltaire ne pouvait pas exiger d'eux un grand bénéfice. Il devait même se trouver content d'avoir des éditeurs qui courussent le danger d'être ruinés pour répandre des écrits qu'il désavouait publiquement.

Sa correspondance nous autorise à nous en tenir à ces conclusions. Toutes les éditions de ses ouvrages qui

---

(1) *Mémoires de Gibbon*, t. I, p. 216 et 227, et t. II, p. 279.

ont été faites sous ses auspices, n'ont pas été tirées à un grand nombre d'exemplaires, quoique le sujet de ces ouvrages pût faire espérer un grand succès. D'après sa lettre, du 20 décembre 1723, à Mme de Bernières, *la Ligue* ne fut tirée qu'à deux mille. Le 29 mai 1733, il chargea Cideville de recommander à Jore de tirer *Charles XII* à sept cent cinquante. En 1732, il pria le même Cideville de défendre à Jore de tirer un seul exemplaire de *Zaïre* par delà les deux mille cinq cents prescrits. Le 21 avril 1733, c'est encore à Cideville qu'il écrit pour savoir si Jore voudrait imprimer à deux mille cinq cents les *Lettres anglaises*, qui avaient été tirées à Londres à trois mille seulement, quoiqu'elles y fussent publiées en anglais. Le 28 décembre 1751, il apprenait à Walther que le *Siècle de Louis XIV* avait été tiré à trois mille. Le 27 décembre 1766, il suppliait très instamment Lacombe de ne pas tirer plus de sept cent cinquante des *Scythes*. Lorsqu'il publia son *Commentaire sur Corneille*, sous le patronage de toutes les têtes couronnées, il annonça, dans un *prospectus*, qu'il en serait tiré deux mille cinq cents exemplaires. Il était alors à l'apogée de sa gloire ; c'était l'ouvrage qu'il prenait le plus à cœur, et il s'agissait de tirer de la misère une demoiselle Corneille ; néanmoins la liste des souscripteurs n'atteignit pas le nombre de deux mille.

Il est vrai qu'il fallait acheter douze volumes. Que devait-ce donc être lorsqu'il était question d'acquérir les *Œuvres complètes de Voltaire*, ou bien des brochures qu'il désavouait et où il se répétait sans cesse ? Il ne se lassait pas d'écrire, mais ses amis se lassaient de le lire, et ne voyaient plus que du rabâchage dans ces pamphlets qui sortaient de la *manufacture de Ferney*, pour me servir d'une expression de Grimm. C'est pourquoi tout ce qu'il a produit n'a point été universellement accueilli, cru, préconisé, a dit Luchet. *Irène* ne fut tirée qu'à quelques exemplaires ; *Saül* n'en eut probablement pas plus de cent ; on n'en connut que six d'*Olympie* et quatre des *Guèbres* à Paris ; Grimm pensait qu'une édition du *Dictionnaire philosophique portatif* se réduisait à vingt ou vingt-cinq. Il est certain que plusieurs éditions des *OEuvres complètes de Voltaire* ne sont que des collections d'éditions d'ouvrages publiés séparément. Il est aussi certain que beaucoup de ces éditions partielles ont été rajeunies au moyen d'un nouveau titre et d'un autre millésime, ou d'un changement de rubrique.

Du reste, voici ce que Voltaire lui-même pensait du nombre des lecteurs : « Vous savez, écrivait-il un jour à un de ses amis, ce que j'entends par le public. Ce n'est pas l'univers, comme nous autres barbouilleurs de papier l'avons dit quelquefois. Le public, en fait de livres, est composé de quarante ou cinquante personnes si le livre est sérieux, de quatre à cinq cents lorsqu'il est plaisant, et d'environ onze à douze cents s'il s'agit d'une pièce de théâtre. » Aussi Voltaire ne paraît-il pas s'être écarté beaucoup de cette règle.

Reste à savoir si la bibliographie viendra corroborer nos raisonnements. Dans ses *Recherches sur les ouvrages de Voltaire*, publiées en 1817, Peignot avance que, parmi les éditions des *OEuvres de Voltaire*, celle de Genève, 1768, en 45 vol. in-4°, a été tirée à 4,500 exemplaires ; celle de Genève, 1775, 40 vol. in-8°, à

6,000 ; celle de Kehl, 1784, 70 vol. in-8°, à 28,000 ; celle de Kehl, 1785, 90 vol. in-8°, à 15,000 ; celle de Bâle, 1784, 71 vol. in-8°, à 6,000 ; celle de Gotha, 1784, 70 vol. in-8°, à 6,000 ; celle de Paris, dirigée par Palissot, 1792, 55 vol. in-8°, à 500 seulement. Il est difficile de donner un démenti à Peignot, puisqu'il n'indique pas les sources où il a puisé ces détails ; mais ils ne seront jamais adoptés par tout homme qui a eu des relations avec les libraires et les imprimeurs, et qui est au courant de la vérité sur les tirages d'ouvrages aussi volumineux que ceux de Voltaire. Le sens commun et l'histoire suffisent pour rogner quelques zéros à l'addition de Peignot qui a dû être la dupe, soit des prospectus, soit des réclames de la presse dont on abusait alors, comme on le fait aujourd'hui. Ce qu'il y a de certain, c'est que rarement les éditeurs dépassent le tirage de deux mille pour les ouvrages volumineux. La maison Hachette s'est fait une loi de ce nombre pour sa collection des *Grands Écrivains*. La librairie des Garnier frères vient de terminer une édition des *OEuvres complètes* de Voltaire ; le tirage est de deux mille.

Nous savons que Voltaire eut toute sa vie d'immenses sommes à sa disposition, et que personne ne sut mieux les utiliser que lui. Il était de son intérêt d'éditer lui-même ses ouvrages, s'il en trouvait facilement le débit. Or, comme il a renoncé de bonne heure à ce commerce, il faut en conclure qu'il ne lui fut pas avantageux.

Ses éditeurs se sont-ils beaucoup enrichis ? On peut affirmer sans témérité le contraire. Car, tout le temps que Voltaire a vécu, ses ennemis lui ont sans cesse reproché de duper et de ruiner ses libraires, et ceux-ci, à leur tour, ont confirmé ces plaintes dans les journaux. Il n'était pas vraisemblable qu'ils cherchassent à flétrir un auteur qui, par ses ouvrages, leur aurait fait gagner de gros bénéfices. Tout portait à croire que la première édition des *OEuvres de Voltaire* qui serait commencée aussitôt après sa mort serait rapidement épuisée. Or, Beaumarchais se chargea de cette entreprise ; il y perdit près d'un million. Depuis l'édition de Beaumarchais, c'est celle de M. Beuchot qui a été la plus prônée. Je tiens de M. Beuchot qu'elle ne fut tirée qu'à 2,000 exemplaires, dont il restait encore plus de cent cinquante en magasin, quand il mourut, en 1851, dix-sept ans après la date de la publication qui remontait à 1834 ; il y a eu un fonds de soixante exemplaires de la *Table des matières* qui n'avait été imprimée qu'à cinq cents. Qu'on juge par là du sort des éditions de Voltaire à une époque où il était plus difficile de les placer !

Il est certain que Voltaire a édité lui-même plusieurs de ses ouvrages, et qu'il avoue avoir réussi dans ses spéculations. Il est aussi certain qu'il a exigé soit de l'argent, soit des livres, des libraires auxquels il permettait d'imprimer ses ouvrages. Il n'est pas moins certain qu'il a autorisé, soit des comédiens, soit ses secrétaires, soit ses courtiers, soit ses amis à retirer ce qu'ils pourraient de la vente de ses manuscrits, et que, dans ce cas, rétribuer Voltaire ou ses ayants cause, pour des libraires c'était toujours donner.

Ceci posé, il faut conclure que, quand Voltaire n'exigeait aucune rétribution de ses libraires, c'est qu'il ne pouvait pas en espérer d'eux, puisqu'ils ne devaient jamais compter sur le succès de ses ouvrages.

La conduite de tous ses libraires ne fait pas honneur à ce siècle ; mais aussi que de reproches ne mérite pas Voltaire !

Terminons cet article par les démêlés de Voltaire avec le libraire Jore.

Ouvrons la correspondance de Voltaire. Qu'y trouvons-nous ? Dès 1732, il mandait à Cideville qu'il comptait sur Jore pour imprimer les *Lettres anglaises*. Le 12 avril 1733, il lui écrit : « A l'égard des *Lettres anglaises*, je vous prie de me mander si Jore y travaille. On a fait marché, à Londres, avec ce pauvre Thieriot, à condition que les *Lettres* ne paraîtraient pas en France pendant la première chaleur du débit à Londres et à Amsterdam. Il a même été obligé de donner caution. Ainsi, quelle honte pour lui et pour moi si le malheur voulait qu'on en pût voir une feuille en ce pays-ci avant le temps ! » Quelques jours après, nouvelles instances : « Si Jore croit que le retardement de l'impression lui porterait préjudice, qu'il imprime donc ; mais qu'il songe que, s'il en paraissait un seul exemplaire avant l'édition de Londres, Thieriot, à qui je veux faire plaisir, n'aurait que des sujets de se plaindre, et le bienfait deviendrait une injure. La honte m'en demeurerait tout entière et je ne m'en consolerais jamais. » Le 21 du même mois, il stipule qu'on tirera les *Lettres anglaises* à deux mille cinq cents exemplaires. Le même mois, c'est à Formont qu'il dit : « Jore m'a promis une fidélité à toute épreuve. Je ne sais pas encore s'il n'a pas fait quelque petite brèche à sa vertu. On le soupçonne fort, à Paris, d'avoir débité quelques exemplaires. Il a eu sur cela une petite conversation avec M. Hérault, et, par un miracle plus grand que tous ceux de saint Pâris et des apôtres, il n'est point à la Bastille. *Il faut bien pourtant qu'il s'attende à y être un jour.* Il me paraît qu'il a une vocation déterminée pour ce beau séjour. Je tâcherai de n'avoir pas l'honneur de l'y accompagner. »

Voltaire alors devient prudent. Le 21 mai, il écrit à Cideville : « Si vous voyez Jore, ayez la bonté, je vous prie, de lui dire de m'envoyer les épreuves par la poste ; il n'a qu'à les adresser à M. Dubreuil, sans mettre mon nom et sans écrire. » Le 29 du même mois, nouvelles précautions : « Je vous demande en grâce que toutes les feuilles des *Lettres* soient remises en dépôt chez vous ou chez Formont, et qu'aucun exemplaire ne paraisse dans le public que quand je croirai le temps favorable. Il faudra que Jore m'en fasse d'abord tenir cinquante exemplaires. » Le 10 juin, Voltaire insiste : « Recommandez-lui surtout, plus que jamais, le secret le plus impénétrable et la plus vive diligence ; que jamais votre nom ni le mien ne soient prononcés, en quelque cas que ce puisse être, que toutes les feuilles soient portées ou chez vous ou chez l'ami Formont ; que l'on vous remette exactement les copies ; que l'on ne garde chez lui aucun billet de moi, aucun mot de mon écriture. S'il manque à un seul de ces points essentiels, il courra un très grand risque. Je vous supplie aussi de tirer de lui ce billet : « J'ai reçu « de M. Sanderson le jeune deux mille cinq cents exem- « plaires des *Lettres anglaises* de M. de Voltaire à « M. T., lesquels exemplaires je promets ne débiter « que quand j'aurai permission ; promettant donner

« d'abord au sieur Sanderson cent de ces exemplaires,
« et de partager ensuite avec lui le profit de la vente du
« reste, lui tenant compte de deux mille quatre cents
« exemplaires ; et promets compter avec celui qui me
« représentera ledit billet, le tenant suffisamment auto-
« risé du sieur Sanderson. » Le 19, il est plus explicite :
« Je ne change rien du tout à mes dispositions avec
Jore, et j'insiste plus que jamais pour avoir les cent
exemplaires dont il faut que je donne cinquante, qui
seront répandus à propos. Je lui répète encore qu'il
faut qu'il ne fasse rien sans un consentement précis de
ma part ; que, s'il précipite la vente, lui et toute sa
famille seront indubitablement à la Bastille ; que s'il ne
garde pas le secret le plus profond, il est perdu sans
ressources. Encore une fois, il faut supprimer tous les
vestiges de cette affaire. Il faut que mon nom ne soit
jamais prononcé, et que tous les livres soient en sé-
questre jusqu'au moment où je dirai : Partez ! Je vous
supplie même de vous servir de la supériorité que vous
avez sur lui pour l'engager à m'écrire cette lettre sans
date : « Monsieur, j'ai reçu la vôtre, par laquelle vous
« me priez de ne point imprimer et d'empêcher qu'on
« imprime à Rouen les *Lettres* qui courent à Londres
« sous votre nom. Je vous promets de faire sur cela ce
« que vous désirez. Il y a longtemps que j'ai pris la
« résolution de ne rien imprimer sans permission, et je
« ne voudrais pas commencer à manquer à mon de-
« voir pour vous désobliger. » Vous jugez bien qu'il
faut, outre cette lettre, le billet au sieur de Sanderson,
lequel je remettrai dans les mains d'un Anglais, pour le
représenter, en cas que Jore pût être accusé d'avoir reçu

ces *Lettres* de moi ou de quelqu'un de mes amis. »

Voltaire va nous apprendre pourquoi il prenait toutes ces mesures. Le 3 juillet, il mande à Cideville : « Je renvoie à Jore la dernière épreuve, avec une petite addition. Je vous supplie de lui dire d'envoyer sur-le-champ au messager, à l'adresse de Demoulin, deux exemplaires complets, afin que je puisse faire l'*errata*, et marquer les endroits qui exigeront des cartons. Je prévois qu'il y en aura beaucoup. En voyant le péril approcher, je commence un peu à trembler ; je commence à croire trop hardi ce qu'on ne trouvera à Londres que simple et ordinaire. J'ai écrit déjà à Thieriot, à Londres, d'en suspendre la publication jusqu'à nouvel ordre. » En effet, le 24 juillet, il engagea Thieriot à retarder la publication de l'édition anglaise. Celle de Jore étant achevée, le 26 juillet, il disait à Formont : « Je vous prie, ou vous, ou votre ami Cideville, de serrer sous vingt clefs ce magasin de scandale que Jore vient d'imprimer, et qu'il n'en soit pas fait mention jusqu'à ce qu'on puisse scandaliser les gens impunément. »

Cependant voici que Voltaire écrit, le 24 avril 1734, à Cideville : « Ces maudites *Lettres anglaises* se débitent enfin sans qu'on m'ait consulté, sans qu'on m'en ait donné le moindre avis. On a l'insolence de mettre mon nom à la tête. Je ne peux pas soupçonner Jore de m'avoir joué ce tour, parce que, sur le moindre soupçon, il serait mis sûrement à la Bastille pour le reste de sa vie ; mais je vous supplie de me mander ce que vous en savez. » Le 8 mai, il est plus explicite : « Votre protégé Jore m'a perdu. Il n'y avait pas encore un mois qu'il m'avait juré que rien ne paraîtrait, qu'il ne ferait jamais rien que de mon consentement ; je lui avais prêté 1,500 francs dans cette espérance ; cependant, à peine suis-je à quatre-vingts lieues de Paris, que j'apprends qu'on débite publiquement une édition de cet ouvrage, avec mon nom à la tête. J'écris à Paris, je fais chercher mon homme, point de nouvelles. Enfin, il vient chez moi et parle à Demoulin, mais d'une façon à se faire croire coupable. Dans cet intervalle, on me mande que, si je ne veux pas être perdu, il faut remettre sur-le-champ l'édition à M. Rouillé. Que faire dans cette circonstance ? Irai-je être le délateur de quelqu'un ? et puis-je remettre un dépôt que je n'ai pas ? Je prends le parti d'écrire à Jore, le 2 mai, que je ne veux être ni son délateur, ni son complice ; que s'il veut se sauver et moi aussi, il faut qu'il remette entre les mains de Demoulin ce qu'il pourra trouver d'exemplaires, et apaiser au plus vite le garde des sceaux par ce sacrifice. Cependant il part une lettre de cachet, le 4 mai ; je suis obligé de me cacher et de fuir. Vous pouvez engager la femme de Jore à sacrifier cinq cents exemplaires, ils ont assez gagné sur le reste, supposé que ce soient eux qui aient vendu l'édition. » Le même mois, il dit : « J'ai découvert enfin, à n'en pouvoir douter, que ce misérable a tout fait, et qu'il m'a trahi cruellement. Il en vend deux mille cinq à 6, à 8, à 10 livres pièce ; et moi je suis proscrit. Lettre de cachet, dénonciation au parlement, requête des curés, la crainte d'un jugement rigoureux : voilà tout ce qu'il m'attire. Au nom de Dieu, parlez à ces gens-là, quand vous les verrez ; dites-leur qu'ils avertissent leur fils de faire ce que je lui marquerai dans un billet, sans quoi il sera perdu. Surtout qu'on vous remette jusqu'au moindre chiffon d'écriture qu'on peut avoir de moi. » Le 5 juin, voici un incident qui décharge Jore. C'est à Formont que Voltaire envoie ces lignes : « J'apprends qu'un nommé René Josse faisait encore une édition de ce livre, laquelle a été découverte. Ce René Josse a été dénoncé à Demoulin par François Josse son parent. Ce François Josse a bien l'air d'avoir fait lui-même, de concert avec son cousin René, l'édition qui a fait tant de vacarme. Il y a grande apparence que ce François Josse, qui a eu entre les mains un des trois exemplaires que j'avais, et qui me l'a fait relier, il y a deux mois et demi, en aura abusé, l'aura fait copier, et l'aura imprimé avec René ; que, depuis, la jalousie qu'il aura eue de la deuxième édition de René, l'aura porté à le dénoncer. Voilà ce que je conjecture ; voilà ce que je vous prie de peser avec M. de Cideville. Vous pouvez, après cela, avoir la bonté d'en parler à Jore. S'il n'est pas coupable, il doit être charmé d'avoir cette ouverture pour se justifier. Mais, coupable ou non, il doit m'écrire ou me faire instruire des démarches qu'il a faites ; et, s'il ne le fait pas, *je suis dans la ferme résolution de le dénoncer au garde des sceaux, et je le perdrai assurément.* » C'est ce qui arriva.

Nous avons vu quel fut le sort de Jore et celui de René Josse et de Duval, le 23 octobre 1734. Voltaire ne l'apprit pas sans peine. C'est ce qu'atteste cet aveu qu'il faisait, le 12 avril 1735, à Cideville : « Savez-vous bien que tout ce grand bruit, excité par les *Lettres philosophiques*, n'a été qu'un malentendu ? Si ce malheureux Jore m'avait écrit dans les commencements, il n'y aurait eu ni lettre de cachet, ni brûlure, ni perte de maîtrise pour Jore. Le garde des sceaux a cru que je le trompais, et il le croit encore. Je sais que Jore est à Paris, mais je ne sais où le trouver. Il faudrait engager sa famille à lui mander de me venir trouver ; peut-être qu'un quart d'heure de conversation avec lui pourrait servir à éclairer M. le garde des sceaux, me raccommoder entièrement avec lui, et rendre à Jore sa maîtrise, en finissant un malentendu qui seul a été cause de tout le mal. »

Cité devant M. Hérault, lieutenant général de police, Voltaire jura qu'il n'avait eu aucune part à l'édition de ses *Lettres philosophiques*. Il lui était facile de le soutenir. Au moment où il présidait aux trois éditions faites à Londres, à Amsterdam et à Rouen, il avait pris toutes ses précautions pour qu'on ne pût déterrer aucune trace de son écriture, aucun papier qui dût le déceler. Il avait prévu que Jore serait mis à la Bastille dès qu'on aurait tout découvert. Pour lui, il n'avait à craindre qu'une lettre de cachet ; il avait trop d'amis pour ne pas espérer se tirer d'affaire. C'était donc à Jore à se tenir sur ses gardes, puisqu'il était intéressé à ne pas trahir Voltaire. En laissant circuler des livres imprimés sans autorisation, il s'exposait à être plongé dans les cachots et à perdre sa maîtrise. Le danger dans lequel, par son indiscrétion, il eût précipité Voltaire, le réduisait à être abandonné, et même à être dénoncé par lui. Comme le peu de profit qu'il aurait retiré d'une vente clandestine ne saurait être comparé à l'avantage qu'il trouvait à s'en référer aux prescriptions de Voltaire, il était à présumer que Jore n'avait pas eu la folie de sacrifier sa fortune et son honneur au faible gain d'un commerce illicite, et que l'imprudence avait été commise par Voltaire, qui avait eu le tort de composer un ouvrage dangereux, et qui ne l'avait livré à l'impression que pour le répandre dans le public.

Toutes les présomptions viennent justifier Jore. L'histoire aussi milite en sa faveur. C'est ce que nous allons démontrer, grâce aux documents que nous fournissent les *Études sur la Russie*, par M. Léouzon-Lèduc, auquel nous renvoyons les lecteurs avides d'éclairer leur religion sur tout ce qui a trait à Voltaire.

Il était naturel que Jore intentât un procès à Voltaire, qui avait causé son emprisonnement et sa ruine. C'était un devoir pour lui de prouver que, s'il avait commis une grave imprudence en imprimant un ouvrage sans autorisation, il avait refusé d'en livrer les exemplaires jusqu'à ce qu'on lui eût représenté l'autorisation qui lui avait été promise le jour où il s'était hasardé à en commencer l'impression ; et que, s'il s'en était répandu des exemplaires, il fallait s'en prendre à l'auteur, qui en avait reçu deux ; et que, par conséquent, il était fondé à demander des dommages et intérêts à Voltaire, dont la mauvaise foi ou l'indiscrétion avait eu des suites si déplorables.

Jore confia sa cause à un avocat nommé Bayle, et il se disposa à publier un *Mémoire* où il exposait tous ses griefs contre Voltaire. En attendant, il se hâta de prendre ses sûretés, et fit saisir les rentes de Voltaire.

Voltaire porta plainte. Il écrivit au lieutenant de police pour obtenir mainlevée des saisies faites sur ses rentes. Il le pressa de pincer Jore, et de lui défendre de publier son *Mémoire*. Il alla même jusqu'à le prier d'engager, et au besoin de forcer Bayle de refuser de plaider la cause de Jore. Il allégua dans ses lettres que les lois, les bonnes mœurs, l'autorité, tous les honnêtes gens étaient intéressés au châtiment de Jore.

Le lieutenant de police ne goûta pas ces raisons. Il comprit qu'il n'était pas facile de prouver que Jore était un fripon et un scélérat. Il offrit sa médiation. Il était sans doute persuadé que le rôle de Voltaire dans cette affaire n'était pas sublime. Il engagea Voltaire à donner 1,000 livres à Jore pour assoupir tout de suite le procès. Voltaire répondit qu'il n'était pas en état de verser une somme aussi forte, et que transiger avec Jore ce serait se déshonorer. Peut-être espérait-il que le lieutenant de police débouterait Jore, sans lui accorder de dommages et intérêts.

Sur ces entrefaites parut le *Mémoire* de Jore. Ce n'est pas un monument d'éloquence, mais il est écrit avec tant de modération, de naïveté, et appuyé de faits si récents, qu'il semble réunir tous les caractères de la vérité. Nous allons le reproduire, parce qu'il jette un grand jour sur toute la vie de Voltaire, en même temps qu'il illumine la question qui nous occupe. Jore s'exprime ainsi :

« J'ai payé bien chèrement la confiance aveugle que j'ai eue pour le sieur de Voltaire. Ébloui par ses talents, je me suis livré à lui sans réserve. J'y ai perdu ma fortune, ma liberté, mon état. Dans ma triste situation, je me suis adressé à lui et l'ai prié de me payer 1,400 fr. 5 s. qu'il me doit. Toutes sortes de motifs devaient l'engager à ne pas balancer sur une demande aussi juste.

l'équité, la commisération même pour un homme dont il a causé la ruine. Quelle est la réponse que j'en ai reçue? Des injures et des menaces. Le sieur de Voltaire s'est néanmoins radouci : il a fait l'effort de m'offrir par degrés jusqu'à 100 pistoles. Dans tout autre temps, je n'aurais pas hésité d'accepter son offre, je l'aurais certainement préférée à la douloureuse extrémité de traduire en justice un homme dont j'ai été moi-même l'admirateur, et qui m'avait séduit par le brillant de son imagination ; mais les pertes que j'ai essuyées me mettent dans l'impossibilité d'en supporter de nouvelles ; ainsi, après avoir tenté toutes les voies de la politesse, après m'être adressé à des personnes respectables pour essayer de faire sentir au sieur de Voltaire l'injustice et la bassesse de son procédé, je me suis vu dans la dure nécessité de le citer devant les juges.

« Pour défense il m'oppose par écrit une fin de non-recevoir, et emploie sa voix à publier dans le monde qu'il m'a payé.

« C'est à cette alternative que je dois répondre. En même temps que j'attaque le sieur de Voltaire pour le payement d'une somme qu'il me doit, j'ai à me défendre de la lâcheté qu'il m'impute de lui demander un payement que j'ai reçu. Ma justification n'est pas ce qui m'inquiète. Un compte exact des faits qui se sont passés entre le sieur de Voltaire et moi effacera bientôt toute idée de payement. Si le contre-coup en est cruel pour le sieur de Voltaire, si le récit que je vais en faire contient même des faits humiliants pour lui, qu'il se reproche de m'y avoir réduit, pour me laver d'une bassesse. La conduite que j'ai toujours tenue avec lui fera bien voir que jamais je ne me serais porté de moi-même à cette extrémité. A l'égard de la fin de non-recevoir qui m'est opposée, il ne me sera pas difficile de prouver qu'elle n'a pas plus de réalité que le payement.

« Le sieur de Voltaire me manda de le venir trouver pour une affaire importante qu'il voulait me communiquer. Je partis sur-le-champ et me rendis à ses ordres chez la dame de Fontaine-Martel, où il avait établi son domicile ; car, quoique ce riche partisan de la république des lettres jouisse de 28,000 livres de rente, cependant il n'a jamais cru qu'un grand poète comme lui dût se loger et vivre à ses dépens.

« La grande affaire dont il s'agissait était l'impression de vingt-cinq lettres qui, pour mon malheur, ne sont que trop connues, et pour lesquelles le sieur de Voltaire m'assura avoir une permission verbale. En même temps, pour solde d'un vieux compte de 700 livres, il me donna en payement qnelques exemplaires de *la Henriade*, qu'il se disposait secrètement à faire réimprimer avec des additions et un reste des éditions de son *Charles XII*, dont le lendemain il vendit un manuscrit plus ample au sieur François Josse, libraire de Paris.

« J'avoue que les différents traits dont j'avais été témoin auraient dû me dessiller les yeux sur le sieur de Voltaire. Mais ils n'étaient ouverts que sur le mérite de l'auteur ; et sachant qu'effectivement il avait souvent obtenu par son crédit des permissions et des tolérances, je me fiai à sa parole, et j'eus la facilité d'accepter le manuscrit pour l'exécuter. Le sieur de Voltaire, de son côté, s'engagea à payer l'impression et le papier, et à faire tous les frais de l'édition. Il exigea en même temps que les épreuves des premières feuilles lui fussent envoyées par la poste. Elles l'ont été, en effet, à son nouveau domicile, chez le sieur Demoulin, marchand de blés et son associé dans ce commerce, où il avait été loger depuis la mort de Mme de Fontaine-Martel.

« L'édition ayant été achevée en assez peu de temps, le sieur de Voltaire, dont l'ouvrage commençait à faire du bruit, me fit avertir de le mettre à l'écart et en sûreté entre les mains d'un de ses amis, qui devait m'en payer le prix. Je connus alors le tort que j'avais eu de me fier à la parole du sieur de Voltaire sur la permission d'imprimer ce livre. Cependant, quoique l'édition fût considérable, puisqu'elle avait été tirée à 2,500 exemplaires, je pris le parti de ne point m'en dessaisir, à moins qu'on ne m'envoyât un certificat de la permission. J'en fis même changer le dépôt. Je me rendis en même temps à Paris chez le sieur de Voltaire et lui fis part de ma résolution. De son côté, il convint de faire quelques changements à l'ouvrage. Pour y travailler et en conférer, il me demanda des exemplaires que je ne fis aucune difficulté de lui donner.

« Ce fut alors que l'imagination vive et féconde du sieur de Voltaire lui fit enfanter un projet admirable pour le tirer d'affaire. J'étais en procès avec le sieur Ferrand, imprimeur de Rouen, qui avait contrefait un livre dont j'avais le privilège. Le sieur de Voltaire me conseilla de lui faire donner sous main son ouvrage en manuscrit. Il ne manquera pas, ajouta-t-il, de tomber dans le piège et de l'imprimer. L'édition sera saisie à propos. Les supérieurs, instruits que je n'aurai eu aucune part à l'impression, jugeront que ce manuscrit m'aura été volé, et que par conséquent je ne puis être responsable des autres éditions qui en pourront paraître. Par ce moyen, j'aurai la liberté de publier la mienne sans obstacle, et nous serons l'un et l'autre à l'abri.

« Le sieur de Voltaire s'applaudit beaucoup de cette invention qui lui paraissait merveilleuse, et fut surpris de voir que je l'écoutais froidement. Je m'excusai sur la pesanteur de mon esprit, qui m'empêchait de goûter cet expédient. Ma simplicité lui fit pitié; elle m'attira même une riche profusion d'épithètes, malgré lesquelles je persistai dans mon refus.

« J'ai dit que j'avais remis au sieur de Voltaire deux exemplaires pour revoir les endroits qui avaient besoin d'être retouchés. Quel est l'usage qu'il en fit? C'est ce qu'il faut voir dans une lettre qu'il m'a écrite, et qui est imprimée à la suite de ce Mémoire. Il en confia l'un, dit-il, pour le faire relier. A qui? A un libraire qui le fit copier à la hâte et imprimer.

« Voltaire eut-il quelque part à cette édition? Quand il pourrait s'en défendre, quand il n'irait pas plus loin que l'aveu qu'il fait dans sa lettre, quels reproches n'aurais-je pas à lui faire sur son infidélité et sur l'abus qu'il a fait de ma confiance? Mais n'ai-je à lui reprocher que cette infidélité? Est-il vraisemblable que, pour relier un livre, Voltaire se soit adressé non à son relieur, mais à un libraire; qu'il ait livré un ouvrage qui pouvait causer ma ruine; qu'il devait regarder comme un dépôt sacré, et dont il craignait la contrefaçon; qu'il l'ait livré à un libraire, et à un libraire non seule-

-ment qui par sa profession même lui devenait suspect, mais qu'il connaissait si mal? D'ailleurs, par qui ce libraire a-t-il pu être informé que l'exemplaire qui lui était remis par le sieur de Voltaire sortait de mon imprimerie? Qui a pu en instruire une personne qui, avant que l'édition de ce libraire parût, vint me prier de lui fournir cent exemplaires du livre et m'en offrit 100 louis d'or, que j'eus la constance de refuser? A l'instigation de qui les colporteurs chargés de débiter dans Paris l'édition de ce libraire annonçaient-ils au public que j'en étais l'auteur? C'est un fait que j'ai éprouvé moi-même. A qui attribuer cette édition étrangère qui parut en 1734, précisément dans l'époque de mes malheurs? édition que Voltaire a augmentée d'une vingt-sixième lettre dans laquelle il répond à des faits qui ne sont arrivés qu'en 1733, édition qui se vendait chez ledit imprimeur du sieur Voltaire à Amsterdam, et qui a pour titre : *Lettres, etc., par M. de Voltaire, à Rouen, chez Jore, MDCCXXXIV*. Et pour tout dire, en un mot, qu'est-ce que cette lettre écrite contre moi au ministre? Car enfin, c'est trop balancer sur la perfidie du sieur de Voltaire. L'édition du libraire de Paris se répand dans le public, je suis arrêté et conduit à la Bastille; et quel est l'auteur de ma détention? Sur la dénonciation de qui suis-je arrêté? Sur celle du sieur de Voltaire. Je suis surpris qu'on me présente une lettre de lui dans laquelle il m'accuse faussement d'avoir imprimé l'édition qui paraît, dit-il, malgré son consentement.

« Que peut répondre le sieur de Voltaire à tous ces faits qui me confondent moi-même? N'était-il qu'infidèle? Était-il seulement coupable d'avoir trahi le secret d'un homme qu'il avait séduit par l'assurance d'une permission tacite, et d'avoir publié ce secret à qui avait voulu l'entendre? Étais-je moi-même infidèle à ses yeux? Le sieur de Voltaire crut effectivement que l'édition qui paraissait était la mienne. Pouvait-il le penser lorsque j'avais refusé les 1,000 écus qu'il m'avait fait offrir lui-même pour cette édition, et que j'avais déclaré que je ne consentirais jamais à la laisser répandre sans le certificat de la permission? Était-il même possible que, versé comme il est dans l'imprimerie, il méconnût les différences de ces deux éditions, le papier, les caractères, quelques termes même qu'il avait changés? Ou, au contraire, le sieur de Voltaire avait-il résolu de me sacrifier? Piqué de mes refus, désespérant également d'obtenir une permission et de me faire consentir à laisser paraître son ouvrage sans me la rapporter, ne me demanda-t-il les deux exemplaires que pour en faire une autre édition et pour en rejeter sur moi l'iniquité? J'avoue que c'est un chaos dans lequel je n'ai jamais pu rien comprendre, parce qu'il est des noirceurs dont je ne saurais croire les hommes capables. Ce qui est certain, c'est que deux jours après avoir obtenu ma liberté, le magistrat à qui je la devais me montra une seconde lettre de Voltaire dans laquelle, en m'accusant de nouveau d'avoir fait disparaître mon édition, il ajoutait que j'étais d'autant plus coupable qu'il m'avait mandé de la remettre à M. Rouillé, et m'avait offert de m'en payer le prix. Et ce qui est encore certain, c'est que dans la lettre que l'on mettra sous les yeux des juges à la suite de ce Mémoire, après avoir fait mention de cette autre lettre, par laquelle il me marquait, dit-il, de remettre toute mon édition à M. Rouillé, le sieur de Voltaire reconnaît de bonne foi que j'étais à la Bastille lorsqu'il me l'écrivit, c'est-à-dire qu'il a commencé par m'accuser d'avoir rendu mon édition publique; qu'ensuite, lorsque sur sa fausse dénonciation j'étais à la Bastille, il m'a écrit de remettre à M. Rouillé cette même édition que je n'avais plus, et que par une double contradiction qui dévoile de plus en plus le dessein qu'il avait formé de me perdre, il a voulu encore me charger de n'avoir répandu l'ouvrage dans le public qu'après qu'il m'avait averti de le remettre aux magistrats.

« Cependant je parvins à prouver l'imposture du sieur de Voltaire. Je fis voir que l'édition n'était pas de mon imprimerie et que je n'avais point de caractères semblables, de façon que j'obtins ma liberté au bout de quatorze jours.

« Mais mon bonheur ne fut pas de longue durée. Mon édition fut surprise et saisie, et j'éprouvai bientôt une nouvelle disgrâce plus cruelle que la première. Par arrêt du Conseil du mois de septembre (23 octobre) 1734, j'ai été destitué de ma maîtrise, déclaré incapable d'être jamais imprimeur ni libraire.

« Tel est l'état où m'a réduit la malheureuse confiance que j'avais eue pour le sieur de Voltaire; état d'autant plus triste pour moi que je lui ai été plus fidèle, puisque, indépendamment des 100 louis que j'ai refusés pour cent exemplaires d'une personne dont l'honneur m'était trop connu pour me laisser rien appréhender de sa part, je ne voulus pas écouter la proposition du sieur Châtelain, libraire d'Amsterdam, qui, pour un seul exemplaire, m'offrit 2,000 francs, avec une part dans le profit de l'édition qu'il en comptait faire, et que mon scrupule alla même jusqu'à ne vouloir pas permettre de prendre lecture de l'ouvrage en ma présence à un ami qui avait apparemment appris mon secret par la même voie qui en avait instruit tant d'autres.

« Dans l'abîme où je me suis vu plongé par mon arrêt, sans profession, sans ressource, je me suis adressé à l'auteur de tous mes maux, persuadé que je ne devais mes malheurs qu'au dérèglement de son imagination, et que le cœur n'y avait point de part. J'ai été trouver le sieur de Voltaire, j'ai imploré son crédit auprès de ses amis, je l'ai supplié de l'employer pour me procurer quelque moyen honnête de subsister et de me rendre le pain qu'il m'avait arraché. Il m'a leurré d'abord de vaines promesses. Mais bientôt il s'est lassé de mes importunités, et m'a annoncé que je n'avais rien à espérer de lui. Ce fut alors que, n'ayant plus de grâce à attendre du sieur de Voltaire, si cependant ce que je lui demandais en était une, j'ai cru pouvoir au moins exiger de lui le payement de l'impression de son livre. Pour réponse à la lettre que je lui écrivis à ce sujet, il me fit dire de passer chez lui ; je ne manquai pas de m'y rendre, et, suivant son usage, il me proposa de couper la dette par la moitié. Je lui répliquai ingénument que je consentirais volontiers au partage à condition qu'il serait égal ; que j'avais été prisonnier à la Bastille pendant quatorze jours, qu'il s'y fît mettre sept ; que l'impression de son livre m'avait causé une perte de 22,000 francs, qu'il m'en payât 11,000 ; qu'il me resterait encore ma destitution de maîtrise pour mon compte. Ma franchise déplut au sieur de Voltaire, qui cependant, par réflexion, poussa la générosité jusqu'à m'offrir 100 *pistoles* pour solde de compte ; mais comme je ne crus pas devoir les accepter, mon refus l'irrita ; il se répandit en invectives, et alla même jusqu'à me menacer d'employer, pour me perdre, ce puissant crédit dont son malheureux imprimeur s'était vainement flatté pour sortir de la triste affaire où il l'avait lui-même engagé.

« Voilà les termes où j'en étais avec le sieur de Voltaire, lorsque je l'ai fait assigner le 5 du mois dernier. Les défenses qu'il m'a fait signifier méritent bien de trouver ici leur place. Il a lieu, dit-il, d'être surpris de mon procédé téméraire. Mon avidité me fait en même temps tomber dans le vice d'ingratitude contre lui, et lui intenter une action qui n'a aucun fondement, d'autant qu'il ne me doit aucune chose, et qu'au contraire il m'a fait connaître qu'il est trop généreux dans l'occasion pour ne pas satisfaire à ses engagements. C'est pourquoi il me soutient purement et simplement non recevable en ma demande, dont je dois être débouté avec dépens.

« C'est ainsi que le sieur de Voltaire, non content de vouloir me ravir le fruit de mon travail, non content de manquer à la reconnaissance et à la justice qu'il me doit, m'insulte et veut me noircir du vice même qui le caractérise. Ce trait ne suffit pas encore à sa malignité. Il ose publier dans le monde qu'il m'a payé, et que, dans l'appréhension que je sens qu'il devait peut-être se rallumer un feu caché sous la cendre, j'abuse de la triste conjoncture où il se trouve pour faire revivre une dette acquittée. Sous ce prétexte, il se déchaîne contre moi, et sa fureur ne peut être assouvie, si ce faux délateur n'obtient une seconde fois de me voir gémir dans les fers. Assuré sur mon innocence, sur l'équité de ma cause, sur la renommée de Voltaire, je n'ai été alarmé ni de ses menaces, ni de ses vains discours ; et, convaincu par ma propre expérience à quel point il sait se jouer de sa parole, je n'ai pu me persuader que son témoignage fût assez sacré pour me faire condamner sans m'entendre.

« Je suis donc demeuré tranquille, et ne me suis occupé que de ma défense. Je me dois à moi-même ma propre justification. J'ai pensé que je ne pouvais mieux l'établir qu'en rendant un compte exact des faits. Les réflexions que je vais ajouter en prouveront la vérité : en même temps qu'elles feront cesser les clameurs du sieur de Voltaire, elles jetteront sur lui l'opprobre dont il cherchait à me couvrir, et engageront même à me plaindre sur ma malheureuse étoile qui m'a procuré une aussi étrange liaison. En effet, quelle fatale connaissance pour moi que celle du sieur de Voltaire! Et que penser de cet homme, dont il est également dangereux d'être ami comme ennemi ; dont l'amitié a causé ma ruine et ma perte, et qui ne veut rien moins que me perdre une seconde fois, s'il est possible, depuis que, pour lui demander mon dû, je suis devenu son ennemi?

« Maintenant il me reste à établir mes moyens et à répondre aux objections du sieur de Voltaire. Mais, ne me prévient-on pas déjà sur ces deux objets? Après les faits dont j'ai rendu compte, l'équité de ma cause ne s'annonce-t-elle pas d'elle-même, et les défenses du sieur de Voltaire ne sont-elles pas confondues d'avance? Mes moyens sont ma demande. Après avoir été trompé, trahi, ruiné par le sieur de Voltaire, je lui demande au moins le prix de mon travail, le prix d'un ouvrage que j'ai imprimé pour lui, et par ses ordres, que je n'ai imprimé que sur la foi d'une permission tacite, que *j'ai refusé de laisser paraître, tant qu'on ne me rapporterait pas la permission des supérieurs*, et qui effectivement n'a jamais paru dans le public. Quelle est la preuve de mon travail? La lettre du sieur de Voltaire. S'il me répond que dans sa lettre il n'a pas nommé l'ouvrage que j'ai imprimé pour lui, je lui réplique que je lui demande le payement d'un ouvrage que j'ai imprimé pour lui et qu'il n'a point nommé dans sa lettre. Le sieur de Voltaire ose publier qu'il m'a payé en me remettant le manuscrit; mais sa lettre le confond, elle prouve son imposture et sa mauvaise foi. Elle prouve qu'il ne m'avait pas encore payé en 1734, lorsque j'étais à la Bastille, et qu'il m'écrivait alors pour m'en offrir le prix. Avancera-t-il qu'il m'a payé depuis? Sa variation ne suffirait-elle pas pour prouver son infamie? D'ailleurs, sa lettre opère un commencement de preuve par écrit, et je demande, en vertu de l'ordonnance, à être admis à la preuve par témoins. Je demande à prouver que lorsque j'allai chez lui, le jour même que je l'ai fait assigner, sa réponse fut que, n'ayant tiré aucun profit de l'édition, il ne m'en devait que la moitié. Trouvera-t-on dans cette réponse, dont je suis prêt de rapporter la preuve; que l'offre qu'il me fit n'était que pour se rédimer de ma vexation? Il m'a, dit-il, depuis quatre mois, fait toucher une gratification de 100 livres. Aurait-il été question de m'accorder une gratification s'il m'eût dû quelque chose? Aurais-je pensé à l'en remercier par une lettre? Mais qu'il représente ma lettre, on y verra le motif de cette gratification; on y verra que le sieur de Voltaire, alarmé d'un bruit qui se répandait qu'on imprimait un de ses ouvrages que je ne nommerai point, me chargea d'employer tous mes soins, tant à Paris qu'au dehors, pour découvrir si ce bruit avait quelque fondement, et que 100 livres furent la récompense des mouvements que je m'étais donnés.

« Mais il en faut venir à la grande objection du sieur de Voltaire, au reproche qu'il me fait de la perfidie la plus noire, au reproche d'abuser de la conjoncture où il se trouve, d'abuser d'une lettre qu'il a eu la facilité de m'écrire, et que j'ai su tirer de lui sous prétexte de solliciter ma réhabilitation; d'en abuser, dis-je, pour le forcer, par la crainte d'un procès déshonorant, à me payer une somme qu'il ne me doit pas, et à laquelle il est hors d'état de satisfaire.

« C'est donc là le grand moyen du sieur de Voltaire, ou plutôt le déplorable sophisme avec lequel il prétend en imposer aux personnes les plus respectables! Car enfin, la haine de ce reproche ne retombe-t-elle pas sur son auteur? Et qu'ai-je à me reprocher, à moi qui ne fais que demander mon dû? S'il est vrai que le sieur de Voltaire ne m'a pas payé, comme il n'est que trop certain, comme il est évident, comme j'offre d'en achever la preuve, en quoi suis-je coupable de m'appuyer d'une lettre qui, en même temps qu'elle établit ma demande, me justifie d'une calomnie ? Ces inconvénients sont-ils mon fait ? En puis-je être garant ? Que ne me payait-il sans me noircir dans le public du crime d'exiger deux fois la même dette ? Ne devait-il pas être content de tous les maux qu'il m'a causés, de m'avoir engagé dans une affaire malheureuse, sur la fausse assurance d'une permission, de m'avoir privé de ma liberté par sa dénonciation calomnieuse, de m'avoir enlevé ma fortune et mon état, sans vouloir encore me ravir l'honneur ? N'ai-je pas à rétorquer son argument contre lui ? N'ai-je pas à lui reprocher qu'il veut se faire un rempart de sa lettre et des circonstances qu'elle renferme, non seulement pour me refuser le payement de ce qui m'est dû, mais encore pour me rendre odieux et pour accumuler contre moi calomnie sur calomnie ? Et lorsque le sieur de Voltaire a la hardiesse d'appuyer ses faux raisonnements d'un mensonge aussi grossier que celui de son indigence, lorsque, avec vingt-huit mille livres de rente, indépendamment des sommes d'argent qu'il a répandues dans Paris, il ose avancer qu'il est hors d'état de payer une somme aussi considérable que celle que je lui demande, se peut-il que quelqu'un se laisse éblouir par ses artifices ? Ne se trahit-il pas lui-même par cette nouvelle fausseté ? Cette dernière circonstance ne montre-t-elle pas clairement ce qu'on doit penser de toutes les autres ; et, dans toute la conduite que le sieur de Voltaire a tenue avec moi, ne voit-on pas un homme à qui rien n'est sacré, qui se joue de tout et qui ne connaît point de moyens illicites, pourvu qu'ils le mènent à son but ?

« Enfin, le sieur de Voltaire m'oppose une fin de non-recevoir. Il soutient que je suis mal fondé à lui demander le payement d'une édition qui a pu être saisie. Une fin de non-recevoir, c'est donc là la défense familière du sieur de Voltaire? C'est ainsi qu'il vient de payer un tailleur pauvre et aveugle, à qui, comme à moi, il oppose une fin de non-recevoir. Voilà donc le payement qui m'était réservé et que ma malheureuse confiance pour le sieur de Voltaire devait me procurer? Mais est-il recevable lui-même à m'opposer cette fin de non-recevoir? Après m'avoir séduit par l'assurance d'une permission verbale; après que je n'ai travaillé que sur la foi de cette permission; après que, si je suis coupable, je ne le suis que pour m'être fié à la parole du sieur de Voltaire, puisque dans tous les temps j'ai refusé de laisser répandre l'édition jusqu'à ce que la permission me fût montrée, et qu'effectivement elle n'a jamais paru, de quel front le sieur de Voltaire ose-t-il se faire une exception de ce qu'il m'a trompé? J'ai trop de confiance dans l'équité des juges pour appréhender qu'ils adoptent une défense aussi odieuse. J'espère même que les personnes respectables qui honorent de leur protection les talents du sieur de Voltaire me plaindront d'avoir été séduit par ces mêmes talents, et que, touchées de mes malheurs, elles pardonneront à la nécessité de me défendre et de me justifier d'avoir dévoilé des faits que l'intérêt seul ne m'aurait jamais arrachés, et que je n'ai mis au jour qu'afin de ne me pas laisser ravir l'honneur, le seul bien qui me reste. »

Voici maintenant la lettre de Voltaire, si fréquemment annoncée par Jore et si redoutée de son auteur lui-même :

« Cirey en Champagne, le 24 mars 1736.

« Vous me mandez, monsieur, qu'on vous donnera des lettres de grâce, qui vous rétabliront dans votre maîtrise, en cas que vous disiez la vérité qu'on exige de vous sur le livre en question, ou plutôt dont il n'est plus question (*Lettres philosophiques*). Un de mes amis, très connu (Thieriot), ayant fait imprimer ce livre en Angleterre uniquement pour son profit, suivant la permission que je lui en avais donnée, *vous en fîtes de concert avec moi une édition en 1730 (1731).*

« Un des hommes les plus respectables du royaume (l'abbé de Rothelin), savant en théologie comme dans les belles-lettres, m'avait dit en présence de dix personnes, chez Mme de Fontaine-Martel, qu'en changeant seulement vingt lignes dans l'ouvrage, il mettrait son approbation au bas. Sur cette confiance, je vous fis achever l'édition. Six mois après, j'appris qu'il se formait un parti pour me perdre, et que d'ailleurs M. le garde des sceaux ne voulait pas que l'ouvrage parût. *Je priai alors un conseiller au parlement de Rouen* (Cideville) *de vous engager à lui remettre toute l'édition. Vous ne voulûtes pas la lui confier; vous lui dîtes que vous la déposeriez ailleurs, et qu'elle ne paraîtrait jamais sans la permission des supérieurs.*

« Mes alarmes redoublèrent quelque temps après, surtout lorsque vous vîntes à Paris. Je vous fis venir chez M. le duc de Richelieu ; je vous avertis que vous seriez perdu si l'édition paraissait, et je vous dis expressément que je serais obligé de vous dénoncer moi-même. Vous me jurâtes qu'il ne paraîtrait aucun exemplaire, mais vous me dites que vous aviez besoin de 1,500 livres (1); je vous les fis prêter sur-le-champ par le sieur Pasquier, agent de change, rue Quincampoix, et vous renouvelâtes la promesse d'ensevelir l'édition.

« Vous me donnâtes seulement deux exemplaires, dont l'un fut prêté à Mme de***, et l'autre, tout décousu, fut donné à François Josse, libraire, qui se chargea de le faire relier pour M..., à qui il devait être confié pour quelques jours.

« François Josse, par la plus lâche des perfidies, copia le livre toute la nuit avec René Josse, petit libraire de Paris, et tous deux le firent imprimer secrètement. Ils attendirent que je fusse à la campagne, à soixante lieues de Paris (à Monjeu près d'Autun), pour mettre au jour leur larcin. La première édition qu'ils en firent était presque débitée, et je ne savais pas que le livre parût. J'appris cette triste nouvelle et l'indignation du gouvernement. Je vous écrivis sur-le-champ plusieurs lettres, pour vous dire de remettre toute votre édition à M. Rouillé et *pour vous en offrir le prix*. Je ne reçus point de réponse ; vous étiez à la Bastille. J'ignorais le crime de François Josse; tout ce que je pus faire alors fut de me renfermer dans mon innocence et de me taire.

« Cependant René Josse, ce petit libraire, fit en secret une nouvelle édition; et François Josse, jaloux du

---

(1) Elles m'avaient été prêtées pour quatre mois, et je les ai acquittées au bout de deux. (*Note de Jore.*)

gain que son cousin allait faire, joignit à son premier crime celui de faire dénoncer son cousin René. Ce dernier fut arrêté, cassé de sa maîtrise, et son édition confisquée.

« Je n'appris ce détail que dans un séjour de quelques semaines que je vins faire malgré moi à Paris, pour mes affaires.

« J'eus la conviction du crime de François Josse. J'en dressai un mémoire pour M. Rouillé. Cependant cet homme a joui du fruit de sa méchanceté impunément. Voilà tout ce que je sais de votre affaire ; voilà la vérité devant Dieu et devant les hommes. Si vous en retranchiez la moindre chose, vous seriez coupable d'imposture. Vous y pouvez ajouter des faits que j'ignore, mais tous ceux que je viens d'articuler sont essentiels. Vous pouvez supplier votre protecteur de montrer ma lettre à M. le garde des sceaux ; mais surtout prenez bien garde à votre démarche, et songez qu'il faut dire la vérité à ce ministre.

« Pour moi, je suis si las de la méchanceté des hommes, que j'ai résolu de vivre désormais dans la retraite, et d'oublier leurs injustices et mes malheurs. »

Le 30 mai suivant, Voltaire avouait à de Cideville que cette lettre bien détaillée, bien circonstanciée, bien regorgeante de vérité, était un avantage contre lui. Le 2 juillet, il lui manda qu'il était parvenu à la faire arracher des mains de Jore, et qu'il ne devait cette faveur qu'au pouvoir arbitraire. Mais elle était imprimée à la suite du *Mémoire* de Jore. Comment s'inscrire en faux contre elle ? Voltaire imagina de dire et de répéter qu'elle lui avait été extorquée. C'est la seule raison un peu plausible qu'il ait alléguée contre Jore. Il choisit aussi un avocat nommé Robert pour lutter contre l'avocat Bayle. Au *Mémoire* de Jore, il riposta par un *Mémoire* en forme. Il avait à démontrer que le *Mémoire* de Jore n'était qu'un factum et que Jore n'était qu'un fripon, comme il l'avait avancé dans toutes ses lettres. L'a-t-il fait? non. Il prodigue les injures, les grossièretés; il se perd dans un dédale de niaiseries et demeure toujours en dehors de la question. Il prend sa colère pour son droit, les accès de sa passion pour des arguments, sa fureur pour un plaidoyer. Malgré tout son esprit, son impudence et son courroux, il ne détruit aucun des griefs de Jore. Aussi ne convainquit-il pas ses juges. Ils répugnaient à prolonger des débats qui allaient provoquer des révélations injurieuses à celui qu'ils auraient voulu sauver. Le lieutenant de police en revint à sa transaction. Jore s'adressa alors au garde des sceaux. Voltaire aussitôt d'invoquer l'indulgence du garde des sceaux et de le prévenir contre Jore. Celui-ci comprit qu'il lui serait difficile de l'emporter sur un écrivain qui avait des protecteurs si puissants. Il allait se désister sur la parole d'honneur que lui donna le lieutenant de police qu'on lui rendrait sa maitrise. Maurepas trancha la question en déboutant Jore de sa demande, mais en condamnant Voltaire à payer 500 livres d'aumônes, ce qui était une flétrissure dans ce temps-là. Aussi Voltaire s'écriait-il : « Donner 500 livres d'aumônes, c'est signer ma honte. » Il désespéra de voir casser cet arrêt. Il essaya de se soustraire à ses effets, en prétextant que sa fortune ne lui permettait pas de trouver 500 pistoles. Mais il fut forcé de les lâcher.

Jore était ruiné, mais il lui restait l'honneur, et par conséquent l'espoir d'obtenir un jour justice. Voltaire n'avait perdu que 500 livres, mais il était flétri pour toujours. L'arrêt qui l'avait déshonoré prouvait l'impossibilité où il avait été de donner un démenti au *Mémoire* de Jore en présence des magistrats. Il comprit que personne ne regarderait comme un factum un plaidoyer demeuré sans réponse. Il s'ingénia donc à en obtenir la suppression. Il recourut encore une fois au lieutenant de police. Jore refusa d'abord de se soumettre au caprice d'un pouvoir arbitraire. Il finit par désavouer son *Mémoire*, dans une lettre du 20 décembre 1738, insérée dans les pièces justificatives de toutes les éditions de la *Vie de Voltaire* par Condorcet.

Quel cas faut-il faire de ce désaveu tardif? Jore n'avait pas eu l'intention de noircir Voltaire, mais d'obtenir des dommages et intérêts qu'il était en droit de demander. Sa misère le mettait dans la nécessité de souscrire à toutes les conditions qui lui seraient proposées. Il importait à Voltaire, non pas seulement de faire supprimer le *Mémoire* de Jore, mais d'amener Jore à le désavouer par une lettre ostensible. C'était le seul moyen qu'il eût à opposer à ses ennemis, qui lui reprochaient sans cesse l'arrêt qui l'avait déshonoré et le *Mémoire* qu'il n'avait pu réfuter. Il se trouva amené à quelques sacrifices pour se réhabiliter aux yeux de la société. Ainsi s'explique un désaveu qui contentait les deux parties.

Que fit donc Voltaire en faveur de Jore? Il lui accorda une pension. Wagnière (p. 31) le certifie, mais il ne nous apprend pas à quelle somme elle s'élevait. Tout prouve que Voltaire ne sut pas noblement dédommager Jore de la misère dans laquelle il le précipita pour jamais. Le 3 juin 1743, Jore le remercie des 300 livres qu'il lui a envoyées. Plus tard il est forcé de recourir à lui. Ainsi le 20 octobre 1768 il lui mande : « Monsieur, grâce à la pension que vous avez la bonté de me faire, je me suis trouvé en état de subsister à Milan, joint à quelques écoliers que j'avais, auxquels j'aidais à se perfectionner dans la langue française, et qui, malheureusement pour moi, quittent cette ville pour voyager. Dans quel état vais-je me trouver, grand Dieu, privé de ce secours! Je vous fus autrefois utile pour écrire sous votre dictée; ne pourrais-je plus vous être d'aucune utilité? Si Milan était un endroit où l'on imprimât en français, je pourrais m'y occuper à corriger des épreuves, et par cette occupation me garantir de la misère qui me menace, et que vous pourriez me faire éviter, monsieur, en m'appelant auprès de vous, où je me persuade que vous devez avoir quelqu'un qui peut vous être moins nécessaire que je pourrais vous l'être. J'espère, monsieur, que, réfléchissant sur mon état présent, et combien il est différent de celui dans lequel vous m'avez vu, vous vous porterez à le soulager, d'autant que ce changement ne m'est arrivé ni par libertinage, ni par mauvaise conduite. Lorsque M. de Cideville me procura l'honneur de vous connaître, il n'envisageait, ainsi que moi, que d'augmenter ma fortune; aurait-il pu prévoir l'injustice que l'on m'a faite, et que ma ruine totale devait s'ensuivre? Je me flatte que, touché de mon triste sort, vous m'honorerez d'une réponse qui dissipera cet avenir affreux que j'envisage, et que je ne puis éviter sans vos bontés. » Nouvelle lettre, le 23 avril suivant : « A mon retour des îles Borromées, où son excellence M. le comte Frédéric m'a gardé trois semaines, pour y prendre l'air, et me remettre de la maladie que j'ai eue, MM. Origoni et Paraviccini m'ont remis 25 sequins de Florence par votre ordre, dont je leur ai donné reçu. Je ne puis assez vous en marquer ma reconnaissance, et vous ne pouviez m'envoyer plus à propos ce secours, manquant de linge et d'habits. Quoique votre générosité portât l'ordre de me compter ce que j'aurais besoin, sans en limiter la somme, j'ai cru ne devoir pas abuser de vos bontés, et j'ai, sur l'instant même, employé ces 25 sequins en un habit que j'ai trouvé sur ma taille, et en quatre chemises que je fais faire ; ce qui me mettra au moins en état de paraitre décemment dans les maisons de condition où l'on a la bonté de m'admettre. J'y ai fait part de vos bontés, et l'on m'a loué de n'avoir exigé que cette somme, quoique votre générosité ne l'eût pas bornée. Que je finirais avec tranquillité ma carrière, au cas que j'eusse le malheur de vous survivre, si vous vouliez bien m'assurer de quoi supporter l'état affreux de ma situation, état que j'ai si peu mérité ! Je l'espère de vos bontés. » Dernière lettre, datée du 25 septembre 1773, à Milan : « Vivement pénétré de gratitude et transporté de joie, je vous remercie de la consolante promesse que vous me faites de me tirer de ma misère, et des 8 louis que vous m'avez envoyés. Ils ne pouvaient m'arriver plus à propos pour me tirer du plus grand embarras. » Voltaire ne devait-il pas procurer un emploi à Jore ? Ne pouvait-il pas le recueillir à Ferney ?

La générosité de Voltaire envers Jore se borna à l'empêcher de mourir de faim.

XI. — *Mort de Voltaire.*

Voltaire était connu jusqu'aux extrémités de la terre. La société semblait ne respirer que pour exalter ou maudire sa puissance. Les peuples ne se nourrissaient que de ses doctrines. Les monarques et les princes s'étaient faits ses courtisans les plus assidus, et lui envoyaient à l'envi de l'or et des présents de toute espèce. L'empereur d'Autriche avait dédaigné de le visiter; mais Frédéric le Grand lui avait affectueusement baisé la main, et Louis XVI lui conservait encore le titre de gentilhomme ordinaire de la chambre du roi. Toutes les intelligences s'inclinaient devant l'omnipotence de sa plume. Il avait voulu être riche : représentations de comédies et de tragédies; publication d'ouvrages de tous les genres et de tous les formats; pensions sur le trésor royal, sur la cassette de la reine et sur celle du duc d'Orléans; loteries; trafic de tableaux et de diamants; commerce de blés; traités avec les libraires des principales villes de la France, de l'Angleterre, de la Hollande, de la Suisse et de l'Allemagne; fournitures de vivres et d'habits pour les armées; actions; intérêts sur les vaisseaux; contrats; billets à ordre; placements en viager et sur hypothèque; traités; change de monnaie; négociations diplomatiques; rescriptions; bail emphytéotique; défrichement de vastes bruyères; culture de trois domaines considérables;

lods et ventes; dîme; fondation de manufactures; vente de maisons; jeu; démarches d'espion; spéculations peu délicates; stellionat; voire même friponneries des plus honteuses; exploitation de toutes les conditions de la nature humaine, depuis ses valets de chambre-secrétaires jusqu'à ses parents et à ses amis, depuis le pauvre diable d'auteur jusqu'aux cardinaux et aux papes, depuis l'acteur et le manœuvre jusqu'à l'autocratrice de toutes les Russies : en un mot, aucune relation, aucun genre de gain licite ou illicite, n'échappèrent à sa dévorante activité pour devenir millionnaire, comte et seigneur, et le plus opulent des hommes de lettres. Il aimait le faste, mais le faste qui ne lui coûtait rien, et il passa sa jeunesse de château en château; dans la maturité de son âge, il vit une présidente, une baronne et une marquise s'empresser de mépriser toutes les convenances pour le recueillir dans leurs somptueuses demeures; à la cour de Berlin, on lui céda l'appartement d'un maréchal, et on alla jusqu'à le monseigneuriser, suivant les *Lettres* de La Beaumelle; enfin, propriétaire de deux lieues de terrain, il obtint de ne payer ni impôts ni ports de lettres, de ne loger aucun soldat, et sa colonie fut patronnée par tous les cabinets, au point que Turgot, suivant la page 221 du tome II de la *Correspondance secrète*, proposa à Louis XVI d'ériger en marquisat la contrée de Ferney. Il avait été embrasé du désir de s'illustrer, et il put cacher ses trésors sous une pyramide de couronnes de lauriers; aucun écrivain n'exerça plus d'influence par la multitude et la variété de ses productions. Les critiques les ridiculisaient, les évêques les anathématisaient, les parlements les condamnaient, les douaniers les confisquaient, les bourreaux les brûlaient; mais les ministres et les ambassadeurs les dévoraient, les mettaient sous leur couvert et leur faisaient passer les frontières et traverser les mers pour aller ébranler tous les trônes et révolutionner toutes les têtes du monde.

De sa plume il s'était fait un sceptre avec lequel il gouvernait despotiquement presque toutes les intelligences. Aussi se crut-il assez fort pour lutter face à face avec le successeur de Charlemagne et de Louis XIV. Le 10 février 1778, il descendit vis-à-vis des Tuileries, dans l'hôtel du marquis de Villette, et s'y installa dans le boudoir le plus profane et le plus voluptueux de la capitale. A cette nouvelle, Versailles, étonné de son audace, n'osa pas lui résister. On préféra la paix à une bataille dont le succès était incertain. La reine, remarque Mme Campan dans ses Mémoires (t. Ier, p. 187), n'aurait pas répugné à recevoir le voyageur dans ses grands appartements; le roi s'y opposa. Ne pouvant l'accueillir dans son palais, elle voulut, au dire de la *Correspondance secrète* (t. VI, p. 49), qu'on lui improvisât à la Comédie française une loge tapissée comme la sienne, afin d'avoir l'occasion de s'entretenir avec lui; nouveau refus de la part du roi. Mais il laissa croire et imprimer que c'était d'après ses ordres que le comte d'Angivilliers avait chargé Pigalle de faire le buste de Voltaire. Il permit de jouer *Irène* sous ses yeux, et il n'empêcha pas la reine d'assister avec toute la famille royale et toute la cour à la première représentation, qui en fut donnée à Paris.

Là, chaque jour devint un jour de fête pour Voltaire.

A peine fut-il arrivé, que plus de trois cents personnes s'empressèrent de l'adorer. Tout le Parnasse s'y trouva, depuis le bourbier jusqu'au sommet. Les comédiens vinrent en corps, sous la conduite de Belcourt, lui rendre leurs hommages, et se mirent à sa disposition chaque fois qu'il manifesta le désir de voir répéter *Irène* en sa présence. L'Académie l'envoya complimenter par le prince de Beauvau, Saint-Lambert et Marmontel; la plupart de leurs confrères les accompagnèrent. Tout Paris suivit leur exemple et sembla se donner rendez-vous chez lui. Il fut honoré comme un souverain. Le comte d'Argental et le marquis de Villette se constituèrent ses chambellans; pour gentilshommes, il eut le maréchal de Richelieu, le marquis de Villevieille, le marquis de Thibouville, le marquis de Condorcet; La Harpe et Dalembert lui servirent de majordomes. Parmi ses courtisans on distinguait Mlle Clairon, Mlle Arnoux, Mme Necker, Mme de Saint-Julien, née comtesse de la Tour-du-Pin de Charce, la chevalière d'Eon, la comtesse du Barri, la comtesse de Genlis, la comtesse Jules de Polignac, la comtesse Amélie de Boufflers, la marquise du Deffand, la duchesse de Lauzun, la duchesse de Cossé, Mercier, Barthe, Duvernet, de Saint-Ange, Balbastre, Vernet, Gluck, Goldoni, Francklin, Turgot, Necker, le chevalier Duvivier, le baron Grimm, le comte de Morangiès et la famille Dupuits. Le salon ne désemplissait pas; il y avait en tout temps une telle affluence de monde qu'on étouffait. Ceux qui n'y entraient pas déclinaient leurs noms et leurs qualités chez le suisse. Trente cordons bleus s'y firent inscrire à l'occasion de la première représentation d'*Irène*. Le duc d'Orléans invita deux fois Voltaire à assister à une représentation sur son théâtre privé. Voltaire n'eut pas à se repentir d'avoir visité le Palais-Royal. Il y fut salué, adulé, applaudi à tout rompre. Mme de Montesson alla le recevoir dans sa loge, avec le duc d'Orléans, son mari; elle l'embrassa et le combla de caresses. Le duc et la duchesse de Chartres le forcèrent de s'asseoir devant eux et s'entretinrent longtemps avec lui. Le comte de Maurepas et le maréchal de Richelieu le conduisirent chez Buffon, qui avait eu la précaution d'étaler sur une table tous ses fossiles, afin de lui donner une leçon de géologie dans les galeries du Cabinet d'histoire naturelle. Tous les beaux esprits, toutes les femmes les plus distinguées l'acclamèrent à l'Académie des sciences et le conduisirent jusqu'à son carrosse, après une séance à laquelle il avait assisté à côté de Franklin dans une des places réservées aux membres honoraires. Une députation de quarante francs-maçons l'ayant pressé de se laisser initier à leurs mystères, il leur accorda de bon cœur cette satisfaction. Il se transporta donc lui-même à la Loge des Neuf-Sœurs, y jura tout ce qu'on voulut, se prêta à tout ce qu'on lui demanda. Il écouta sans bâiller des vers de la Dixmerie, et daigna manger à la table de tous ses Frères avec toute la convenance d'un néophyte. Puis il les quitta sans rire, et fut fidèle au secret de la secte.

Quant aux honneurs qui lui furent rendus à l'Académie française, où son portrait triomphait au-dessus du fauteuil qu'il fut forcé d'occuper, et à ceux qui l'attendaient à la Comédie française, ils tinrent du culte. Grimm en parlait en ces termes : « Non, je ne crois pas qu'en aucun temps le génie et les lettres aient pu s'honorer d'un triomphe plus flatteur et plus touchant que celui dont M. de Voltaire vient de jouir. Cet illustre vieillard a paru aujourd'hui pour la première fois à l'Académie et au spectacle. Son carrosse a été suivi dans les cours du Louvre par une foule de peuple empressée à le voir. Il a trouvé toutes les portes, toutes les avenues de l'Académie assiégées d'une multitude qui ne s'ouvrait que lentement à son passage et se précipitait aussitôt sur ses pas avec des applaudissements et des acclamations multipliées. L'Académie est venue au-devant de lui jusque dans la première salle, honneur qu'elle n'a jamais fait à aucun de ses membres, pas même aux princes étrangers qui ont daigné assister à ses assemblées. On l'a fait asseoir à la place du directeur, et par un choix unanime on l'a pressé de vouloir bien en accepter la charge, qui allait être vacante. Quoique l'Académie soit dans l'usage de faire tirer cette charge au sort, elle a jugé, sans doute avec raison, que déroger ainsi à ses coutumes en faveur d'un grand homme, c'était suivre en effet l'esprit et les intentions de leur fondateur. M. de Voltaire a reçu cette distinction avec beaucoup de reconnaissance. L'assemblée était aussi nombreuse qu'elle pouvait l'être. Les hommages que M. de Voltaire a reçus à l'Académie n'ont été que le prélude de ceux qui l'attendaient au Théâtre de la Nation. Sa marche depuis le vieux Louvre jusqu'aux Tuileries a été une espèce de triomphe public. Toute la cour des princes, qui est immense, jusqu'à l'entrée du Carrousel était remplie de monde; il n'y en avait guère moins sur la grande terrasse du jardin, et cette multitude était composée de tout sexe, de tout âge et de toute condition. Du plus loin qu'on a pu apercevoir sa voiture, il s'est élevé un cri de joie universel; les acclamations, les battements de mains, les transports ont redoublé à mesure qu'il approchait; et quand on l'a vu, ce vieillard *respectable*, quand on l'a vu descendre appuyé sur deux bras, l'attendrissement et l'admiration ont été au comble. La foule se pressait pour pénétrer jusqu'à lui; elle se pressait davantage pour le défendre contre elle-même. Toutes les bornes, toutes les barrières, toutes les croisées étaient remplies de spectateurs, et le carrosse à peine arrêté, on était déjà monté sur l'impériale et même jusque sur les roues pour contempler la divinité de plus près. Dans la salle même, l'enthousiasme du public, que l'on ne croyait pas pouvoir aller plus loin, a paru redoubler encore lorsque M. de Voltaire, placé aux secondes dans la loge des gentilshommes de la chambre, entre Mme Denis et Mme de Villette, le sieur Brizard est venu apporter une couronne de lauriers que Mme de Villette a posée sur la tête du grand homme, mais qu'il a retirée aussitôt, quoique le public le pressât de la garder par des battements de mains et par des cris qui retentissaient de tous les coins de la salle avec un fracas inouï. *Toutes les femmes étaient debout.* Il y avait plus de monde encore dans les corridors que dans les loges. Toute la Comédie, avant la toile levée, s'était avancée sur les bords du théâtre. On s'étouffait jusqu'à l'entrée du parterre, où plusieurs femmes étaient descendues, n'ayant pas pu trouver ailleurs des places pour voir quelques instants l'objet de tant d'adorations. J'ai vu le moment où la partie du parterre qui se trouve sous les loges allait se mettre à genoux, désespérant de le voir d'une autre manière. Toute la salle était obscurcie par la poussière qu'excitaient le flux et le reflux de la multitude agitée. Ce transport, cette espèce de *délire universel* a duré plus de vingt minutes, et ce n'est pas sans peine que les comédiens ont pu parvenir enfin à commencer la pièce. C'était *Irène*; jamais elle n'a été moins écoutée; jamais elle n'a été plus applaudie. La toile baissée, les cris, les applaudissements se sont renouvelés avec plus de vivacité que jamais. L'illustre vieillard s'est levé pour remercier le public, et l'instant d'après on a vu sur un piédestal, au milieu du théâtre, le buste de ce grand homme, tous les acteurs et toutes les actrices rangés en cintre autour du buste, des guirlandes et des couronnes à la main; tout le public qui se trouvait dans les coulisses derrière eux, et dans l'enfoncement de la scène les gardes qui avaient servi dans la tragédie. Brizard a posé la première couronne sur le buste; les autres acteurs ont suivi son exemple, et après l'avoir ainsi couvert de lauriers (et de baisers, suivant d'autres relations), Mme Vestris s'est avancée sur le bord de la scène pour adresser au dieu même de la fête des vers; le public y a trouvé une partie des sentiments dont il était animé, et cela suffisait pour les faire recevoir avec transport. On les a fait répéter, et il s'en est répandu mille copies dans un instant. Le buste est resté sur le théâtre, chargé de lauriers. Le moment où M. de Voltaire est sorti du spectacle a paru plus touchant encore que celui de son arrivée; il semblait succomber sous le faix de l'âge et des lauriers dont on venait de charger sa tête. Il paraissait vivement attendri; ses yeux étincelaient encore à travers la pâleur de son visage, mais on croyait voir qu'il ne respirait plus que par le sentiment de sa gloire. Toutes les femmes s'étaient rangées et dans les corridors et dans les escaliers sur son passage; elles le portaient pour ainsi dire dans leurs bras : c'est ainsi qu'il est arrivé jusqu'à la portière de son carrosse. On l'a retenu le plus longtemps qu'il a été possible à la porte de la Comédie. Le peuple criait : « Des flambeaux, des flambeaux, que tout le monde puisse le voir! » Quand il a été dans sa voiture, la foule s'est pressée autour de lui; on est monté sur le marchepied, on s'est accroché aux portières du carrosse pour lui baiser les mains. On a supplié le cocher d'aller au pas, afin de pouvoir le suivre, et une partie du peuple l'a accompagné ainsi jusqu'au Pont-Royal. » Les plus fervents tâchaient de toucher ses vêtements, de baiser ses mains, de caresser ses chevaux; dans un élan de dévotion, ils proposèrent de les dételer afin de traîner eux-mêmes son carrosse, qui semblait avoir été commandé pour la circonstance, car il était couleur d'azur et tout parsemé d'étoiles d'or, absolument comme le char de l'Empirée. Le burin reproduisit toutes les scènes du couronnement de Voltaire.

On ne pouvait se rassasier de le voir, de le glorifier, de le fêter. On était devenu fou de lui. Il était le sujet de toutes les conversations. Chez lui, il était accablé de visites et de vers. Le peuple l'attendait à sa porte et stationnait sur les quais pour jouir de sa présence. Il ne lui fut plus possible de garder l'incognito. Qu'il se rendît au théâtre ou à l'Académie, tout le monde suivait son carrosse, qu'on distinguait de loin. Sortait-il à pied, son habit de velours, ses fourrures, et surtout son immense perruque noire, qui eut le privilège de ne ressembler qu'à celle de Bachaumont, attiraient tous les gamins du quartier; puis accouraient les savoyards, les bouquinistes, les poissardes, les badauds; ils s'acharnaient après lui; ils le suivaient comme l'ombre; ils l'entouraient, le pressaient, l'étourdissaient de leurs bruyants applaudissements. Ils l'amenèrent à confesser qu'il n'y avait plus de Welches, et que les Français étaient ressuscités.

A qui s'adressaient tous ces honneurs rendus à un vieillard qui avait publié tant d'ouvrages, et qui ne se montrait qu'appuyé sur les bras soit de l'incestueux d'Argental; soit de Villette, ce fanfaron d'immondes orgies et de sodomie; soit de Thibouville, non moins fameux par sa dépravation, et soit de Richelieu, dont le nom rappelle toutes les débauches, toutes les turpitudes, toutes les infamies de plusieurs générations ? Les comédiens acclamaient l'auteur de *Mérope*, de *Zaïre*, d'*Œdipe*; les beaux esprits glorifiaient le poète de *la Henriade*; mais presque tous courtisaient le chantre de *la Pucelle*, si l'on en croit Duvernet et Condorcet. Ce fut le peuple qui le premier osa crier : Vive *la Pucelle!* Ce fut dans les rues et le jour même de son couronnement que Voltaire entendit ce cri. Il tressaillit d'allégresse, et ne put s'empêcher d'avouer qu'après tant d'ovations il ne lui restait plus qu'à mourir.

La Pucelle était en effet l'ouvrage qu'il avait le plus longtemps corrigé et dont il s'applaudissait le plus, dit Chabanon (p. 150); c'était celui qu'il aimait à lire à ceux qu'il estimait; c'était celui qu'il faisait copier pour ceux qui l'adoraient; c'était celui qu'il demandait pour le distraire dans ses souffrances ou ses moments d'ennui, suivant Wagnière (p. 25). Longchamp rapporte (p. 188) que la marquise du Chastelet avait essayé de l'imprimer elle-même; le 6 avril 1743, Frédéric écrivait à l'auteur : « *La Pucelle, la Pucelle*, et encore *la Pucelle!* pour l'amour de Dieu, ou plutôt pour l'amour de vous-même, envoyez-la-moi. » Des ducs avaient donné jusqu'à 600 livres pour en avoir un exemplaire authentique. Malgré ces suffrages, Voltaire avait avoué, le 8 septembre 1754, à d'Argental, « qu'il n'y avait que trop de copies de cette dangereuse plaisanterie, et que ce serait une bombe qui crèverait tôt ou tard pour l'écraser. » Il n'y tint plus, quand il vit prôné, dans les rues, sur les quais, dans les cours du Louvre et le long des Tuileries un poème qu'il avait été forcé de désavouer. Ce concert de louanges acheva d'épuiser ses forces.

Bientôt il défaillit sur son lit, et il reconnut qu'il allait mourir. Dès lors, à toutes les représentations, les acteurs durent donner des nouvelles de sa santé. L'Académie décida qu'à chaque séance elle enverrait une députation s'informer de son état. Tronchin prit l'habitude de venir deux fois chaque jour le visiter; dans la crainte qu'il ne se méprît sur la situation du moribond, on lui adjoignit le docteur Lorry. Ce fut à qui trouverait les meilleurs remèdes. Le duc de Richelieu indiqua des calmants qui l'avaient souvent sauvé. Voltaire en demanda; mais il en prit une dose si forte, qu'il se trouva en peu de jours à l'extrémité.

Depuis qu'il était arrivé, les journaux ne s'étaient

occupés que de lui. Ils avaient annoncé dans quel accoutrement il recevait et rendait les visites, à quelle heure il se levait et se couchait, quels personnages il avait accueillis, quelles démarches il avait faites ou s'était proposé de faire, quels honneurs l'avaient le plus flatté. Ils avaient recueilli tous ses bons mots et dressé procès-verbal de tous ses accès de colère et de tous ses moments de bonne humeur. A peine fut-il en danger, qu'ils donnèrent des détails sur la nature de son hémorragie, sur la couleur de ses crachats, sur le son de sa toux, sur la durée de ses assoupissements, sur le danger de sa strangurie, sur le nombre des saignées qu'il supporta, sur la quantité de tisane ou de bouillon coupé, ou de café qu'il avala, sur la manière dont il digérait de la purée de fèves, sur l'effet soit des œufs brouillés, soit du lait d'ânesse, soit de la gelée d'oranges qu'il prit successivement. Ils constatèrent aussi comment, parmi tant de prélats et de prêtres qui ambitionnaient l'honneur de le ramener dans le giron de l'Église, il fut réservé à un ex-jésuite, alors aumônier de l'hôpital des Incurables, d'entendre la dernière confession d'un philosophe qui avait été élevé et protégé par les jésuites, et qui avait eu pendant plus de dix ans un jésuite pour aumônier. Mais ils sont moins explicites sur sa contenance en face de la mort. Duvernet, Condorcet, *l'Espion Anglais*, les *Lettres* de Mme du Deffant, les *Mémoires* de Bachaumont et ceux de Wagnière, la *Correspondance littéraire* de Grimm et celle de La Harpe, qui nous ont fourni toutes les particularités précédentes sur le séjour de Voltaire à Paris, n'ont parlé qu'avec réserve de sa dernière heure, et même leurs relations ne sont point confirmées par d'autres témoignages.

Lorsqu'en 1723 Voltaire se vit, pour la première fois, aux portes du tombeau, il se hâta de se confesser et de faire son testament. Après cela, il attendit la mort avec assez de tranquillité, non toutefois sans être fâché de quitter ses amis de si bonne heure et de n'avoir pu donner le dernier coup de pinceau à sa *Henriade*, comme l'atteste sa lettre de décembre 1723, au baron de Breteuil.

Dans un de ses voyages en Saxe, lit-on dans les *Mémoires* de Barruel (t. III, p. 7), il tomba dangereusement malade. Dès qu'il connut son état, il demanda un prêtre, lui fit sa confession, et le pressa de lui administrer le sacrement d'extrême-onction, qu'il reçut en effet, après des actes de pénitence qui durèrent aussi longtemps que le danger ; mais, à peine se crut-il sauvé, qu'il affecta de rire de ce qu'il nommait sa petitesse, et de dire à son secrétaire : « Vous avez vu, mon ami, les faiblesses de l'homme. »

La vieillesse ne l'assombrit pas. Ainsi, le 28 décembre 1761, il mandait à de Bernis : « Quand je ne souffre pas, je ris beaucoup ; et je tiens qu'il faut rire tant qu'on peut. Riez donc ; car, au bout du compte, vous aurez toujours de quoi rire. » Pourquoi ? Il lui répondait, le 25 février 1763 : « Le vieil aveugle de soixante-dix ans est bien faible, mais il est fort gai ; il prend toutes les choses de ce monde pour des bouteilles de savon, et franchement elles ne sont que cela. » Aussi écrivait-il, le 14 juillet 1760, à Mme du Deffant : « Je ris de tout, et je me moque de l'univers. » Le 15 janvier, il lui avait dit : « Il faut jouer avec la vie jusqu'au dernier moment. » C'est pourquoi, le 27 juin 1766, il prenait cette résolution qu'il communiqua à Dalembert : « Je mourrai, si je puis, en riant. » En attendant, il apprenait, le 3 mars 1769, à Mme de Saint-Julien, qu'il « aimait à danser autour de son tombeau ». Il alla jusqu'à flétrir quiconque n'adoptait pas ces maximes. Suivant sa lettre, du 12 mai 1766, au comte de La Touraille, il trouva que La Fontaine était mort comme un sot. Le 21 septembre 1764, il fit part à Mme du Deffand de la colère qui le saisit lorsqu'il sut qu'un d'Argenson, à qui il reconnaissait du sens commun, avait passé les cinq dernières heures de sa vie avec un prêtre. Maupertuis ayant rendu le dernier soupir entre les bras de deux capucins, Voltaire ne manqua pas de lui reprocher, dans une missive, du 29 août 1759, à M. Bertrand, d'avoir trépassé d'une manière peu philosophique. La même année, il jura à Frédéric qu'il ne suivrait pas cet exemple. Il inclinait donc à regarder comme l'idéal de la mort une mort philosophique. Qu'entendait-il par une mort philosophique? Terminer dans l'impiété une carrière de débauches et d'infamies. Pour exemple, il cite Dubois, dans le chapitre III de son *Précis du siècle de Louis XV*, et dans le chapitre LXII de son *Histoire du Parlement*. Avait-il des raisons pour justifier sa doctrine? Oui. Tirons-les donc de deux passages de sa correspondance avec Mme du Deffand, de l'année 1764. Commençons par le premier, qui est du 9 mai : « Ce n'est que l'idée qu'on ne se réveillera plus qui fait de la peine; c'est l'appareil de la mort qui est horrible, c'est la barbarie de l'extrême-onction, c'est la cruauté qu'on a de nous avertir que tout est fini pour nous.

A quoi bon venir nous prononcer notre sentence? elle s'exécutera bien sans que le notaire et les prêtres s'en mêlent. On dit quelquefois d'un homme : *Il est mort comme un chien;* mais vraiment un chien est très heureux de mourir sans tout cet attirail dont on persécute le dernier moment de notre vie. Si on avait un peu de charité pour nous, on nous laisserait mourir sans nous en rien dire. Ce qu'il y a de pis encore, c'est qu'on est entouré alors d'hypocrites qui vous obsèdent pour vous faire penser comme ils ne pensent point, ou d'imbéciles qui veulent que vous soyez aussi sots qu'eux; tout cela est bien dégoûtant. Le seul plaisir de la vie, à Genève, c'est qu'on peut y mourir comme on veut; beaucoup d'honnêtes gens n'appellent point de prêtres. On se tue, si on veut, sans que personne y trouve à redire ; ou l'on attend le moment, sans que personne vous importune. »
C'est le 31 auguste que furent signées ces dernières lignes : « Les derniers moments sont accompagnés, dans une partie de l'Europe, de circonstances si dégoûtantes et si ridicules, qu'il est fort difficile de savoir ce que pensent les mourants. Ils passent tous par les mêmes cérémonies. Il y a eu des jésuites assez impudents pour dire que M. de Montesquieu était mort en imbécile, et ils s'en faisaient un droit pour engager les autres à mourir de même. Il faut avouer que les anciens, nos maîtres en tout, avaient sur nous un grand avantage; ils ne troublaient point la vie et la mort par des assujettissements qui rendent l'une et l'autre funestes. On vivait, du temps des Scipion et des César, on pensait et on mourait comme on voulait; mais, pour nous autres, on nous traite comme des marionnettes. »

Peut-être n'est-il pas hors de propos de remarquer ici que dans ses lettres, du 27 janvier 1733, à de Cideville et à de Formont, Voltaire s'est vanté d'avoir lui-même annoncé à la baronne de Fontaine-Martel qu'il fallait partir, et de lui avoir amené un prêtre pour la confesser et lui donner les derniers sacrements, cérémonies du départ dont elle ne voulait pas entendre parler dans ces circonstances si lugubres. Il me paraît résulter de ses *Mémoires* qu'il aurait songé à faire venir un prêtre pour rendre les mêmes devoirs à Mme du Chastelet, s'il eût pu prévoir qu'elle dût si tôt lui être enlevée par une mort prématurée à laquelle personne ne s'était attendu à la cour de Lunéville.

Constatons maintenant que Voltaire ne mourut pas sans savoir que sa dernière heure approchait, et disons dans quelle disposition d'esprit il entendit la fatale sentence. Laissons la parole aux philosophes qui ont pu le contempler sur son lit de mort.

« Les médecins ne dissimulèrent point qu'il n'y avait plus d'espérance, et que la vie allait s'éteindre chez lui, sans qu'aucune des ressources de l'art pût le ranimer. Lui-même parut sentir sa fin prochaine. « On ne peut « pas fuir sa destinée ; je suis venu à Paris pour y mou- « rir, » disait-il à La Harpe, qui nous a conservé ces détails dans sa *Correspondance littéraire* (t. II, p. 241).

« Avant sa maladie, raconte Dalembert, dans une lettre, du 1er juillet 1778, au roi de Prusse, il m'avait demandé, dans une conversation de confiance, comment je lui conseillais de se conduire, si, pendant son séjour, il venait à tomber grièvement malade. Ma réponse fut celle que tout homme sage lui aurait faite à ma place, qu'il ferait bien de se conduire en cette circonstance comme tous les philosophes qui l'avaient précédé, entre autres, comme Fontenelle et Montesquieu, qui avaient suivi l'usage. Il approuva beaucoup ma réponse. « Je pense de même, me dit-il ; il ne faut « pas être jeté à la voirie, comme j'y ai vu jeter la « pauvre Lecouvreur. » Il avait beaucoup d'aversion pour cette manière d'être enterré. En conséquence, il prit bravement son parti de faire ce dont nous étions convenus. »

Voltaire se confessa et signa la rétractation qu'exigea l'abbé Gautier. Il avait laissé à Ferney plus de 100,000 francs, suivant Wagnière (p. 153). Cependant, suivant le même Wagnière (p. 132), il ne remit à son confesseur, pour les pauvres de la paroisse Saint-Sulpice, qu'un billet de 600 francs payable après sa mort. Il se pourrait que cette aumône lui eût été imposée pour pénitence ; c'était assurément la meilleure à lui donner. Le 18 décembre 1762, il avait écrit au marquis de Thibouville *qu'on meurt comme on a vécu.* Ne semble-t-il pas avoir justifié ce proverbe par la modicité de son dernier legs ? On conçoit qu'une telle parcimonie ne dut pas répandre de grandes consolations sur sa dernière heure. Quand il venait à repasser dans sa mémoire toutes les occasions qu'il avait eues pour soulager les malheureux, quels motifs avait-il de trouver grâce devant la justice d'un Dieu rémunérateur ? Dès le 11 janvier 1771, il mandait à Frédéric-Guillaume : « Le système des athées m'a toujours paru extravagant. Il me paraît impertinent d'admettre un Dieu injuste. Ce qui est sûr, c'est que l'homme de bien n'a rien à craindre. » Tâchons de savoir si Voltaire vit approcher sans effroi le moment où il allait rendre compte de l'usage de sa fortune ainsi que de l'influence de ses talents.

Dans sa lettre précitée, Dalembert nous apprend que l'agonie de Voltaire fut longue et douloureuse, et que le philosophe marqua dans toute sa maladie beaucoup de tranquillité, quoiqu'il parût regretter la vie : deux choses évidemment contradictoires.

« Il s'éteignait doucement, raconte La Harpe dans sa *Correspondance littéraire* (t. II, p. 243), et ne reconnaissait plus qu'avec beaucoup de peine les personnes qui s'approchaient de son lit. Lorsque l'abbé Gautier et le curé de Saint-Sulpice entrèrent chez lui, on les lui annonça : il fut quelque temps avant d'entendre ; enfin il répondit : « Assurez-les de mes respects. » Le curé approcha et lui dit ces propres paroles : « Monsieur de Voltaire, vous êtes au dernier terme de votre vie ; reconnaissez-vous la divinité de Jésus-Christ ? » Le mourant répéta deux fois ? « Jésus-Christ ! Jésus-Christ ! » et, étendant sa main et repoussant le curé : « Laissez-moi mourir en paix. » — « Vous voyez bien « qu'il n'a pas sa tête, » dit très sagement le curé au confesseur ; et ils sortirent tous deux. Sa garde s'avança vers son lit ; il lui dit avec une voix assez forte, en montrant de la main les deux prêtres qui sortaient : « Je suis mort ! » et six heures après il expira. »

Suivant la *Correspondance littéraire* de Grimm, de juin 1778, Voltaire mourut comme il avait vécu, sans faiblesse et sans préjugé.

Dans sa *Vie de Voltaire* (p. 367), Duvernet est plus

explicite. Transcrivons son récit : « M. de Villevieille lui crie à l'oreille : « Voilà M. Gautier, votre confesseur ! » et le philosophe, au grand étonnement des témoins de son agonie, répond : « L'abbé Gautier ! mon confes- « seur ! faites-lui mes compliments. » On lui annonça ensuite son curé. Au mot de curé, le mourant se soulève à demi, lui tend la main, prend la sienne, l'embrasse, disant : « Honneur à mon curé ! » Cette attitude, cette caresse, ce peu de mots, semblaient lui dire : « Monsieur, ne me tourmentez pas. » Mais le curé lui demande de nouveau et d'un ton assez mal assuré « Monsieur, reconnaissez-vous la divinité de Jésus- « Christ ? » Et Voltaire, moribond, la main ouverte et le bras tendu, comme pour éloigner le pasteur, répond d'une voix haute et ferme : « Monsieur, laissez-moi « mourir tranquille. » Le curé, revenant à la charge, lui parle encore de la divinité de Jésus-Christ. C'est alors que le philosophe, ramassant ses forces, et déployant pour la dernière fois l'impétuosité de son caractère, le repousse d'un coup de poing en disant : « Au nom de « Dieu ! ne me parlez pas de cet homme-là. » Telles furent les dernières paroles de Voltaire. Ce qu'on est en droit d'assurer, c'est qu'à l'acte d'impatience que provoqua l'importunité du curé succéda un grand repos, et que deux heures après Voltaire mourut avec le calme et la résignation d'un philosophe qui se rejoint au grand Être. »

« Deux jours avant cette mort fatale, nous dit à son tour Wagnière, à la page 161 de ses *Mémoires*, M. l'abbé Mignot alla chercher M. le curé de Saint-Sulpice avec l'abbé Gautier, et les conduisit dans la chambre du malade, à qui l'on apprit que l'abbé Gautier était là. « Eh bien ! dit-il, qu'on lui fasse mes compliments et « mes remerciements. » L'abbé lui dit quelques mots et l'exhorta à la patience ; le curé de Saint-Sulpice s'avança ensuite, s'étant fait connaître, et demanda à M. de Voltaire, en élevant la voix, s'il reconnaissait la divinité de Notre-Seigneur Jésus-Christ ? Le malade alors porta une de ses mains sur la calotte du curé, en le repoussant, et s'écria en se retournant brusquement de l'autre côté : « Laissez-moi mourir en paix. » Le curé, apparemment, crut sa personne souillée et sa calotte déshonorée par l'attouchement d'un philosophe ; il se fit donner un coup de brosse par la garde-malade, et partit avec l'abbé Gautier. Après leur sortie, M. de Voltaire dit : « Je suis un homme mort. » Ce grand homme expira avec la plus parfaite tranquillité, après avoir souffert les douleurs les plus cruelles. Dix minutes avant de rendre le dernier soupir, il prit la main du nommé Morand, son valet de chambre, qui le veillait, la lui serra et lui dit : « Adieu, mon cher Morand, je « me meurs. » Voilà les dernières paroles qu'a prononcées M. de Voltaire. »

La Harpe, Grimm, Duvernet et Wagnière n'étant pas dans la chambre de Voltaire lors de la visite des deux ecclésiastiques, il est à propos de citer ces lignes du confesseur : « Nous entrâmes dans l'appartement de M. de Voltaire, dit l'abbé Gautier. M. le curé de Saint-Sulpice voulut lui parler le premier, mais le malade ne le reconnut pas. J'essayai de lui parler à mon tour ; M. de Voltaire me serra les mains et me donna des marques de confiance et d'amitié ; mais je fus bien sur-

pris lorsqu'il me dit : « Monsieur l'abbé Gautier, je
« vous prie de faire mes compliments à M. l'abbé Gautier. » Il continua à me dire des choses qui n'avaient
aucune suite. Comme je vis qu'il était en délire, je ne
lui parlai ni de confession ni de rétractation. Je priai
les parents de me faire avertir dès que la connaissance
lui serait revenue; ils me le promirent; hélas ! je me
proposais de revoir le malade, lorsque le lendemain on
m'apprit qu'il était mort trois heures après que nous
l'eûmes quitté. » L'abbé Gautier est moins explicite que
les philosophes; il prouve au moins que Wagnière a été
induit en erreur sur le jour de la visite des deux prêtres.
Comme l'anecdote relative à la calotte n'est rapportée
que par Wagnière, c'est au lecteur à juger si elle n'est
pas de l'invention du narrateur si mal renseigné.

Plusieurs heures s'écoulèrent depuis le départ du
confesseur jusqu'à la mort de Voltaire. Quel usage
le moribond fit-il de sa raison, lorsque le délire l'eut
quitté? Tous ses amis viennent de nous assurer qu'il
jouit de la plus grande tranquillité jusqu'à sa dernière
heure. L'historien peut-il et doit-il s'en rapporter à
leur témoignage? Non, car voici d'autres autorités qui
viennent l'infirmer

Écoutez : Formey raconte, à la page 216 du tome Ier
de ses *Souvenirs d'un citoyen*, que Voltaire a fini sa
carrière dans un affreux désespoir. Dans des fragments
intitulés : *Mes loisirs, ou Journal d'un bourgeois de
Paris*, de 1766 à 1790, je lis ces mots insérés à la
page 642 du tome V de la *Nouvelle Revue encyclopédique :* « On entendait dire que le docteur Tronchin,
qui avait soigné le sieur de Voltaire pendant sa mala-

die, et qui l'avait assisté jusqu'à son dernier soupir, était singulièrement affecté de l'espèce de rage et de désespoir qu'avait fait paraître, dans la plus fatale des conjonctures, cet homme qui s'était enlevé à lui-même les ressources et les consolations qu'on peut puiser dans la religion ; car il n'avait cessé de crier : « Monsieur, tirez-moi de là. » A quoi ledit sieur Tronchin s'était vu forcé de répondre autant de fois : « Je ne puis rien, il faut mourir. » Paroles qui avaient donné lieu au moribond de s'écrier : « Je suis donc abandonné de Dieu et des hommes ! » Le docteur, quoique professant la prétendue réforme, disait hautement qu'il n'aurait désiré autre chose, pour la conversion des incrédules, que d'avoir pu les réunir autour de son lit de mort, et de les rendre témoins de ses agitations horribles, qui auraient pu, selon lui, faire beaucoup plus d'impression sur leur esprit et sur leur cœur que les discours les plus touchants et les ouvrages les plus lumineux ou les plus persuasifs. »

Le père Harel dit à son tour, dans son *Recueil des particularités curieuses de la vie et de la mort de Voltaire* : « C'est après la sortie de MM. le curé de Saint-Sulpice et l'abbé Gautier, que M. Tronchin, médecin de Voltaire, le trouva dans des agitations affreuses, criant avec fureur : « Je suis abandonné de Dieu et des « hommes ! » et portant les mains dans son pot de chambre, saisissant ce qui y était, il l'a mangé. Le docteur Tronchin, qui a raconté ce fait à des personnes respectables, n'a pu s'empêcher de leur dire : « Je voudrais « que tous ceux qui ont été séduits par les livres de « Voltaire, eussent été témoins de sa mort ; il n'est pas

« possible de tenir contre un pareil spectacle. » On peut donc dire que Voltaire a lui-même accompli cette prophétie d'Ézéchiel dont il s'était moqué : *Et quasi subcinericium hordeaceum comedes illud, et stercore, quod egreditur de homine, operies illud.* (Ezech. c. iv. v. 12.) »

Chaudon a reproduit cette narration (t. II, p. 42), en y ajoutant cette réflexion (t. II, p. 154) : « Plusieurs auteurs qui ont réfuté les erreurs de M. de Voltaire, ont écrit que l'approche de la mort lui causait des sensations douloureuses, et lui inspirait des remords. Rien assurément n'est plus vraisemblable. D'ailleurs, les imaginations sensibles sont naturellement religieuses, surtout quand elles ont été nourries de bonne heure des excellents principes de la religion. Cette réflexion seule me fait penser que Voltaire n'entendit pas sonner la dernière heure avec autant de tranquillité et d'indifférence que le prétendent quelques-uns de ses partisans; car d'autres avouent qu'il éprouva de cruelles agitations. Est-il probable qu'il ait été sans crainte et sans remords à l'approche du dernier instant? Il ne croyait pas, dit-on, en santé; mais cette incrédulité n'était-elle pas chancelante? exclurait-elle des doutes en maladie? Or qui doute, a malgré lui des terreurs désespérantes. Quelques partisans de Voltaire et de la nouvelle philosophie voudraient qu'on tût ces vérités. Mais pourquoi les taire? »

Cette pensée a amené Barruel à parler de la mort de Voltaire. Dans ses *Helvétiennes*, il se contente de renvoyer au père Harel, et cite M. de Viviers, prélat auquel M. Tronchin dit un jour : « Rappelez-vous toute la

rage et les fureurs d'Oreste, vous n'aurez qu'une faible image de celles de Voltaire dans sa dernière maladie. » Mais, dans ses *Mémoires* (t. I, p. 266), Barruel écrit : « Que l'historien ne craigne pas ici d'exagérer. Quelque tableau qu'il trace des fureurs, des remords, des reproches, des cris, des blasphèmes qui pendant une longue maladie se succèdent sur le lit de l'impie mourant, qu'il ne craigne pas d'être démenti par les compagnons mêmes de ses impiétés. Leur silence forcé n'équivaut pas aux nombreux témoignages et aux monuments que l'histoire peut citer sur cette mort, la plus effroyable de toutes celles dont jamais impie se soit senti frappé. Ou plutôt, ce silence même de la part de ces hommes si intéressés à démentir tous nos témoignages, en sera la confirmation la plus authentique. Pas un seul des sophistes n'a encore osé parler du chef de leur conspiration comme montrant la moindre fermeté, comme ayant joui d'un seul instant de tranquillité pendant l'intervalle de plus de trois mois qui s'écoulèrent depuis son couronnement au Théâtre-Français jusqu'à sa mort. Ce silence seul dit combien cette mort les humiliait. » Pour comprendre ces paroles, il faut se rappeler que la plupart des ouvrages des philosophes auxquels nous avons eu recours n'ont paru que plusieurs années après les *Mémoires* de Barruel. Cet auteur continue : « Dalembert, Diderot et vingt autres conjurés, qui assiégeaient son antichambre, ne l'approchèrent plus que pour être témoins de leur humiliation dans celle de leur maître, souvent même pour se voir repoussés par ses malédictions et ses reproches. « Retirez-vous, leur di-
« sait-il, c'est vous qui êtes la cause de l'état où je suis.

« Retirez-vous. Je pouvais me passer de tous vous au-
« tres, c'est vous qui ne pouviez vous passer de moi ; et
« quelle malheureuse gloire m'avez-vous donc value ? »
Ces malédictions données à ses adeptes étaient suivies
du cruel souvenir de sa conspiration. Alors ils l'entendaient eux-mêmes, au milieu de ses troubles et de ses
frayeurs, appeler, invoquer et blasphémer alternative-
ment ce Dieu, l'ancien objet de ses complots et de sa
haine. Avec les accents prolongés du remords, tantôt il
« s'écriait : Jésus-Christ ! Jésus-Christ ! » tantôt il se plaignait de se voir abandonné et de Dieu et des hommes.
La main qui avait jadis tracé la sentence d'un roi impie
au milieu de ses fêtes, semblait avoir écrit sous les yeux
de Voltaire mourant cette antique formule de ses blasphèmes : *Écrase donc l'infâme !* Il cherchait vainement
à chasser cet affreux souvenir ; c'était le temps de se
voir écrasé lui-même sous la main de l'infâme qui allait
le juger. Ses médecins, M. Tronchin surtout, arrivaient
pour le calmer ; ils en sortaient pour confesser qu'ils
avaient vu la plus terrible image de l'impie mourant.
L'orgueil des conjurés voulut en vain supprimer ces
aveux ; M. Tronchin continuait à dire que les fureurs
d'Oreste ne donnent qu'une idée bien faible de celles
de Voltaire. Le maréchal de Richelieu, témoin de ce
spectacle, s'enfuyait en disant : « En vérité, cela est
« trop fort, on ne peut y tenir. » Ces lignes lui étant
tombées sous les yeux, le célèbre Deluc s'empressa
d'écrire de Windsor, le 23 octobre 1797, à l'auteur :
« Je dois appuyer ce que vous avez dit de la mort de
« Voltaire dans une des circonstances liées à toutes les
« autres. Étant à Paris, en 1781, j'y vis plusieurs fois

« une des personnes que vous avez citées en témoignage
« d'après la voix publique, je veux dire M. Tronchin :
« il fut appelé dans cette dernière maladie de Voltaire, et
« j'ai tenu de lui-même tout ce qui se répandit alors à
« Paris et au loin de l'état horrible où se trouva l'âme
« de ce méchant aux approches de la mort. Comme
« médecin même, M. Tronchin fit tous ses efforts pour
« le calmer, car ses violentes agitations empêchaient
« tout effet des remèdes ; mais il ne put y parvenir, et
« il fut forcé de l'abandonner, par l'horreur que lui
« inspirait le caractère de sa frénésie. Un état si vio-
« lent, dans un corps qui dépérit, ne peut longtemps
« durer ; la stupeur, présage de la dissolution des or-
« ganes, doit naturellement le suivre, comme elle suit
« d'ordinaire les mouvements violents occasionnés par
« la douleur ; et c'est ce dernier état qu'on a décoré
« du nom de *calme*. M. Tronchin ne voulut pas qu'on
« s'y méprît ; c'est pourquoi il répandit aussitôt, en qua-
« lité de témoin, les circonstances vraies que vous avez
« rapportées. »

Aucun philosophe ne s'est avisé de réfuter Barruel
ni de révoquer en doute le témoignage d'un évêque et
celui d'un savant dont il se faisait l'interprète. Wagnière, embarrassé des paroles que la voix publique
ne cessait d'attribuer au docteur Tronchin, voulut savoir s'il était possible de les rejeter. Il s'adressa à
M. Tronchin, cousin du médecin. Après lui avoir mis
sous les yeux le passage du père Harel, copié par Chaudon, il dit : « J'ai eu l'honneur de voir M. Tronchin
quelques jours après la mort de mon cher maître. Il me
parla beaucoup de M. de Voltaire, de sa maladie et de

sa mort; mais il ne me dit pas un mot dans le sens que je viens de transcrire. J'ai une peine extrême à croire ce propos de M. le docteur Tronchin; encore plus à penser, s'il l'avait effectivement tenu, qu'il y eût attaché le sens qu'on veut lui donner dans cette note. Il y a une grande différence, ce me semble, entre le désespoir des remords et de la crainte, qui est celui qu'on suppose ici, et le désespoir qu'aurait pu montrer M. de Voltaire de ce qu'on le laissait sans secours et sans consolation, malgré toutes ses instances. C'est la seule conviction de la manière horrible dont on trahissait ce grand homme dans ses derniers moments qui a pu rendre sa fin triste et cruelle. M. Tronchin ne le vit pas le jour de sa mort; ce ne fut pas non plus à lui qu'il dit : « Je suis abandonné de tout le monde; » ce fut à Mme de Saint-Julien, quand il la revit sans ce notaire qu'il l'avait suppliée plusieurs fois d'aller chercher, voyant que ses demandes aux gens de la maison pour qu'on le lui amenât restaient sans effet. Je vous supplie avec instance de daigner prendre des informations sur cette petite anecdote. » Le 25 janvier 1787, Wagnière reçut cette réponse : « L'ouvrage dont vous avez extrait la note que je reçois m'est inconnu, et rien ne ressemble moins au docteur Tronchin que le propos que l'auteur lui fait tenir à la mort de M. de Voltaire. On a beau jeu à faire parler les personnes qui ne sont plus. » Cette missive ne prouve pas plus que l'entretien de Wagnière avec le docteur Tronchin. On ne peut pas poser en principe qu'une anecdote contée par ce dernier à M. de Viviers, au célèbre Deluc et à un grand nombre de personnes, n'est point authentique, parce qu'il n'a pas fait la même confidence à un cousin et à Wagnière.

Il est difficile de rencontrer des contradictions plus étranges. D'un côté, nous voyons La Harpe, Grimm, Dalembert, Duvernet, Wagnière; de l'autre, un bourgeois de Paris, Formey, le père Harel, Chaudon, Barruel avec un prélat et un savant distingué. Si j'en crois ceux-ci, Voltaire mourut dans des accès de rage et de désespoir; ceux-là, au contraire, affirment que rien ne fut plus paisible que sa dernière heure. Ni les uns ni les autres néanmoins n'ont été témoins de ces scènes. A quel parti l'historien demandera-t-il la vérité? S'il s'en rapporte aux philosophes, il est obligé de donner un démenti aux graves personnages qui ont cru pouvoir se faire l'écho de la tradition, et aucune raison ne l'autorise à mépriser leurs dépositions.

Serons-nous donc condamné à n'avoir que des probabilités sur un fait que tant d'esprits ont eu intérêt à dénaturer? Il nous faut la certitude historique. Qui nous la donnera?

Ce sera Tronchin lui-même. C'est lui qui, d'un mot, va confondre les contradictions et les mensonges des amis de Voltaire et justifier la confiance de ses adversaires. Or, voici une lettre que le docteur écrivait à Bonnet, le 20 juin 1778, quelques jours après la mort de Voltaire : « Si mes principes avaient eu besoin que j'en serrasse le nœud, l'homme que j'ai vu dépérir, agoniser et mourir sous mes yeux, en aurait fait un nœud gordien; et en comparant la mort de l'homme de bien, qui n'est que la fin d'un beau jour, à celle de Voltaire, j'aurais vu bien sensiblement la différence qu'il y a

entre un beau jour et une tempête... Cet homme donc était prédestiné à mourir entre mes mains. Je lui ai toujours parlé vrai, et malheureusement pour lui, j'ai été seul. « Oui, mon ami, m'a-t-il dit bien souvent, il
« n'y a que vous qui m'ayez donné de bons conseils. Si
« je les avais suivis, je ne serais pas dans l'état affreux
« où je suis. Je serais retourné à Ferney; je ne me se-
« rais pas enivré de la fumée qui m'a fait tourner la
« tête. Oui, je n'ai avalé que de la fumée; vous ne
« pouvez plus m'être bon à rien. Envoyez-moi le mé-
« decin des fous! Ayez pitié de moi; je suis fou... »
Jusqu'à sa mort, ses jours n'ont plus été qu'un ouragan de folie. Il en était honteux; quand il me voyait, il m'en demandait pardon. Il me priait d'avoir pitié de lui, de ne pas l'abandonner... Il a pris tant de drogues et a fait toutes les folies qui l'ont jeté dans l'état de désespoir et de démence le plus affreux. Je ne me le rappelle pas sans horreur. Dès qu'il vit que tout ce qu'il avait fait pour augmenter ses forces avait produit un effet contraire, la mort fut toujours devant ses yeux. Dès ce moment, la rage s'est emparée de son âme. Rappelez-vous les fureurs d'Oreste : *Furiis agitatus obiit.* »

Cette missive n'a pas besoin de commentaire. Il ne nous reste plus qu'à savoir si les mots qui la terminent permettent d'admettre que ces agitations n'étaient qu'intermittentes, que tous les détails donnés par le père Harel et Barruel sont des exagérations de prédicateur, et que Voltaire mourut dans un état de calme et de repos.

Nous venons d'écouter un protestant; maintenant, nous allons laisser la parole à un vicaire général de

Belley, nommé, en 1844, évêque de Gap. « Jusqu'ici, écrivait en 1835 M. l'abbé Depery dans sa *Biographie des hommes célèbres du département de l'Ain* (p. 163), des nuages d'obscurités et de contradictions ont entouré les derniers moments de Voltaire. Nous pourrons en parler savamment ; car nous avons été à même d'en recueillir toutes les circonstances de la bouche de Mme la marquise de Villette, chez qui Voltaire mourut. Belle et Bonne était sœur de M. de Rouph de Varicourt, évêque d'Orléans, dont nous avons été secrétaire plusieurs années. Pendant les fréquents séjours que ce vénérable prélat faisait à Paris, nous logions à Paris avec lui chez Mme sa sœur; nous avons donc été à même d'entendre raconter en famille, et dans l'épanchement de l'intimité, les scènes qui se passèrent au lit de mort de Voltaire. Nous ne citerons qu'en substance les particularités nombreuses que nous tenons de Mme de Villette, qui nous honorait de sa confiance. « Rien de plus
« vrai, disait-elle, que ce que Tronchin raconte des der-
« niers instants de Voltaire; il poussait des cris affreux,
« il s'agitait, se tordait les mains, se déchirait avec les
« ongles; peu de minutes avant de rendre l'âme, il
« demandait l'abbé Gautier. Plusieurs fois Mme de Vil-
« lette voulut envoyer chercher un ministre de Jésus-
« Christ; les amis de Voltaire, présents dans l'hôtel,
« s'y opposèrent, craignant que la présence d'un prêtre
« recevant le dernier soupir de leur patriarche ne gâtât
« l'œuvre de la philosophie et ne ralentît les adeptes,
« qu'une telle conduite de la part de leur chef aurait
« condamnés. A l'approche du moment fatal, un redou-
« blement de désespoir s'empara du moribond; il

« s'écria qu'il sentait une main invisible qui le traînait
« au tribunal de Dieu ; il invoquait avec des hurlements
« épouvantables Jésus-Christ, qu'il combattit toute sa
« vie ; il maudissait ses compagnons d'impiété, puis
« invoquait et injuriait le Ciel tour à tour ; enfin, pour
« étancher une soif ardente qui l'étouffait, il porta à sa
« bouche son vase de nuit : il poussa un dernier cri et
« expira au milieu de ses ordures et du sang qu'il avait
« répandu par la bouche et par les narines. » Ainsi sont
démenties les relations de Condorcet et de Wagnière,
qui le font mourir tranquillement.

Dans ses *Mémoires* (t. I, p. 71), le comte d'Allonville n'est pas moins explicite. Ayant un jour demandé au comte de Fusée s'il était vrai que Voltaire fût mort en véritable damné, il reçut cette réponse : « Demandez à Villevieille, à Villette : ils ne le nieront pas devant moi, qui comme eux ai vu sa rage, entendu ses cris : « Le
« diable est là, il veut me saisir ! disait-il en portant
« des regards effarés vers la ruelle de son lit... Je le
« vois... Je vois l'enfer... Cachez-les-moi. » Cette scène faisait horreur. » — « Quelques années après, dit le comte d'Allonville, je racontais cela à un nommé Hardi, commis voyageur d'un gros négociant de Rouen, et il ne le voulait pas croire ; mais un valet de chambre de Voltaire qui venait souvent chez lui, interrogé sur ce sujet, lui confirma les détails donnés par moi d'après le comte de Fusée. »

Telle est enfin la vérité sur les derniers moments de Voltaire.

C'était le soir du samedi 30 mai 1778. Onze heures et un quart venaient de sonner, quand très haut, très puissant François-Marie Arouet de Voltaire, comte de Tourney, seigneur de Ferney, gentilhomme ordinaire de la chambre du roi, membre de l'Académie française et de presque toutes les Académies de l'Europe, fut arraché à ses tonnes d'or, à son volumineux portefeuille de contrats, et au délire de la tourbe des lecteurs qui ne reconnaissaient plus d'autres merveilles que la magie de son style, d'autres dogmes que ses contradictions, d'autre divinité que son nom. Il venait de tomber pour toujours dans les mains redoutables de Celui qu'il n'avait jamais aimé, mais qu'il ne parvint pourtant point à chasser entièrement de sa raison.

XII. — *Testament de Voltaire.*

« Le plus beau partage de l'humanité, c'est de pouvoir faire du bien, » écrivait Voltaire à Helvétius, le 25 février 1739. Depuis cette époque, il était devenu richissime; il se flatta de n'avoir pas été inutile à ses semblables. En 1772, dans son *Épître à Horace*, il se rendit ce témoignage :

> J'ai fait un peu de bien, c'est mon meilleur ouvrage.

Il eût volontiers prêché sur les toits que jusqu'à la dernière heure on doit profiter des occasions de soulager les malheureux. Aussi, le 5 juin 1765, disait-il à Damilaville : « Il faut mourir en faisant du bien. »

Le 27 janvier 1769, il avait mandé à Thieriot : « Je compte pour rien ce qu'on donne par testament; c'est seulement laisser ce qui ne nous appartient plus. »

N'ayant fait qu'*un peu de bien,* si peu que rien, pendant toute sa vie, il ne lui restait pourtant que cette ressource, si méprisable à ses yeux, pour capter la bienveillance de la postérité et pour bien mériter de sa famille et de ses amis.

Sa nièce était quasi-septuagénaire; ses neveux vivaient dans l'aisance; ses amis l'avaient moins aimé qu'adoré, ils s'étaient montrés les très humbles serviteurs de tous ses caprices, ils lui avaient sacrifié leurs convictions, leur honneur et quelquefois leur tranquillité; mais ils ne s'endormaient pas tous sur le sein de l'opulence, tant s'en faut; plusieurs étaient dévorés de besoins. Suivant sa lettre, du 5 décembre 1770, à Mme du Deffand, il voulait que dans un testament on ne parlât que de ses parents et de ses amis; il pouvait y placer les uns et les autres sur la même ligne sans blesser la susceptibilité de ceux-ci, et sans tromper les espérances de ceux-là. Cette maxime est-elle devenue un devoir pour lui?

Ses maladies l'ayant mis plusieurs fois près des portes du tombeau, la perspective de la mort était restée un jeu pour son imagination. Sous sa plume, chacune de ses habitations se transformait en sépulcre; était-il surpris couché dans son lit, il croyait toutes ses indispositions dangereuses; et s'il venait à se traîner péniblement dans un salon, il se plaignait d'être *né tué;* quand il allait s'asseoir près de son bureau, c'était pour recommander de faire ses dispositions de bonne heure. Ce conseil, qu'il donnait, le 9 mai 1764, à Mme du Deffand, il l'avait bien suivi. Dès le 19 mars 1739, il rappelait à l'abbé Moussinot une clause de son testament.

Le 18 décembre 1752, il envoie un testament à Mme Denis. Le 12 février 1759, il apprend à M. de Brenles qu'il a chargé un notaire de Lausanne de rédiger un testament contenant des legs pour l'école de charité, la bibliothèque de cette ville et plusieurs personnes. Le 5 février 1765, il prie Damilaville de lui expédier son testament, déposé chez un notaire, afin d'y ajouter quelques mots. Le 19 mars 1770, il mande à Dalembert qu'il est inconsolable d'avoir perdu 200,000 livres sur lesquelles il s'était proposé de prélever une somme pour récompenser ses domestiques après sa mort. Le 17 avril 1771, il dit à d'Argental que des malaises imprévus ne lui permettent pas de mettre Lekain sur son testament. Enfin il signait encore un testament le jour qu'il mariait Belle et Bonne. Wagnière convient que son maître modifiait souvent ses testaments. Il résulte de toutes ces confidences que Voltaire rédigeait un testament avec la plus grande liberté d'esprit, afin de n'être pas pris à l'improviste par l'ange du trépas; et que cette sage précaution lui avait été inspirée par le désir de donner pour dernier souvenir à ses amis et à ses domestiques des marques signalées de la délicatesse, de la reconnaissance et de la générosité d'un cœur que la fortune avait traité avec tant de bienveillance.

Je rends volontiers hommage à la noblesse de ces sentiments. Ils font honneur à la littérature et à la patrie.

Dès le xviie siècle, le testament d'un homme de lettres était devenu un acte de bienfaisance. Fénelon n'avait jamais thésaurisé; il fut heureux de pouvoir assurer l'avenir de ses domestiques, au moment où il quittait une terre qui n'oubliera jamais ni la séduction de ses vertus, ni le charme de son style, ni l'élévation de ses idées, ni la perfection de la plus sublime des erreurs. Racine légua 500 livres aux pauvres de sa paroisse, pareille somme à ses parents dans le besoin, outre 300 francs à une église qu'il aimait, et une aubaine de 4 à 5 francs par mois qu'il avait l'habitude de donner à sa nourrice. Boileau n'avait que 90,000 livres à partager après sa mort. Son frère, ses deux sœurs, une nièce et un cousin reçurent un lot plus ou moins considérable de cette succession ; mais ils n'eurent pas tout. Boileau donna 6,000 livres à son valet de chambre, 4,000 à sa servante, 1,500 à son petit laquais, 500 à son cocher, pareille somme à Antoine, le jardinier d'Auteuil, outre ce qu'il réservait aux pauvres des six paroisses de la Cité.

Au XVIIIe siècle, les intrigues et les coteries changèrent la face de la société. Le cercle des relations s'élargit ; l'amitié fut plus expansive et plus active. L'opulence et la beauté appelèrent l'esprit en tiers. Dès lors l'homme de lettres devint une puissance ; les philosophes et les grands passèrent leurs soirées dans la plus étroite union, sous les auspices de la philanthropie. Les testaments rappelèrent sans cesse cette fusion. Mlle Lecouvreur n'avait pu laisser que 1,000 francs à sa paroisse, mais la comtesse de Verrue n'oublia, dans son testament, presque aucun des littérateurs qui avaient fréquenté son hôtel. Mme Geoffrin suivit cet exemple. « J'entrai par sa mort, dit Morellet, en jouissance d'une rente viagère de 1,275 livres, en même temps qu'elle en établissait une semblable pour Thomas et Dalembert. » Suivant La Harpe, elle donna de plus des pensions à tous ses domestiques, et 2,000 écus à Thomas, et la rente viagère de Dalembert aurait été de 2,000 livres. Cette leçon des dames ne fut point inutile pour les philosophes. En 1737, J.-J. Rousseau, se croyant en danger de mort, fit appeler un notaire pour lui dicter un testament par lequel il faisait un legs à trois couvents de Chambéry, puis un autre legs de 100 livres à un ami, et nommait pour son héritière Mme de Warens. Quand il rendit le dernier soupir, Duclos avait 260,000 livres de fortune. Depuis plusieurs années, il conservait 50,000 livres en or dans son secrétaire, afin qu'on pût acquitter plus facilement les legs de son testament. « Je donne et lègue, y est-il dit, après les clauses relatives à sa famille, à Brusselle, qui me sert avec zèle et amitié depuis plus de 20 ans, 600 livres de rente viagère qui sera continuée à sa femme, si elle lui survit ; de plus, 200 livres une fois payées pour leur deuil, et au mari toute ma garde-robe, mon linge. J'augmente de 100 livres la rente viagère de pareille somme que je fais à la Guillemette, qui a servi ma mère. Je donne et lègue à Mlle Olympe Quinault 10,000 livres une fois payées. Je donne et lègue 3,000 livres aux pauvres de la paroisse Saint-Sauveur de Dinan. Je donne un diamant de 100 louis à mon confrère, M. Dalembert. Je donne à l'Académie mon buste en bronze. » David Hume crut aussi devoir mettre Dalembert pour 200 livres sterling sur son testament. A son tour, Dalembert, après avoir assuré une pension à la pauvre vitrière qui l'avait élevé, laissa en souvenir des vases, des tableaux, des portraits à chacun de ses amis ; un buste de Molière échut à La Harpe. Il légua aussi 6,000 livres à l'un de ses domestiques, et 4,000 aux autres, en priant Condorcet, son légataire universel, d'augmenter ces sommes si le produit de sa succession le permettait.

Un legs de Ninon de Lenclos avait commencé la fortune de Voltaire ; son frère lui avait laissé un héritage considérable. Le testament de Voltaire devait être un monument dans un siècle où l'amitié et la reconnaissance seules dictaient les testaments.

L'intérêt de l'histoire me faisait un devoir de déterrer le testament olographe de Voltaire qui n'a été inséré jusqu'à ce jour dans aucune édition de ses *OEuvres complètes*. Il est encore dans l'ancienne étude Dutertre, où il a été déposé en 1778. J'en ai vainement demandé communication. La famille Dompierre d'Hornoy, qui a seule le droit d'autoriser le dépositaire à montrer à des étrangers ce document inédit, s'est refusée opiniâtrément jusqu'à ce jour à en laisser prendre copie. Cette conduite ne saurait être blâmée ; il y a des sentiments que tout homme doit respecter, et que le biographe le plus curieux est contraint de louer.

Il reste des documents assez authentiques pour que l'historien puisse se hasarder à parler du testament de Voltaire, sans craindre qu'ils ne soient un jour démentis par la publication du testament olographe.

Ce testament, daté du mois de septembre 1776, suivant Wagnière (p. 405), a préoccupé bien des esprits. Le 12 juin 1778, les *Mémoires de Bachaumont* donnaient cette nouvelle : « Le testament de M. de Voltaire, à son ouverture, a étonné tout le monde. On comptait y trouver des dispositions qui feraient honneur à son esprit et à son cœur. Rien de tout cela ; il est très plat, et sent l'homme dur qui ne songe à personne et n'est capable d'aucune reconnaissance. Ce qui augmente l'indignation, c'est qu'il a deux ans de date et a été fait conséquemment avec toute la maturité de jugement possible. Voici les principaux articles : A M. Wagnière, son secrétaire, son bras droit, dont il ne pouvait se passer, qu'il appelait son ami, son *fidus Achates*, 8,000 livres une fois payées ; rien à sa femme et à ses enfants. A son domestique, nommé Lavigne, qui le servait depuis trente-trois ans, une année de gages seulement. A la Barbara, sa gouvernante de confiance, 800 livres payées une fois seulement. Aux pauvres de Ferney, 300 livres une fois payées. Six livres anglais à un M. Durieu. Du reste, rien à qui que ce soit. A Mme Denis, 80,000 livres de rentes et 400,000 livres d'argent comptant, en ce qu'il la fait sa légataire universelle ; 100,000 livres seulement à M. l'abbé Mignot, son neveu, et autant à M. d'Hornoy. » De son côté, La Harpe nous dit dans sa *Correspondance littéraire* (t. II, p. 247) : « M. de Voltaire a institué Mme Denis sa légataire universelle. Elle hérite de 80,000 livres de rentes viagères qui avaient été placées sur sa tête, de 40,000 livres de rentes foncières en terres et en contrats, de 250,000 livres en argent comptant, et de la bibliothèque de Ferney, à laquelle le nom et les notes de Voltaire donnent un prix considérable, sans compter la maison de la rue Richelieu, que M. de Voltaire avait achetée à vie pour lui et pour elle. Le testament d'ailleurs ne renferme que très peu de dispositions ; il est tout entier olographe et ne tient pas plus de deux petites pages. Ses deux neveux, M. d'Hornoy et l'abbé Mignot, ont chacun 100,000 francs en contrat à 4 0/0 ; ses domestiques, une année de leurs gages ; et Wagnière, son secrétaire, 800 livres de rentes viagères (erreur, comme nous le verrons), ses habits de *velours* et ses *vestes de brocart* : tels sont les termes du testament. Il lègue 300 livres aux pauvres de Ferney, en ajoutant *s'il y a des pauvres.* » Cette dernière restriction est de la plus grande exactitude, ainsi que les détails qui la précèdent, si j'en crois plusieurs personnes qui ont eu occasion de lire le testament olographe de Voltaire.

On a dit que La Harpe s'attendait à être compris dans ce testament ; il se pourrait que Voltaire lui eût promis quelque souvenir ; mais La Harpe dut se taire, pour ne pas avouer qu'il avait été trompé par de perfides paroles. « *Sot homme est celui qui se laisse duper* », écrivait Voltaire, en 1762, à d'Argental. Collini comprit ce langage, mais il se résigna, comme La Harpe, en laissant au lecteur à apprécier la conduite de Voltaire. « Dans plusieurs de ses lettres, raconte Collini (p. 320), Voltaire semblait m'indiquer qu'il voulait me donner une place dans son testament. Il dit dans cette lettre (du 20 février 1770) : *Je ne sortirai de mon lit que pour entrer dans le cercueil; mais vous verrez que je ne vous ai pas oublié.* Il me marque ailleurs (lettre du 20 octobre 1770) : *Je profite des moments de relâche que mes maux me donnent pour vous dire que je ne veux point quitter cette vie sans vous donner quelque témoignage de ma tendre amitié pour vous.* Il s'exprime ainsi dans une autre lettre (du 8 décembre 1773) : *J'écris rare-*

ment, *mais quand j'écris mes dernières volontés, je pense à vous.* Il est mort sans avoir fait les dispositions qu'il projetait. Je ne regrette pas les dons qu'il se proposait de me faire : l'intention qu'il en a manifestée m'est un gage assez précieux de son attachement et de son amitié. » O Collini, j'aperçois moins de magnanimité que de dépit dans votre résignation ! La mystification était trop cruelle pour rester dans l'oubli. Collini avait eu l'intention de faire une édition des *OEuvres de Voltaire;* ce projet ne fut point exécuté. Mais, sur la prière de l'auteur, il publia *Olympie* avec une préface de sa façon ; il recommanda aussi la famille des Calas à l'électeur, et tâcha parfois d'obtenir le payement des arrérages de rentes qui étaient dus à Voltaire. Bien des services restèrent ainsi sans autre récompense que de vaines promesses. Il est difficile de laver Voltaire du reproche de mauvaise foi dans ses rapports avec un homme qui lui était si dévoué.

Que dirons-nous de Wagnière? Il convient d'abord (p. 496) que le testament de Voltaire contient les dispositions rapportées par les *Mémoires de Bachaumont;* mais il remarque que le nommé Lavigne servait Mme Denis et non M. de Voltaire, et que celui-ci légua, non pas six volumes anglais à un M. Durieu, mais tous ses livres anglais à M. Rieu, lequel en eut beaucoup. Je lui passe sans difficulté ces rectifications; mais je suis étonné du silence qu'il garde sur les vieilleries de velours et de brocart qui lui furent léguées par celui qu'il appelait, dans maints endroits de ses *Mémoires*, « un grand homme, un être extraordinaire, vertueux et bon, un cher maître, un père, un ami auquel il était devenu nécessaire à bien des égards ». Cet oubli a été racheté par d'admirables explications. Écoutons :

« J'ose prendre à témoin Mme Denis elle-même, dit-il (p. 166), que son oncle, malgré son amitié pour moi, avait la faiblesse de craindre que s'il me procurait pendant sa vie une petite fortune, je ne le quittasse. Il ne me donnait en conséquence que des appointements modiques et quelques cadeaux à ma femme et à mes enfants ; mais nous étions heureux chez lui et très contents de notre sort ; nous n'aurions jamais rien désiré de plus, tant qu'aurait duré la vie de M. de Voltaire. » Cette idée serait très ingénieuse, si elle n'était pas ridicule. Nous savons que Voltaire ne donna jamais que de modiques appointements à tous ses domestiques et à ses secrétaires ; sa conduite à l'égard de Wagnière n'était pas une dérogation à ses principes. Dans tous les temps, on a reconnu qu'il est plus facile de se faire des créatures en les comblant de bienfaits qu'en les laissant dans une gêne perpétuelle, et l'expérience nous apprend chaque jour que les domestiques ne s'attachent qu'à des maîtres généreux, et que, quand ceux-ci ne le sont pas, ils les volent, les diffament, les calomnient et les quittent dès qu'ils espèrent trouver plus d'avantages ailleurs. C'est comme cela de nos jours. Les domestiques n'étaient ni plus désintéressés, ni moins clairvoyants autrefois, je pense. Si Voltaire l'ignora quelque temps, Tinois le lui apprit. Il faut louer Wagnière de s'être affranchi de ce préjugé ; mais il a eu tort de mettre une sottise dans la bouche de son maître. Aussi nous croyons-nous dispensé de recourir à une absurdité pour juger une action qui ne saurait être un mystère, après l'étude approfondie du cœur de Voltaire.

Wagnière continue : « J'ai entendu en France, en Suisse, en Allemagne et en Russie, plusieurs personnes le blâmer sur la somme modique qu'il m'avait accordée. Les papiers publics étrangers en ont parlé aussi d'une manière peu avantageuse pour sa mémoire. Ma reconnaissance exige que je rende ici justice aux intentions de M. de Voltaire à mon égard. Je dois justifier ici (p. 15) M. de Voltaire du reproche qu'on lui fait continuellement de n'avoir pas eu pour moi, dans ses dispositions testamentaires, l'égard que semblaient mériter mon attachement à sa personne, l'assujettissement le plus grand, le travail le plus pénible pendant plus de vingt-quatre ans, et qu'il m'était permis d'espérer de son amitié pour moi.

« Il me parlait souvent de ses dispositions testamentaires. L'intention de mon maître était qu'après sa mort j'eusse 20,000 écus, y compris les 8,000 francs portés sur son testament, et de me donner le surplus de la main à la main, en billets à mon ordre, sur son banquier, M. Shérer, à Lyon. Il me les remit en main en 1777; mais je crus (p. 15), par respect et par crainte de lui laisser apercevoir le moindre doute sur sa bonne volonté à mon égard, que je ne devais pas les garder, et je les lui rendis. Je ne prévoyais point alors que je ne serais pas auprès de lui à sa mort. »

J'avoue que j'éprouve quelque répugnance à relever tant de naïvetés insérées par la *Biographie universelle* à l'article *Wagnière*. Tout ce récit est-il admissible? est-il vraisemblable? De deux choses l'une: ou Voltaire a voulu faire un legs à Wagnière, ou il ne l'a pas voulu. S'il l'avait réellement voulu, il aurait assuré une rente à Wagnière par un contrat, comme il l'avait déjà fait, suivant le même Wagnière, en 1766 ; s'il ne l'a pas voulu, il n'a pas dû offrir 52,000 livres en billets à l'ordre de Wagnière. En vain celui-ci prétend qu'il les a eus en sa possession ; il les avait acceptés, dès lors il devait les conserver, puisqu'ils lui appartenaient aussi bien que le contrat de 1766 ; une réflexion tardive le porte à s'en dessaisir. Or, rendre un cadeau accepté avec plaisir d'abord, se conçoit difficilement ; voir le même cadeau repris sans scrupule par celui qui l'aurait fait de bon cœur, est une chose encore plus inexplicable. Dans cette démarche, Wagnière se montre très scrupuleux, très délicat ; mais par là même il prouve que Voltaire l'était très peu. Si Wagnière avait été la seule dupe des dispositions testamentaires de Voltaire, on pourrait lui accorder une confiance sans bornes. Mais comme il partage ce sort avec le père Adam, Collini et d'autres personnes, l'historien est contraint de peser la valeur de son témoignage. Sur le *Livret de Voltaire*, nous avons remarqué qu'au titre des *Rentes*, Wagnière était compris pour 60 *livres par obligation*, qui doit être de 1775 ou 1776. Ce mot d'*obligation* mérite de fixer notre attention. Ainsi la signature de Wagnière ne suffisait pas à Voltaire. Il exigea l'intervention d'un officier ministériel pour revêtir des formes les plus solennelles un prêt de 60 *livres de rente*, et lorsqu'il se serait avisé de récompenser ce débiteur, il lui aurait livré pour 52,000 livres de billets à ordre ! Sans doute les contradictions ne sont pas rares dans la vie de Voltaire, mais celle-ci me paraît trop invraisemblable pour l'adopter sur l'autorité du narrateur. Il était évident pour tout le monde que le pauvre Jean-Louis Wagnière avait été trompé, comme tant d'autres, par un esprit si fécond en ressources. Mais il comprit que son honneur était intéressé à ne pas rester dupe ; il aura préféré, pour repousser le ridicule qui rejaillissait sur lui, employer quelques assertions ingénieuses dont le temps seul démontrerait la fausseté. Ce n'est pas le calomnier que lui attribuer ce triste rôle. Nous l'avons surpris trop souvent à déguiser la vérité, à controuver les faits, pour supposer qu'il ait reculé devant un mensonge qui lui devenait utile.

Wagnière dit encore : « Mon malheur a voulu que je n'aie pu être auprès de lui à sa mort, et qu'on en ait également écarté son notaire, qu'il ne cessait de demander ; c'est ce qui le mit dans l'impossibilité d'exécuter ses bonnes intentions à mon égard. Je ne lui dois cependant pas moins de reconnaissance, et le public ne peut, d'après mon témoignage, refuser de lui rendre justice sur ce point, et de disculper sa mémoire de tout reproche d'ingratitude. » Sachons gré à Wagnière de la profondeur de sa reconnaissance pour un homme qui l'avait laissé dans la misère ; de tels exemples de vertu sont trop rares pour que le public les ignore. Mais l'aventure du notaire a besoin d'être examinée. Une visite de Mᵉ Dutertre n'était pas un épouvantail dans l'hôtel de Villette. Comme il gérait les affaires du philosophe et qu'il possédait la minute de tous ses contrats, il pouvait trouver mille prétextes pour solliciter une entrevue, dans le cas où il eût été averti secrètement que Voltaire avait besoin de lui. Or, Wagnière soutient, seul, il est vrai, que Voltaire a témoigné le plus ardent désir de parler à son notaire. Pourquoi cet entretien n'aurait-il pas eu lieu? Le plus grand obstacle serait venu de la part de Mme Denis. Dès le 26 mai, elle avait été chassée de la chambre de son oncle ; elle n'y reparut plus, suivant Wagnière (p. 160). Voltaire ne se trouva donc plus qu'en face de ses domestiques ou de ses amis. Faut-il croire ceux-ci assez barbares pour refuser d'amener un homme qui leur était demandé avec tant d'instance? Non. Ils étaient au contraire intéressés à ce que Voltaire ne mourût pas sans faire ou sans modifier son testament. Ils avaient été heureux d'accepter des legs d'amis moins illustres ; ils n'auraient pas été indignés de voir leurs noms sur le testament de leur coryphée. Ils demeuraient toujours libres de refuser, quand il le faudrait, ce qui leur aurait été donné. On ne devine plus de motifs qui les eussent rendus insensibles à la voix d'un agonisant. Je suis persuadé que Dalembert, qui causait avec Voltaire, le 29 mai, comme le prouve sa lettre, du 1er juillet 1778, à Frédéric, et La Harpe, qui le vit les trois derniers jours de sa vie, si nous en croyons sa *Correspondance littéraire* (t. II, p. 241), n'auraient pas manqué d'exaucer des vœux qui leur étaient chers. Quant aux domestiques, en désobéissant, ils s'exposaient au danger d'être incontinent congédiés ; s'ils obéissaient, ils avaient l'espoir que Voltaire n'oublierait pas cette attention et les dédommagerait de la modicité de leurs gages. Mais admettons qu'amis et domestiques aient refusé avec tant d'opiniâtreté et sans raison de mander un notaire; il restait une dernière ressource à Voltaire. Il n'avait pas besoin de notaire pour rédiger un testament. Le 26 mai, il eut la force d'écrire un billet au comte de Lally ; la veille même de sa mort, il eut la présence d'esprit de dicter quelques lignes. Dans l'espace de quatre jours, pourquoi n'aurait-il pas profité des moments où il souffrait moins pour ajouter quelques articles à son testament? Personne n'eût dédaigné de recevoir ce codicille en dépôt. L'abbé Mignot se présenta dans cette circonstance, rapporte Wagnière (p. 160); comme parent, il avait droit à la succession du philosophe; Voltaire devait naturellement s'adresser à lui en toute sécurité, soit pour lui confier ses dernières dispositions, soit pour l'engager à aller chercher un officier ministériel, et ces désirs eussent été un ordre pour un neveu qui avait à craindre de perdre l'amitié de son oncle, et avec elle un legs honnête maintes fois promis. Si neveu, amis et domestiques de Voltaire ont persisté dans leur refus, était-ce par considération pour Mme Denis? Ils ne l'aimaient pas au point de lui sacrifier et les bonnes grâces du patriarche, et ce respect de toutes les conditions pour les dernières volontés d'un moribond. La nature, la cupidité, les convenances, en un mot toutes les probabilités concourent à convaincre Wagnière de mauvaise foi.

Wagnière ajoute (p. 167) : « M. de Voltaire voulait, par la modicité de la somme énoncée dans son testament, forcer Mme Denis, sa nièce, dont il supposait l'âme noble et généreuse, d'avoir aussi la gloire de contribuer à mon bien-être ; c'est même ce qu'il lui recommandait expressément dans les instructions qu'il lui donnait dans une feuille séparée, qui accompagnait son testament; et il pouvait d'autant mieux espérer qu'elle y aurait égard, qu'il la laissait son héritière universelle avec 100 ou 120,000 livres de rentes. » Pour le coup c'est faire de Voltaire un être et bien niais et bien méchant. Il avait trop d'esprit pour tromper si sottement ceux qu'il aurait eu intention de duper. On laisse des instructions à un mineur ; mais en donner par écrit à une espèce de philosophe âgée de soixante-huit ans, est-ce admissible? D'ailleurs n'y a-t-il pas ici contradiction? Si Voltaire avait eu l'intime conviction que Mme Denis avait l'âme noble et généreuse, il devait penser que c'était lui faire injure que lui imposer la lecture d'un petit manuel imaginé si à propos par Wagnière. Dans le cas contraire, c'était une peine inutile, une présomption déraisonnable. Voltaire savait bien que ce n'est pas à l'âge de soixante-huit ans qu'une femme change de caractère et devient sensible à la voix de l'humanité. Il avait eu trop de fois, pendant trente ans, l'occasion d'étudier le caractère de sa nièce, pour espérer que, quand il serait mort, elle s'attendrirait subitement sur une page de morale, si jusque-là elle n'avait eu qu'un cœur d'airain pour l'infortune et pour toutes les boutades philanthropiques répandues dans les œuvres des philosophes. Si ces instructions concernaient exclusivement Wagnière, il a dû en avoir copie ; pourquoi ne l'a-t-il pas publiée? N'a-t-il pas eu onze ans pour sommer publiquement Mme Denis de se souvenir de lui? Si au contraire ces instructions avaient pour but de recommander tous les domestiques de Ferney, Wagnière l'aurait dit. Or il ne parle pas de ses confrères, non moins dévoués que lui à leur maître, et aussi peu rétribués que lui. Voltaire n'aura donc songé qu'à Wagnière ; cette prédilection ne fut pour lui que l'occasion de griffonner quelques lignes qui pouvaient n'être point lues. Il devait et il pouvait récompenser Wagnière, et il aime mieux que ce soit sa légataire qui s'acquitte de ce devoir. N'est-ce pas une nouvelle contradiction? Car ne pas faire ce qu'on doit faire, ce qu'on peut faire, ce qu'on veut faire, ce qu'on a promis de faire, c'est avouer qu'on ne veut pas le faire.

Je m'arrête, car je crains d'abuser de l'indulgence du lecteur. En vérité, n'est-ce point faire trop d'honneur à Wagnière que d'épuiser toutes les raisons pour le convaincre d'avoir voulu controuver des faits dont il n'a pas été témoin, et sur lesquels nous ne trouvons aucun document dans la correspondance des philosophes qui n'ont cessé de se succéder près du lit de Voltaire mourant, et se sont complu à nous redire tous les détails de sa maladie, toutes les paroles qui lui échappaient dans ses moments d'impatience?

Le jour où l'on s'empressa de décacheter le testament de Voltaire fut une *journée de dupes* pour tous ses domestiques, ses amis, ses parents, à l'exception de Mme Denis, à laquelle il donnait la clef de cet autre jardin des Hespérides. L'Europe n'apprit qu'avec indignation ses dernières dispositions. Les philosophes évitèrent d'en parler. Wagnière seul essaya de justifier son maître, mais il ne jugea pas à propos de publier des *Mémoires* dont on aurait pu démontrer la fausseté, s'ils eussent paru pendant la vie de Mme Denis.

La correspondance de Voltaire nous a révélé toutes ses dispositions testamentaires ostensibles et ses magnifiques promesses équivalant à des quasi-contrats. Pour apprécier et tant de fanfaronnade et tant d'oubli, que le lecteur impartial et consciencieux confronte les textes de l'*Ancien* et du *Nouveau Testament* de Voltaire, sans oublier l'*Apocalypse* de ce bon *Jean* Wagnière.

La plus grande partie de la fortune de Voltaire s'est éteinte avec la légataire universelle qui mourut, le 20 août 1790, âgée d'environ soixante-dix-neuf ans, rue Richelieu, 84, probablement dans l'unique maison que Voltaire ait possédée à Paris. La célèbre nièce de Voltaire a pu et dû laisser quelques centaines de mille francs, mais elle n'a rien légué aux derniers rejetons et légitimes héritiers de la famille Arouet, parce qu'ils avaient cessé de la voir depuis son nouveau mariage avec le sieur Duvivier.

POST-SCRIPTUM POUR LES CURIEUX.

Comment Voltaire eut toute sa vie des maîtresses qui ne lui coûtaient rien.

Le 31 août 1751, Voltaire écrivait au duc de Richelieu : « Il faut renoncer à l'histoire ou ne rien supprimer des faits. » Pourquoi ? il répond à cette question par ces mots adressés à Damilaville, le 16 septembre 1766 : « La vérité est toujours bonne à quelque chose jusque dans les moindres détails. » Or, le 11 mars 1764, Voltaire ayant fait cet aveu à Damilaville : « Vous ne sauriez croire à quel point cette maudite philosophie a corrompu le monde, » il n'est pas hors de propos de rechercher si cette maudite philosophie, dont Voltaire se glorifia d'être l'apôtre, n'a pas exercé quelque influence sur ses mœurs.

Je n'examinerai pas s'il faut prendre à la lettre ce vers adressé, le 14 octobre 1733, à Cideville :

J'ai bien peu de tempérament,

et ces deux autres vers qu'il envoya, le 29 août 1742, à Frédéric :

D'un homme je ne suis que l'ombre,
Je n'ai que l'ombre de l'amour,

car, le 3 novembre 1766, il écrivit à Chabanon : « Vous prétendez donc que j'ai été amoureux dans mon temps tout comme un autre? Vous pourriez ne vous pas tromper. Quiconque peint les passions les a ressenties, et il n'y a guère de barbouilleur qui n'ait exploité ses modèles. » Aussi a-t-il constaté, dans son *Commentaire historique*, que dans sa jeunesse il mena une vie très dissipée, et qu'il se plongea dans les plaisirs de son âge.

Sa lettre à Thieriot, du 11 septembre 1722, nous apprend pourquoi et comment, à Bruxelles, il paya son tribut aux maisons de débauche. Il n'eut pas besoin d'y retourner, car le sexe ne fut pas trop cruel pour lui, et ces relations ne lui attirèrent pas de grands désagréments.

Dès 1720, les quatorze lettres qu'il avait adressées à une demoiselle Dunoyer, de la Haye, étaient publiées ; elles nous apprennent qu'elle fut sa première maîtresse, que ses amours furent découvertes, et que l'ambassadeur de France à la Haye se hâta de renvoyer le jeune page qu'on lui avait confié pour l'accoutumer au travail du cabinet et non pour séduire la jeune fille. Lorsqu'il était proscrit en Angleterre, il eut affaire avec un mari aussi jaloux de son honneur que Mme Dunoyer avait pu être susceptible pour l'avenir de sa fille. Aussi, à la page 35 du tome Ier des *Divorces anglais*, par de Châteauneuf, publiés en 1821, lit-t-on ces lignes : « Sans un vieux recueil, ont eût toujours ignoré que Voltaire eut une affaire avec un mari anglais. Voltaire avait adressé des vers à Laura Harley, dont le mari était fort chatouilleux sur l'article. Ce marchand, qui se connaissait mieux en chiffres qu'en mots alignés, crut qu'une déclaration en vers était quelque chose de sérieux : il la fit figurer dans le procès-verbal dressé contre deux autres séducteurs de sa femme. » M. Beuchot a cité ces vers à la page 493 du tome XIV de son édition des *OEuvres de Voltaire*. Ajoutons à ces deux petits désagréments les rapports de Voltaire avec la maréchale de Villars. Il eut beau lui adresser de jolis vers, la visiter dans son hôtel ou dans son château, il n'obtint pas d'elle ce qu'il désirait. « Voltaire admis dans sa société, remarque Condorcet, eut pour elle une passion, la première et la plus sérieuse qu'il ait éprouvée. Elle ne fut pas heureuse, et l'enleva pendant assez longtemps à l'étude, qui était son premier besoin ; il n'en parla jamais depuis qu'avec le sentiment du regret et presque du remords. »

Il ne fut pas difficile à Voltaire de trouver des femmes moins farouches que la maréchale de Villars et plus indépendantes que la demoiselle Dunoyer et Laura Harley. Dans sa lettre à Thieriot, du 1er juin 1731, il s'est vanté d'avoir été l'amant de la célèbre Adrienne Lecouvreur ; le marquis de Villette (p. 120) l'a entendu raconter l'histoire de ses amours avec l'actrice Duclos ; Condorcet met au rang de ses maîtresses une autre actrice nommée de Corsembleu : sur la même ligne doit figurer une demoiselle Gravet de Livry, qui épousa plus tard le marquis de Gouvernet ; Voltaire lui adressa l'*Épître connue sous le nom des Vous et des Tu,* et lui pardonna de l'avoir quitté pour un ami commun, M. de Génonville, comme on le voit dans l'Épître à cet ami intime, dans une autre adressée à ses mânes, et dans des vers dédiés au duc de Sully et au docteur Gervasi.

Ainsi Voltaire eut pour maîtresses Mlle Dunoyer, Laura Harley, la Duclos, la Corsembleu, la Lecouvreur, la Livry ; que lui ont coûté toutes ces liaisons ? des vers, mais pas un sou de dépense.

Voici d'autres dames dont il a parfaitement exploité la position et la fortune. Il fit un voyage en Hollande et à Bruxelles avec la comtesse de Rupelmonde. Du Vernet (p. 26) la signale comme une personne qui, « à un penchant extrême à la tendresse, joignait une grande incertitude sur ce qu'elle devait croire ». Voltaire composa le fameux poème intitulé *le Pour et le Contre,* pour lui apprendre à mépriser les horreurs du tombeau et les terreurs de l'autre vie. Dans sa lettre à Dubois, de juillet 1722, il avoue que les amours étaient accourus se placer entre lui et la comtesse dans la chaise de poste ; on en doit conclure que tout ne se passa pas en tout bien tout honneur dans un voyage où il fut si longtemps seul avec une dame peu scrupuleuse. Bientôt après, il devint le locataire, le commensal de la présidente de Bernières ; elle était encore jeune, elle passait pour être trop galante, au dire de Chamfort et de Collé (t. I, p. 404), pour qu'on puisse admettre que Voltaire n'ait pas eu des relations intimes avec elle. La comtesse de Fontaine-Martel le recueillit et le logea aussi dans son hôtel, comme nous savons. Je vois à la page 125 du tome II de *la Police de Paris dévoilée*, par Manuel, qu'elle n'avait pas une très bonne réputation. Dans l'*Épître* qu'il lui adressa en 1732, Voltaire la célébra comme une femme sans préjugés et sans faiblesse, une femme à peu de femmes seconde ; le 19 juillet 1769, il manda au duc de Richelieu que sur son lit de mort elle demanda quelle heure il était et qu'elle ajouta : « Dieu soit béni ! quelque heure qu'il soit, il y a un rendez-vous. » Le 9 juin 1767, il apprit au marquis de Florian qu'elle était persuadée que quand on avait le malheur de ne plus pouvoir se prostituer, il fallait favoriser la débauche ; si l'âge d'une comtesse si facile ne permet pas de supposer que Voltaire fût l'un de ses derniers courtisans, on doit lui reprocher du moins de s'être fait héberger dans une maison peu prude. La comtesse de Fontaine-Martel une fois morte, Voltaire passa peu de temps sans aller cohabiter avec la marquise du Chastelet. Il est indubitable qu'il fut son amant titulaire, comme son hôte inséparable pendant treize ans.

Depuis la mort de la marquise du Chastelet, Voltaire ne paraît pas avoir eu de maîtresses déclarées. Les biographes ont fourni peu de notes sur ses derniers rapports avec le sexe. Voici ce que Collini dit (p. 118), à propos du séjour de Voltaire à Colmar : « Une jeune fille de Montbéliard fut notre cuisinière. Babet avait de la gaieté, de l'esprit naturel, aimait à causer et avait l'art d'amuser Voltaire. Elle avait pour lui des attentions et des prévenances que les serviteurs n'ont point ordinairement pour leurs maîtres; il la traitait avec bonté et complaisance. Je plaisantais souvent Babet sur son empressement; elle répondait en riant et passait. » La *Correspondance secrète* (t. XV, p. 237) prétend qu'à Ferney Voltaire avait l'habitude de ne pas coucher seul et qu'il payait généreusement les jeunes filles qui lui tenaient compagnie à certaines heures indues. Le 26 janvier 1773, les *Mémoires de Bachaumont* n'étaient pas moins explicites et mentionnaient un tête-à-tête qui n'avait pas eu de suite heureuse pour Voltaire. A la page 347 de la *Correspondance inédite de Grimm et de Diderot* publiée en 1829, il est parlé de cette galanterie comme d'un bruit généralement répandu dans Paris. Sommé de s'expliquer sur ce fait, Voltaire s'empressa d'écrire, le 21 décembre 1772, au duc de Richelieu, pour tourner tout cela en plaisanterie. Nous verrons tout à l'heure ce qu'il en était. Quant à la première assertion, elle est inadmissible. Si Voltaire avait eu l'habitude de vivre familièrement avec de jeunes filles, il était trop surveillé et trop souvent visité pour qu'il pût cacher ce commerce. Si on lui avait connu quelques faiblesses, ou même si on l'avait seulement soupçonné d'être encore capable de quelques incartades, ses ennemis n'auraient pas manqué de les publier et de les lui reprocher ; ses amis, qui ont pris soin de nous conserver le nom de toutes ses maîtresses, se seraient plu à compléter leur liste ; les voyageurs n'auraient pas été moins indiscrets dans leurs lettres, puisque, parmi les choses qui le frappèrent, et dont il a cru devoir informer ses lecteurs sur ses relations avec Voltaire à Ferney, le prince de Ligne n'a pas hésité, à la page 260 du tome X de ses *Mélanges* à placer certaines particularités qui attestent que, par la manière dont il étourdit et asphyxia son hôte, Voltaire était en état de ressusciter Rabelais et d'amuser tous ceux qui ont appris ou entendu la chanson si célèbre du *Frère Étienne.* Le silence de tous les biographes sur les amours du patriarche de Ferney doit donc être regardé comme une preuve de sa continence habituelle ou apparente.

Il est vrai qu'on a trouvé un moyen de l'expliquer. Ouvrons tout de suite une parenthèse. Or, au xviiie siècle, rien n'était moins rare que l'inceste. Aussi avons-nous cru devoir terminer notre ouvrage sur *les cours et les salons au* xviiie *siècle* par le tableau de soixante-quatorze cas authentiques et assez connus d'incestes, soit de consanguinité, soit d'affinité.

Cette liste aide à comprendre pourquoi, dans le chapitre vi de la *Défense de mon oncle*, Voltaire a dit, à propos de l'inceste : « Chez nous autres *remués* (*sic*) de barbares, on peut épouser sa nièce avec la permission du pape, moyennant la taxe ordinaire qui va, je crois (*sic*), à 40,000 petits écus, en comptant les menus frais. J'ai toujours entendu dire qu'il n'en avait coûté que 80,000 francs à M. de Montmartel. *J'en connais qui ont couché avec leurs nièces à bien meilleur marché.* » A ces mots, M. Beuchot a mis en note : « On a fait l'application de cette phrase à Voltaire et à

Mme Denis ; je ne sais sur quel motif. » M. Beuchot m'a avoué que c'était l'opinion des principaux amis de Voltaire ; je tiens de bonne source que la famille de Voltaire l'a toujours partagée.

Maintenant que nous connaissons l'histoire de l'inceste au XVIIIe siècle, il devient plus facile de rechercher si l'on n'a pas eu tort de croire que Mme Denis ne fut que la gouvernante et la garde-malade de Voltaire.

Il est digne de remarque que Voltaire ne cessa d'avoir des maîtresses que du jour où il vécut avec Mme Denis. A quoi faut-il donc attribuer ce changement ? à sa décrépitude ? mais nous la connaissons trop pour nous apitoyer sur l'histoire de ses maladies. A ses principes ? mais plus il avance en âge, plus il s'enfonce dans la fange. Il est fier d'être aussi immoral qu'impie dans tous ses écrits. Dès le 23 juin 1760, il avoue à Dalembert que, comme écrivain, il mène une vie de pourceau ; et, le 12 avril de la même année, il apprend à Mme du Deffand qu'il se repent d'avoir dit autrefois trop de mal de Rabelais. Nous avons vu que pour orner ses chambres il ne voulait avoir que des dessins immodestes ; il assaisonnait toutes ses conversations de vers de *la Pucelle* ; dans sa *Correspondance littéraire* d'août 1764, Grimm a relaté quels objets il se plaisait à montrer comme le spectacle le plus auguste aux dames qui le visitaient.

D'un autre côté, il résulte clairement des *Mémoires* de Longchamp que Mme Denis eut des amants jusqu'à l'époque où elle coucha sous le même toit que Voltaire. Nous avons dit qu'elle convola en secondes noces après la mort de Voltaire. Chamfort et Grimm, dans sa *Cor-*

respondance littéraire de septembre 1779, ont prouvé que ce mariage ne fut pas uniquement une affaire d'intérêt, et que Mme du Vivier, malgré ses soixante-huit ans accomplis, et M. le chevalier François soi-disant du Vivier, âgé de cinquante-huit ans, se conduisirent, en pareille circonstance, comme de jeunes époux, et prirent à cœur de ne pas renoncer à leurs nouveaux droits, et de s'acquitter du plus cher de leurs devoirs. Mme du Vivier fut fort contente de son mari. Cependant je ne voudrais ni jurer ni gager qu'elle fut toujours un modèle de fidélité conjugale. Pendant tout le temps qu'elle demeura chez son oncle, elle ne se fit pas remarquer par l'austérité de ses mœurs ni par la réserve de ses principes. Le 26 janvier 1760, elle écrivait à M. Dupont, en parlant de Collini : « Il aime les femmes comme un fou, et il n'y a pas de mal à cela. » Il paraît qu'elle pardonnait aussi volontiers aux femmes d'aimer les hommes ; car, suivant les *Mémoires de Mme d'Épinay*, elle *avait un petit vernis d'amour masculin qui perçait à travers la retenue qu'elle s'imposait*. Aussi, dans sa *Correspondance littéraire* d'avril 1768, Grimm a-t-il noté qu'elle passait pour avoir toujours été fort galante, et que les mauvaises langues de Genève l'accusaient de *s'être coiffée* de La Harpe au château de Ferney. M. Beuchot n'a pas hésité à avancer, à la page 205 du tome XL de son édition des *Œuvres de Voltaire*, que le marquis de Ximénès lui servit d'amant aux Délices. Les *Mémoires* de Wagnière permettent de supposer qu'elle a eu quelques liaisons suspectes, et que le jeune secrétaire qu'elle s'attacha n'était pas uniquement chargé de transcrire quelques lettres. Sa prédilection pour les bals, les concerts, les spectacles, les bons repas, la grande société et son aversion pour la solitude et les occupations de ménage, achèvent de prouver qu'il ne lui manquait aucun de ces goûts qui décèlent des habitudes galantes chez une femme.

Les principes et les passions de Voltaire et de Mme Denis une fois connus, on est amené à se demander pourquoi Voltaire, qui avait eu des maîtresses de toutes conditions, qui avait demeuré chez des dames fort galantes, qui avait vécu en concubinage chez une marquise pendant treize ans, n'a commencé à être irréprochable dans ses mœurs que depuis le jour où il cohabita avec sa nièce; et pourquoi Mme Denis, qui avait été adonnée au plaisir avant de se mettre sous la tutelle de Voltaire, qui s'est hâtée de se remarier après la mort de Voltaire, s'est gênée dans tous ses goûts tout le temps qu'elle a passé avec son oncle. Il n'est pas facile d'expliquer la continence de l'oncle et la contrainte de la nièce, si l'on ne suppose pas que l'oncle et la nièce ont eu ensemble des rapports incestueux. Voltaire n'eut jamais l'intention de se marier; quand il recueillit sa nièce chez lui, il n'était plus d'un âge à faire des conquêtes et à être entretenu par une comtesse ou une marquise; il lui était même interdit de se fixer où il le voudrait; la veuve Denis était encore assez jeune pour augmenter la collection de ses maîtresses; sa qualité de nièce lui permettait de la mettre à la tête de sa maison. S'il ne la présenta pas comme sa concubine, il la traita du moins avec tous les égards que les amants accordent à une concubine et les maris à leur femme, car il l'intéressa dans toutes ses affaires et l'institua sa légataire universelle. Si l'espoir de cette riche succession a pu engager Mme Denis à renoncer au mariage et à s'enterrer avec son oncle à la campagne, il est à croire qu'elle ne répugna pas à s'abandonner entièrement à son oncle, si cette faveur était la condition de son avenir. La fameuse lettre qu'elle adressa un jour à Voltaire n'a pu être écrite que par une concubine ; une nièce ne parle pas sur ce ton-là à un oncle ; il n'y a qu'un amant qui supporte une pareille insolence ; un oncle ne pardonne jamais cela ; néanmoins Voltaire oublia tout, et de son côté, la nièce fermait les yeux sur bien des choses.

Il n'y a qu'une chose sur laquelle l'oncle et la nièce ne se pardonnaient rien. Le 19 janvier 1758, Collini mandait à l'avocat Dupont : « Personne n'est mieux instruit que moi de l'aventure du bonnet dont vous me parlez. La voici : Une jeune Génevoise, jolie, charmante, appelée mademoiselle Pictet, fit présent à notre philosophe (Voltaire) d'un bonnet qu'elle avait peint de sa main. Il l'en remercia par la lettre suivante : « Vous « me tournez la tête encore plus que vous ne la coiffez, « mais vous en tournerez bien d'autres. » Ce bonnet tournait encore plus la tête à la louche ouvrière (Mme Denis). Furieuse du présent et de la lettre, elle fit clandestinement faire de son côté un bonnet magnifique, digne d'un sultan. On le mit un jour sur la cheminée du philosophe, avant qu'il fût levé. La belle voulut être témoin de son étonnement. Il se lève ; il aperçoit ce bonnet ; il se doute de l'aventure et ne fait semblant de rien. Elle croit que le bonnet n'est pas assez visible, elle va le changer de place ; le philosophe se promène toujours à côté du turban sans vouloir le voir. Piquée de son opiniâtreté, elle est enfin obligée de lui faire observer le bonnet. Il lui en fait des remerciements et des compliments, et elle lui fait avouer que son bonnet est plus beau que celui de la jeune Génevoise. A quarante-cinq ans être jalouse d'un oncle qui en a soixante-quatre, cela est neuf ! Je me souviens toujours du poète qui couchait avec sa servante : il disait que c'était une licence poétique. » Wagnière (p. 346) n'est pas moins sincère. A propos d'une galanterie de Voltaire à laquelle nous avons fait allusion précédemment et dont les *Mémoires de Bachaumont* et *Grimm* nous ont conservé les détails, il dit : « Cette anecdote sur M. de Voltaire est de la plus grande fausseté ; car, dans le moment de son étourdissement, j'étais dans sa chambre avec Mlle de S..., et il me dictait de son lit. C'est à tort que l'on a cherché à déshonorer cette demoiselle aimable et respectable. Ce fut Mme Denis qui se plut à faire courir ce bruit, excitée par son esprit de jalousie extrême contre toutes les personnes auxquelles son oncle témoignait de l'estime et de l'amitié. » Voltaire n'était pas moins jaloux des individus auxquels Mme Denis témoignait de l'estime et de l'amitié. Voici ce que nous lisons dans Collini (p. 172) au sujet de Mme Denis : « Depuis quelque temps, j'étais confident et copiste de ses ouvrages dramatiques. Elle composait alors une tragédie d'*Alceste*. L'occupation qu'elle me donnait me mettait dans la nécessité d'avoir avec elle des entrevues particulières ; j'apportais du zèle et de l'empressement à ces petits travaux, qu'elle récompensait noblement par des dons que je conserve encore comme des témoignages de son estime. La tragédie d'*Alceste* n'était pas le seul motif qui nous obligeât d'avoir des entretiens particuliers. Les besoins d'une grande maison nouvellement établie, et dont la surveillance était confiée à Mᵐᵉ Denis que Voltaire nommait la surintendante, et à moi, la nécessité de dérober à son oncle la connaissance des événements littéraires qui pouvaient l'inquiéter, d'autres raisons accidentelles et aussi innocentes exigeaient des conférences secrètes. C'était là ce qui avait rendu nos relations plus intimes et établi réciproquement entre nous le ton et le langage de l'amitié. Peut-être cette liaison avait-elle fait naître des soupçons dans l'esprit de Voltaire ; quelques soupers auxquels nous étions seuls, lui, sa nièce et moi, et où d'une manière trop marquée, peut-être, elle s'adressait à moi, dans la conversation, parurent causer du mécontentement. Un soir, entre autres, j'eus occasion de m'en assurer par ces demi-mots qui ne signifient rien pour des étrangers, mais qui sont bien entendus de ceux à qui ils sont adressés. Dès lors Mᵐᵉ Denis prit dans notre commerce ordinaire des précautions auxquelles jamais elle n'avait songé. » Il ne fallait plus qu'un prétexte pour se défaire de Collini ; Voltaire le trouva bientôt. On lui remit une lettre que Collini avait remplie de badinages et de plaisanteries au milieu desquels il avait fourré le nom de Mᵐᵉ Denis. Voltaire fut heureux de profiter de cette étourderie pour renvoyer Collini. Comment comprendre cette jalousie réciproque de Voltaire et de la veuve Denis, s'ils n'ont pas vécu dans un commerce incestueux ? M. Beuchot a exigé un motif de cette accusation. Plus elle est grave, plus elle doit être justifiée. Ces mots de Collini appliqués à l'oncle et à la nièce : « Je me sou-

viens toujours du poète qui couchait avec sa servante :
il disait que c'était une licence poétique, » ne suffisent-
ils pas pour confirmer tous les soupçons et les raisons
sur lesquelles reposent ces soupçons ?

On dirait que Voltaire a prévu qu'il serait un jour
accusé d'avoir eu des rapports incestueux avec sa
nièce, tant il a pris de précautions pour prévenir
jusqu'au soupçon ! Il a eu l'occasion d'écrire beaucoup
de lettres à la veuve Denis, dont il connaissait la légèreté et la dissipation ; il affecte de l'appeler sa chère enfant, il ne lui donne que ce nom, sauf deux ou trois
fois qu'il la qualifie de chère plénipotentiaire ; il est
constamment réservé, décent, discret ; c'est un oncle
qui cause avec sa nièce. Voltaire a une autre nièce,
mariée, mère de famille ; il l'accable de missives ; il la
rend complice de tous ses mensonges, de toutes ses im-
puretés littéraires, il se livre à elle tel qu'il est, il ne lui
cache aucun des replis de son âme, il lui dévoile tous
ses goûts ; il est plus que libre, il devient graveleux.
Le 8 janvier et le 17 mars 1756, il lui parla comme le
dernier des goujats, et il recourut à des expressions
qu'on croyait enterrées pour toujours dans Rabelais.
Cette différence de ton dans ses confidences aux deux
sœurs est assurément bien surprenante et serait une
énigme si l'on ne supposait pas que Voltaire a eu des
raisons graves pour en agir ainsi. Or la seule raison
qui se présente à l'esprit n'est-elle pas celle que nous
avons indiquée ? Cette prudence, qui n'était pas dans
les habitudes de Voltaire, ne prouverait-elle pas ce qu'il
lui importait de dérober à tous les regards ? Il n'aurait
pas été un philosophe complet, s'il n'avait pas servi

d'amant secret à la veuve Denis ; il y aurait une lacune dans sa biographie, si l'inceste n'y occupait pas une place et ne venait pas clore la liste de ses vices. Il n'a pas été pris sur le fait, à la vérité, cela n'est pas nécessaire devant le tribunal de l'histoire pour cette matière, autrement la biographie devrait renoncer à aborder toutes les questions relatives aux mœurs. Mais, à défaut de certitude, n'y a-t-il pas les probabilités ? Or toutes les probabilités ne chargent-elles pas l'oncle et la nièce ? Il est par conséquent moins injuste de les accuser et de les diffamer qu'il ne serait téméraire de les disculper. L'avenir fournira peut-être le seul renseignement qui manque ou d'autres documents qui augmenteront le nombre des probabilités. Il est au moins douteux que l'avenir tienne en réserve quelque lettre, quelque mémoire dont les conclusions tournent à la gloire de l'oncle et de la nièce.

CONCLUSIONS

Les lettres de Voltaire et les mémoires de ses adorateurs nous ont fourni des preuves trop nombreuses de son avarice et de son indélicatesse, pour qu'il soit nécessaire de discuter la vraisemblance des deux anecdotes qui nous ont amené à faire une étude approfondie de sa vie privée. Il est évident que, les lésineries et les friponneries de Voltaire une fois connues, il ne s'agit plus que de savoir si ces deux anecdotes, qui ressemblent à tant de particularités qu'on lui a reprochées, sont vraies. Or, elles devront être regardées comme des faits authentiques, si elles sont rapportées par plusieurs biographes contemporains, et si ces biographes contemporains n'ont pas pu être trompés ni voulu tromper.

Voici d'abord Formey qui nous dit, à la page 236 du tome Ier de ses *Souvenirs d'un citoyen* : « Il est incroyable jusqu'où Voltaire poussait la lésinerie et l'escroquerie. Je n'en parlerais pas, si je n'en trouvais une mention formelle dans les *OEuvres posthumes* (de Frédéric le Grand) de l'édition de Bâle. L'habit noir, emprunté au négociant Fromery pour porter un deuil de cour, est la chose la plus plaisante. On n'osait rien refuser à Voltaire. Le négociant prêta son habit, qui allait bien pour la longueur, mais qui était trop large. Voltaire le fit rétrécir, le renvoya, et quand Fromery voulut le remettre, il s'aperçut de la manœuvre. Les bougies qui devaient rester aux domestiques étaient confisquées au profit de Voltaire. C'était la fable de la ville, et le roi en était fort bien instruit; mais il prenait l'homme tel qu'il était et lui passait ces écarts comme attachés à la faiblesse humaine, et abondamment compensés par ses rares talents. » On lit dans les *Mémoires* de Grégoire (t. I, p. 371) : « J'ignore s'il est vrai que Voltaire ait trompé ses libraires, mais on sait qu'il volait à Berlin des bougies. Ce fait m'a été attesté de nouveau par l'excellente princesse douairière Amélie de Weimar. » Les *Confessions* de Quesné (t. I, p. 335) nous donnent cette déposition de la femme de Baculard d'Arnaud : « Elle n'aimait pas Voltaire parce qu'il est fort laid, fort avare, au point d'enlever en Prusse, après le souper du roi, des bouts de bougie. Ce récit sur les lèvres d'une femme chez qui le mensonge ne paraissait point habituel, malgré son ton excessivement criard, me causa quelque peine pour la gloire des lettres ; mais je ne puis jamais me décider à recevoir comme une vérité le vol des bouts de bougie. » Ainsi Quesné ne doute point de la sincérité de la femme Baculard d'Arnaud : cela suffit pour l'histoire qui, comme les juges, ne pourrait jamais rendre de jugement, s'il fallait rejeter tout ce qui est invraisemblable.

Thiébault est plus explicite dans le tome V de ses *Souvenirs*. Il complète ainsi les détails que nous avons cités précédemment. « Ce fut ainsi, et dès cette époque, qu'il (Voltaire) fit revendre en paquets les douze livres de bougies qu'on lui donnait par mois ; et que, pour s'éclairer chez lui, il avait soin, tous les soirs, de revenir plusieurs fois dans son appartement sous différents prétextes, et de s'armer à chaque fois de l'une des plus grandes bougies allumées dans les salles de l'appartement du roi, bougies qu'il ne rapportait pas, et dont il aurait pu dire au besoin : C'est mon sucre et mon café. » Quant à l'aventure de Fromery, Thiébault (p. 282) la raconte en ces termes : « On en a tant parlé, qu'il est bon de la présenter telle qu'elle s'est passée. Voltaire, arrivé un jour de Potsdam avec le roi, se trouva invité à souper chez la reine-mère ; or, c'était à l'époque d'un deuil de cour, et Voltaire n'avait pas d'habits noirs à Berlin. Son embarras fut d'autant plus grand, que la reine-mère était sévère observatrice de l'étiquette. Le domestique de notre courtisan dit à son maître qu'il connaissait un brave et honnête négociant qui, comme tout bon réformé, avait un habit noir pour aller à la communion, et que ce marchand se ferait certainement un plaisir de le prêter à un homme tel que M. de Voltaire. Celui-ci permit à son domestique d'aller en faire la demande, qui eut tout le succès que l'on pouvait désirer. Mais l'œil du domestique l'avait induit en erreur, en jugeant que l'habit fait pour l'un irait bien à l'autre ; il n'avait deviné juste que pour la taille. Fromery avait beaucoup plus d'embonpoint, et son habit, juste pour lui, était ridiculement ample pour Voltaire. Cette difficulté non prévue ne déconcerta pas le zèle du domestique, qui promit de faire promptement rentrer les coutures, sans d'ailleurs nuire à l'habit. Par malheur, il s'adressa à un tailleur qui n'y fit pas tant de façon, et qui coupa tout ce qu'il y avait de trop. L'habit fut rapporté avant le souper, il alla fort bien, et le lendemain on le rendit à M. Fromery, en le remerciant beaucoup. Ce ne fut que quelque temps après, lorsque ce marchand voulut s'en servir pour ses actes de religion, qu'il se convainquit qu'il ne pouvait plus se servir pour communier de l'habit avec lequel Voltaire avait soupé. Il rit lui-même de cette aventure, et ne s'en plaignit point. Vingt ans après, il conservait encore cet habit par curiosité. Ceux qui ont voulu tirer de cette petite histoire des conséquences défavorables à Voltaire n'ont pas dit, ce qui pourtant est vrai, que le domestique ayant eu soin de laisser ignorer la faute du tailleur à son maître, celui-ci n'a eu aucune part au léger tort qui fut fait à Fromery. »

Une comédie intitulée *Tantale en procès* a été composée à l'occasion de la conduite de Voltaire à Berlin. Cette pièce a été publiée dans les *OEuvres posthumes de Frédéric le Grand;* on l'avait attribuée à ce roi parce qu'après sa mort elle fut trouvée dans le portefeuille de Darget avec d'autres ouvrages du philosophe couronné; mais l'abbé Denina a prouvé en 1791, à la page 166 du tome III de sa *Prusse littéraire,* qu'elle avait été faite par un poëte nommé Pottier. Voltaire y joue le principal rôle sous le nom d'Angouletout. Crispin, son valet, l'a caractérisé dans ces vers :

> Que penser d'un tel maître?
> Avare, ladre, chiche; à ces trois qualités
> On peut le reconnaître.
> Ce crasseux, ce vilain, ce maître en ladreries
> Renferme encor sous clef tout reste de bougies;
> Un jour que par hasard j'en pris un ou deux bouts,
> Lors il me menaça de me rouer de coups,
> Me traita de fripon, me vomit mille injures;
> Il me fallut pourtant essuyer ses murmures,
> Et surtout l'habit noir qu'il a fait rétrécir,
> L'ayant eu d'un bourgeois, ne pouvant s'en servir.

Frédéric n'était pas moins sincère que ses courtisans. Nous avons cité le *Portrait de Voltaire* qu'il fit en 1756. Voltaire mort, il composa une *épitaphe* insérée dans ses *OEuvres posthumes;* elle commence par ces vers :

> Ci-gît le seigneur Arouet
> Qui de friponner eut manie.

Dans toutes ses lettres, Frédéric n'a cessé de mépriser Voltaire. Dès le 12 septembre 1749, il écrivait au comte Algarotti : « Voltaire vient de faire un tour qui est indigne. Il mériterait d'être fleurdelisé au Parnasse. C'est bien dommage qu'une âme aussi lâche soit unie à un aussi beau génie. Il a les gentillesses et les malices d'un singe. Je vous conterai ce que c'est lorsque je vous reverrai ; cependant je ne ferai semblant de rien, car j'en ai besoin pour l'étude de l'élocution française. On peut apprendre de bonnes choses d'un scélérat. Je veux savoir son français ; que m'importe sa morale ? Cet homme a trouvé le moyen de réunir les contraires. On admire son esprit en même temps qu'on méprise son caractère. » Le 26 mai 1754, il mande au même correspondant : « Votre confrère en Béelzébuth s'est brouillé à Colmar avec les jésuites. Ce n'est pas l'action la plus prudente de sa vie. Il est étonnant que l'âge ne corrige point de la folie, et que cet homme, si estimable par les talents de l'esprit, soit si méprisable par sa conduite. » Un autre jour c'est à Darget qu'il adresse ces mots : « Voltaire s'est conduit ici en faquin et en fourbe consommé : je lui ai dit son fait comme il le mérite. C'est un misérable, et j'ai honte pour l'esprit humain qu'un homme qui en a tant soit si plein de malfaisance. Voltaire est le plus méchant fou que j'aie connu de ma vie : il n'est bon qu'à lire. Vous ne sauriez imaginer toutes les duplicités, les fourberies et les infamies qu'il a faites ici : je suis indigné que tant d'esprit et tant de connaissances ne rendent pas les hommes meilleurs. » Ces vérités si terribles, il n'a pas perdu une seule occasion de les dire aussi crûment à Voltaire lui-même. Il a laissé des hiéroglyphes qui, confirment, pour ainsi dire, tous les jugements de ses lettres. Voici ce qu'on lit dans les *Souvenirs historiques* du baron de Meneval (1844, t. III, p. 160) : « A Sans-Souci, nous vîmes l'appartement qu'avait occupé Voltaire. Le salon ou le cabinet était tendu d'une toile peinte et vernie, représentant des singes et des perroquets, perchés sur des treillages. Le commandant du château nous dit que cette tenture était la même qui tapissait les murs de cette chambre, quand Voltaire l'occupait, et que le roi l'y avait fait placer par malice. »

Formey, Thiébault et Pottier s'accordent sur les soustractions de bougies; Thiébault donne une autre version sur l'emprunt de l'habit noir; son récit ne contredit pas la narration de Formey ni celle de Pottier, puisqu'il convient de l'emprunt. Les *Souvenirs* de Formey étant extraits du *Journal* où il enregistrait chaque jour les anecdotes qui l'avaient frappé, on peut les préférer aux *Souvenirs* de Thiébault, qui n'a pris la plume que bien des années après les faits qu'il a relatés.

La sincérité de leurs dépositions atteste que Formey et Thiébault n'ont pas eu l'intention de tromper leurs lecteurs. Ils n'avaient aucun intérêt à le faire, puisque Voltaire était mort, ainsi que Frédéric, à la cour duquel s'étaient passés les faits dont il s'agit. Comme Voltaire avait encore plus d'amis que d'ennemis, et qu'il n'avait cessé d'être l'idole du jour, Formey et Thiébault devaient craindre de se créer inutilement des ennemis acharnés, en dévoilant des petitesses du grand homme par excellence. Ils avaient tout à gagner et n'avaient rien à perdre, en gardant le silence. Ils n'en ont pas moins écrit ce qu'ils savaient. N'est-ce pas une nouvelle preuve de leur bonne foi?

Ils n'ont pas pu être trompés. Formey a passé presque toute sa vie à Berlin et a pratiqué le roi et ses courtisans ; il a aussi connu Voltaire et a été en correspondance avec lui. Thiébault a fait un séjour de vingt ans à Berlin et a vécu dans l'intimité du roi et dans celle de tous les grands. Formey et Thiébault ont donc appris les faits qu'ils rapportent sur les lieux mêmes. S'ils avaient été induits en erreur, ils auraient été contredits. Or, Formey a publié lui-même ses *Souvenirs* en 1789, et il est mort en 1797, sans avoir reçu de démenti. Thiébault a aussi publié lui-même deux éditions de ses *Souvenirs*, et il n'a pas été réfuté. Une troisième édition de ses *Souvenirs* a été donnée par Dampmartin. Or, Dampmartin avait résidé six ans à Berlin, et non seulement il n'a pas infirmé le témoignage de l'auteur, mais il l'a même appuyé de nouveaux détails qui le confirment. Le baron Thiébault ne s'est décidé à faire une quatrième édition des *Souvenirs*, que parce qu'il s'était assuré qu'à Berlin il n'y avait pas un individu, soit à la cour, soit dans les différentes classes de la société, qui ne regardât comme vrai tout ce qu'ils contenaient.

Tout concourt à démontrer que rien n'est plus vrai que les deux anecdotes que j'ai reproduites dans mes *Études,* et dont Lepan et Paillet de Warcy n'avaient pas craint d'enrichir leur *Vie de Voltaire*. Elles ne seront pas moins vaisemblables que vraies si de l'examen de notre dossier il résulte que Voltaire mérita une place distinguée parmi les archi-avares et les maîtres-fripons.

Collini (p. 184) a prétendu que Voltaire n'était avare que de son temps, et que la lésinerie n'eut jamais accès dans sa maison. Cependant s'il est vrai de dire, comme le remarque le même Collini, que *l'avare amasse, ne jouit pas et meurt en thésaurisant,* qui donc à ce signalement de l'avare ne reconnaîtra pas Voltaire ? N'a-t-il pas été toute sa jeunesse le parasite des grands ? N'a-t-il pas trouvé le moyen de se faire nourrir et loger pendant trente ans chez des dames opulentes ? N'a-t-il pas eu pour principe de tout marchander et de dépenser le moins possible ? N'a-t-il pas exploité tous les gens dont il a eu besoin ? N'a-t-il pas laissé dans la gêne ses domestiques, ses secrétaires et ses amis ? Ne s'est-il pas ingénié à augmenter sa fortune jusqu'à son dernier soupir ? A-t-il jamais cessé de thésauriser pour thésauriser ? N'est-il pas mort sur un énorme portefeuille de contrats et sur des tonnes d'or ? *Le superflu* qu'il appelait *la chose nécessaire*, n'était-ce pas pour lui de l'argent, encore de l'argent, et toujours de l'argent ? N'est-ce pas à entasser capitaux sur capitaux, intérêts sur intérêts, rentes viagères sur rentes viagères, obligations sur obligations, inscriptions sur inscriptions, billets à ordre sur billets à ordre que lui ont servi cette aptitude éminente pour les affaires, ce bon sens prodigieux, cet esprit du positif, dont sont dénués presque tous les hommes de lettres ? N'eût-il pas son génie en avarice, et sa vie est-elle autre chose qu'une série d'harpagonades ?

N'est-ce point parce que cette avarice était sa passion dominante, qu'elle l'entraîna dans les sentiers de la friponnerie ? N'a-t-il pas trompé les agents du fisc ? N'a-t-il pas dupé tous ses débiteurs ? N'a-t-il pas frustré ses domestiques et ses libraires ? N'a-t-il pas ruiné Jore ? N'a-t-il pas mérité un jugement sévère pour ses procédés envers le président de Brosses ? N'a-t-il pas été impliqué dans des procès qu'il était plus honteux de gagner que de perdre? N'a-t-il pas été convaincu de s'être livré à un agiotage tout à fait blâmable? En taxant de rapines les intérêts des frères Pâris et des autres vivriers avec lesquels il s'était associé, n'a-t-il pas confessé qu'il avait profité des malheurs de son pays, et qu'il devait presque toute sa fortune à des machinations d'un esprit sans droiture et sans patriotisme?

En vérité, parmi les individus qui, au xviiie siècle, ont été attachés au pilori, fleurdelisés ou roués en Grève, ou qui ont fini leurs jours dans les bagnes, y en avait-il beaucoup de plus coupables que Voltaire? Si par ses talents et son immense influence il a mérité d'être regardé comme l'empereur des philosophes, dont la plupart n'eussent pas été déplacés aux galères, ne doit-il pas, à cause des bassesses de sa vie privée, rester encore à la tête de cette chaîne de fripons?

Rien ne vient réclamer l'indulgence en sa faveur. Pouvait-il faire moins de bien qu'il n'en a opéré? Et encore, qu'est-ce que ce *peu de bien* dont il se prévalait? Ses bienfaits n'ont-ils pas été des spéculations? Ses secours n'étaient-ils pas des salaires? Ses aumônes ne se sont-elles pas changées en sacrilèges? car exiger un reçu d'une aumône n'est-ce pas confondre le prêt avec le don, et dénaturer par conséquent ce qu'il y a de plus beau sur la terre? On ne peut donc pas tenir compte à Voltaire de ses bonnes œuvres. Il s'est rencontré dans tous les temps des hommes qui ont pris le mal pour le bien et le bien pour le mal. Heureusement pour l'honneur de l'humanité, Voltaire est le seul qui ait osé anéantir jusqu'à la notion du bien. Le bien comme le mal, tout dépose donc contre lui.

C'est ainsi que nous sommes invinciblement amenés à adopter le *portrait de Voltaire* ébauché par le marquis de Charost et retouché par Frédéric II en 1756, et à regarder différents traits que nous avons empruntés (p. 335) à la correspondance de ce monarque comme *des jugements d'une précision définitive et terrible*, pour nous servir des expressions employées, dans le tome VII de ses *Causeries du lundi,* à propos des rapports de Voltaire avec le président de Brosses, par M. Sainte-Beuve, dont l'autorité sur cette matière ne saurait être suspecte, puisqu'il n'a jamais eu pour principe d'être impitoyable pour les faiblesses de l'espèce littéraire. Notre dernier mot sur Voltaire sera tiré de la lettre que Mme Denis adressa à Voltaire, il y a un siècle :

« Vous êtes le dernier des hommes par le coeur. »

Telles sont les conclusions que l'auteur ose dédier à tous ceux qui font usage de leur raison. Ils ne sont pas nombreux dès qu'il est question de Voltaire. C'est pourquoi l'un des principaux rédacteurs du *Siècle*, M. Edmond Texier, a été amené à dire, en 1853, page 39 de ses *Critiques et Récits littéraires :*

« *Tous les jours on le juge ridiculement. On l'a exagéré.*

« *Aujourd'hui le châtiment de Voltaire, de cet homme d'esprit, c'est d'être devenu le Dieu des Imbéciles.* »

A ce « *Philosophe à peine et par hasard, l'Église toujours pleine de gens de goût* », comme en convient M. Texier, laisse toute la tourbe des *Imbéciles.*

APPENDICE

LES ANTIVOLTAIRIENS

DEPUIS LES TEMPS LES PLUS RECULÉS JUSQU'A NOS JOURS

Au dix-huitième siècle, l'admiration pour Voltaire, remarque le comte de Ségur, devint dans beaucoup d'esprits une espèce de culte et d'adoration. Il était traité en dieu ; c'était la seule divinité de tous ceux qui n'admettaient pas le catholicisme. Sans cesse ses autels étaient surchargés d'offrandes. Il y avait une émulation à lui adresser, qui des livres pour sa bibliothèque, qui des bustes d'ivoire, qui des portraits, qui des tableaux, qui des pastels, qui des tapisseries pour son ameublement ; qui des écritoires pour son secrétaire ; qui des fourrures précieuses pour ses vêtements ; qui des services de porcelaine pour sa table ; qui des fromages, qui des pâtés, qui des truffes, qui des melons, qui des perdrix, qui des faisans, qui des saucissons, qui des perdrix rouges, qui des colombes, qui des œufs, qui du lait, qui des fleurs et des fruits pour ses buffets ; qui des bouteilles de vin de Champagne, qui des tonneaux de vin de Hongrie pour sa cave ; qui des pruniers, qui des cerisiers, qui des ceps de vigne, qui des oignons, des plantes, et des arbustes pour ses jardins ; qui un beau cheval pour son écurie. On l'accablait de tant de vers, qu'il prit le parti de ne plus recevoir que des lettres affranchies, afin de se dispenser de les lire tous, et d'avoir à y répondre. Il était encore plus assiégé de visites que de vers. Pour s'y soustraire, il jouait à merveille le rôle d'un *dieu caché*. Il ne se montrait qu'à de rares intervalles, face à face, et ne conversait familièrement qu'avec un petit nombre de personnes. Cependant il daignait parfois céder aux importunités. Alors il se faisait volontiers tout à tous. Les grandes dames se permettaient de l'embrasser ; il ne retirait pas ses joues. Quand Mlle Clairon accourut depuis Paris à Ferney pour se jeter à ses pieds, il comprit qu'il avait affaire à une actrice. Il se hâta de s'agenouiller, et de dire : « Maintenant, qu'allons-nous faire ? » Mais, quand à Paris il entendit le grave Franklin le prier de bénir son petit-fils prosterné devant lui, il devina que le moment était sérieux. Il imposa les mains sur la tête de l'enfant avec toute la solennité du prélat du *Lutrin*. L'assistance parut profondément émue ; Voltaire crut voir des larmes couler sur plusieurs visages. C'est entre ces deux génuflexions qu'il faut placer la mode des pèlerinages à Ferney. Il reste avéré qu'on y volait de tous les coins de l'Europe ; il n'est pas moins certain qu'on s'y rendait avec l'empressement et le recueillement des catholiques devant les autels privilégiés de certains saints, et qu'on assimilait cet engouement aux dévotions.

Il est facile de remarquer que les sacrements ne font pas des saints de tous ceux qui les fréquentent ; mais il est impossible de calculer tous les crimes qu'ils empêchent, et tous les vices qu'ils étouffent dans leur germe. Quand la Révolution vint briser les portes des couvents, elle ne prévoyait pas qu'elle démuselait bien des monstres que la communion avait jusque-là contenus comme des agneaux. En feuilletant les *Souvenirs* d'Arnault, on est étonné du nombre de mauvais sujets fournis par la seule maison de Juilly, et de la différence notoire entre le révérend père Fouché et le citoyen Fouché ; l'évêque constitutionnel Grégoire avoue que le citoyen Chabot ne valait pas le capucin Chabot. Des provinces tout entières regrettèrent le temps où le citoyen Joseph Lebon professait chez les Oratoriens, ou disait la messe à Neuville. Des milliers d'individus tremblèrent au nom du citoyen Jean-Georges Schneider, devenu accusateur public près le tribunal criminel de Strasbourg, après avoir passé neuf ans chez les Récollets et traduit les *Homélies* de saint Jean Chrysostome.

Le biographe et le moraliste sont naturellement amenés à se demander si ceux qui hantaient le *Temple du Goût*, et pratiquaient le *dieu de l'Esprit*, revenaient de Ferney et plus vertueux et plus spirituels. Sauf quelques désenchantements, il est avéré qu'ils restaient tous Gros-Jean comme devant, et que rien ne les distinguait de ceux qui seraient allés se promener vers la fontaine pétrifiante de Saint-Allyre. Ils se vantaient, il est vrai, d'avoir les yeux ouverts, comme Adam et Ève, après leur chute, mais il ne paraissait pas qu'ils eussent vu grand'chose. Quand La Harpe se fut converti, eut-il moins de goût, de jugement, d'énergie, d'éloquence, d'imagination, de tact que lorsqu'il était voltairien ? Il suffit de comparer la *Correspondance littéraire de La Harpe* voltairien au *Lycée de La Harpe* chrétien, pour se faire une idée de l'influence du catholicisme et du voltairianisme en littérature. Aussi Fontanes, dans son *Discours* prononcé devant l'Institut aux funérailles de La Harpe, a-t-il dit de ses derniers ouvrages : « Ceux qui en connaissent quelques parties avouent que le talent poétique de l'auteur, *grâce aux inspirations religieuses*, n'eut jamais autant d'éclat, de force et d'originalité. On sait qu'il avait embrassé avec toute l'énergie de son caractère ces opinions utiles et consolantes, sur lesquelles repose tout le système social ; elles ont enrichi, non seulement ses pensées et son style de *beautés nouvelles*, mais elles ont encore adouci les souffrances de ses derniers jours. » Sainte-Beuve, qui se préoccupait aussi peu des conversions que des apostasies, nous fournit le même argument que Fontanes : « La Harpe était un éminent critique ; ses défauts, tout le monde les sait aujourd'hui, et nous avons été assez vif à les dénoncer nous-mêmes ; mais ses qualités littéraires étaient rares : il avait l'enthousiasme du goût. Le plus distingué des élèves de Voltaire, il fut en France le premier qui introduisit régulièrement l'éloquence dans la critique. »

Cette remarque s'étend aux lecteurs. Ceux qui ignorent Voltaire en sont-ils plus bêtes ? Joseph de Maistre avouait, en 1808, qu'il ne l'avait pas ouvert depuis trente ans, et qu'il ne l'avait jamais tout lu ; cependant cela ne l'a pas empêché d'avoir un nom qui en vaut bien un autre. Le vicomte de Bonald aussi avait peu étudié Voltaire, et il n'a jamais placé ses *OEuvres* dans sa bibliothèque ; cependant Sainte-Beuve convint qu'on ferait un charmant volume des *Pensées* de Bonald. Dans une lettre à Mme de Beaumont, Joubert s'écrie : « Dieu me préserve d'avoir jamais en ma possession un Voltaire tout entier ! » Cependant Joubert ne passe pas pour une taupe en critique.

Nous lisons dans une des *Lettres du R. P. Lacordaire à des jeunes gens :* « Qu'avez-vous à lire dans Voltaire, après ses chefs-d'œuvre dramatiques ? Sont-ce ses *Contes*, son *Dictionnaire philosophique*, son *Essai sur les mœurs des nations*, et cette multitude de pamphlets sans nom lancés à tout propos contre l'Évangile et l'Église ? Vingt pages suffisent pour en apprécier le mérite littéraire et la pauvreté morale et philosophique. J'avais dix-sept à dix-huit ans, quand je lisais cette suite de débauches d'esprit, et jamais depuis je n'ai eu la tentation d'en ouvrir un seul volume ; non par crainte, il est vrai, qu'ils me fissent du mal, mais par le sentiment profond de leur indignité. » Le P. Lacordaire n'en a pas moins fourni une des plus belles carrières de ce siècle.

Au contraire, tous ceux qui savent leur Voltaire par cœur en sont-ils plus spirituels ? Il est impossible de s'en apercevoir. Ils voudraient faire passer pour une estampille d'esprit leur accès de rage contre le clergé ; on n'est pas leur dupe. Ils nous célèbrent continuellement l'esprit de Voltaire ; nous ne tombons pas dans leurs pièges ; nous aimerions mieux qu'ils nous amenassent à reconnaître le leur, car nous sommes parfaitement convaincus que ce n'est point par *pure modestie* qu'ils le cachent si bien à tous les regards. Ils nous forcent d'appliquer à tous ses propres écrits ce vers que Voltaire s'imaginait avoir composé seulement pour les *Cantiques sacrés* de Le Franc de Pompignan :

Sacrés ils sont, car personne n'y touche.

A défaut d'imagination, ils n'ont pas même les ressources d'une mémoire qui se pare habilement des plumes du paon, et rappelle au besoin, aux amateurs, cet élan de Mascarille :

Au voleur ! au voleur ! au voleur ! au voleur !

On dirait volontiers que le nom de Voltaire n'est que la feuille de figuier, qui sert à couvrir leur nudité intellectuelle. En vérité, on est tenté de croire que Voltaire n'avait pas d'esprit, puisqu'il inspire si peu ceux qui l'invoquent, ou bien que ses dévots ne sont que des imbéciles, puisqu'on ne trouve aucune différence entre ceux qui l'étalent perpétuellement sur leur table et ceux qui le laissent chez les libraires.

Quoiqu'il en soit, Voltaire obtint un empire universel et absolu sur les masses ; on ne saurait se dissimuler qu'il ne le dut qu'à son impiété et à son cynisme. Il méritait d'être adoré comme un faux dieu, parce qu'il eut l'art de flatter toutes les passions humaines, et que, dans ses écrits comme dans sa conduite, il les représente à merveille. Aussi tous les ouvrages irréligieux et obscènes lui étaient-ils attribués. S'il avait fait un autre usage de ses immenses talents, aurait-il acquis la même célébrité ? Non. Tous ceux qui ne professent point ses principes se sont honorés de ne pas se faire illusion sur son mérite. Si c'est une erreur, on peut être tenté de dire que c'est une belle erreur, car le nombre et l'autorité de ceux qui la partagent lui donnent une grande valeur.

Il n'est pas sans intérêt de réunir les témoignages des personnages qui ont pu observer Voltaire de près, et juger de la connexité entre l'homme et l'écrivain, et de citer les opinions des penseurs qui l'ont apprécié d'après ses œuvres et son influence. Ce triage démontre admirablement de quel côté est le courage ou le préjugé ; car, en voyant les amis de Voltaire le critiquer aussi sévèrement dans le secret que ses ennemis osaient le faire ouvertement, il est impossible de ne pas sentir la justesse de cet axiome du chef des philosophes : *La philosophie n'est qu'une esclave.*

A peine Voltaire eut-il quitté les bancs du collège que la police le comptait au nombre des *mauvais sujets*. Aussi les Lieutenants de police eurent-ils le soin de l'éloigner constamment de Paris, et de l'en exiler. De là, cette lettre de Voltaire à de Vaines, en date du 2 février 1778, sur Paris : « Je ne crois pas avoir demeuré trois ans de suite dans cette ville. Je ne la connais que comme un Allemand qui a fait son tour d'Europe. »

Les Parlements auguraient si mal de tout ce qui sortait de sa plume, qu'il fut réduit à faire imprimer presque tous ses ouvrages à l'étranger, ou sous des rubriques étrangères. Aussi disait-il, le 21 mai 1740, à d'Argenson : « Je suis fâché d'être de contrebande dans ma patrie. »

Les tribunaux furent appelés plusieurs fois à juger les affaires de Voltaire ; il fut constamment débouté de ses plaintes, et condamné à des dommages-intérêts, très peu honorables pour sa philosophie.

Dubois ne voulut pas même de Voltaire pour des commissions peu honorables.

Le cardinal de Fleury le ménagea très peu.

Le chancelier d'Aguesseau le haïssait comme l'enfer.

Dans les *Manuscrits du marquis d'Argenson*, on lit ces mots relatifs à Voltaire : « Insensible aux reproches sur le devoir, avare et fripon pour son intérêt. »

Choiseul flatta Voltaire, le pensionna, l'enrichit, le protégea, et prévint tous ses désirs ; quand il le connut suffisamment, il se hâta de faire peindre sur les girouettes de son château de Chanteloup la figure du patriarche de Ferney.

Louis XV l'admit à sa cour, l'y toléra quelque temps, dédaigna ses adulations et ses familiarités et le laissa partir pour la Prusse : il ne lui permit plus de revenir à Paris.

Frédéric le Grand ne put le garder plus de trois ans à sa cour. Il ne le retint qu'autant qu'il en eut besoin ; il le chassa honteusement et ne voulut plus le recevoir. Il entretint une correspondance avec lui, mais parce qu'il était intéressé à l'avoir pour trompette ; il le méprisait comme un coquin, un scélérat, digne de tous les châtiments. Personne ne lui a jamais lâché de pareilles épithètes si près du visage.

Marie-Thérèse ne faisait aucun cas de lui, et défendit expressément à Joseph II de le visiter à Ferney.

« Voltaire, disait Napoléon, est plein de boursouflure, de clinquant ; toujours faux, ne connaissant ni les hommes, ni les choses, ni la vérité, ni la grandeur, ni les passions. Il est étonnant combien peu il supporte la lecture. Quand la pompe de la diction, les prestiges de la scène, ne trompent plus l'analyse ni le vrai goût, alors il perd immédiatement mille pour cent. » Tout le temps que Napoléon fut maître en

France, il ne laissa jamais réimprimer les *OEuvres de Voltaire*. Il destitua Chénier d'une place d'Inspecteur général des études, pour avoir publié une *Épître à Voltaire*.

Catherine II, de même que Frédéric, avait besoin de trompettes. Elle fit à Dalembert des propositions aussi brillantes qu'inacceptables ; elle acheta la bibliothèque de Diderot fort cher, et à la condition qu'il en jouirait tant qu'il vivrait. Elle se garda bien de négliger Voltaire. Elle l'entretint de fourrures ; elle l'accabla de médailles en or ; elle lui prit autant de montres qu'il en expédia en Russie ; elle eut la coquetterie d'être en correspondance régulière avec lui. C'est à tort qu'on l'a soupçonnée de n'être qu'une copiste. Toutes les minutes de ses *Lettres à Voltaire* sont encore conservées ; elles sont tellement travaillées, raturées et surchargées qu'elles en restent illisibles : c'est un vrai grimoire. Voltaire étant mort dans toute la plénitude de sa gloire, Catherine jugea à propos de spéculer sur l'enthousiasme public. Elle s'empressa d'acquérir la bibliothèque de Voltaire, moyennant 150,000 livres en argent, et pareille somme en pierreries et en fourrures. Elle commanda une statue de Voltaire ; elle voulut qu'on dressât le plan de son château et de ses dépendances, afin de construire un pendant de Ferney près de Saint-Pétersbourg. Elle eut même le dessin d'édifier un musée pour classer les livres de Voltaire dans l'ordre qu'ils occupaient à Ferney. Mais elle perdit de vue tous ces projets. Elle avait reçu les livres et la statue, elle les conserva tels quels. La Révolution survint ; Catherine l'attribua aux écrits de Voltaire. Alors elle cessa d'honorer sa mémoire. Elle ôta de sa galerie le buste de Voltaire et le laissa à l'écart ; les livres eurent le même sort que le marbre. Il n'y a que quelques années qu'on s'est avisé de les retirer des greniers où ils étaient entassés pêle-mêle, depuis un temps infini, et de les placer dans une galerie ; on aperçoit au milieu de la bibliothèque la statue de Voltaire, mais sans piédestal, de sorte qu'il est impossible de ne pas étouffer de rire quand on se trouve de plein pied, et face à face, avec cette figure dont Houdon a si bien saisi l'expression moqueuse.

C'est l'empereur Nicolas qui a fait ranger ces livres, mais sans idolâtrie pour Voltaire. Il défendit à ses bibliothécaires, sous les peines les plus sévères, de communiquer les manuscrits de Voltaire, sans une autorisation signée de sa main. Il n'a permis à personne d'en copier même une ligne, pour certains papiers d'une obscénité révoltante, même au jugement de ceux qui ont lu *la Pucelle*.

Dépouillons maintenant les scrutins des littérateurs.

Desfontaines et Fréron sont-ils dignes d'ouvrir la liste? Le 6 décembre 1776, Voltaire faisait cet aveu à Condorcet : « L'abbé Desfontaines n'était pas sans esprit et sans érudition. » Le marquis de Prezzo, seigneur de la cour de Turin, ayant prié Voltaire de lui désigner un correspondant littéraire à Paris, qui fût en état de lui donner une idée de tous les écrits qui se publiaient en France : « Adressez-vous, lui dit Voltaire, à ce coquin de Fréron ; il n'y a que lui qui puisse faire ce que vous demandez. » Le marquis paraissant étonné de cet éloge : « Ma foi, oui, répliqua le philosophe, *c'est le seul homme qui ait du goût, je suis forcé d'en convenir*, quoique je ne l'aime pas, et que j'aie de bonnes raisons pour le détester. » Tels furent les deux critiques qui ne craignirent pas de reconnaître le plus tôt, et de proclamer le plus souvent, que Voltaire n'était ni le plus vertueux, ni le plus éminent des lettrés.

Mᵐᵉ du Chastelet passa treize ans dans l'intimité de Voltaire ; ses *Lettres à d'Argental* ne feront souhaiter à aucune femme d'avoir pour hôte un homme du caractère de Voltaire.

Mᵐᵉ de Graffigny visita ce couple ; ses illusions ne durèrent pas longtemps ; elle n'a pas caché les injustices, la jalousie, la vanité, les fureurs, les rancunes, le fanatisme excessif, les folies, les imprudences, les ridicules, les faiblesses, l'orgueil, les caprices et la bêtise même de celui qu'elle appelait d'abord son idole. Elle n'a pu s'empêcher de s'écrier : « Qu'il est bête, lui qui a tant d'esprit ! »

Mme Denis a porté sur son oncle un jugement que l'histoire n'a pas laissé tomber.

Mlle Quinault tenait Voltaire pour un méchant esprit et un homme sans foi.

Mme d'Épinay a dévoilé ses inconséquences, ses contradictions, ses préjugés, ses redites, ses perpétuelles moqueries, ses ridicules. Elle déclare qu'elle n'aurait pas désiré vivre longtemps avec lui.

Mme du Deffand était du même avis.

La duchesse de Choiseul éclate, dans ces mots tirés de la *Correspondance inédite de Mme du Deffand* : « La lettre de Voltaire que je vous envoie est pitoyable. Il en avait déjà écrit une dans le même genre à M. de la Ponce, remplie d'amour pour nous, d'invectives contre le Parlement, et d'éloges sur les opérations du chancelier. Il croit, en rassemblant tous ces contraires, se donner un air de candeur, et prendre le ton de la vérité. Il vous mande qu'il est fidèle à ses passions : il devrait dire à ses faiblesses. Il a toujours été *poltron sans danger, insolent sans motifs* et *bas sans objet*. Tout cela n'empêche pas qu'il ne soit le plus bel esprit de son siècle, qu'il ne faille admirer son talent, savoir par cœur ses ouvrages, s'éclairer de sa philosophie, se nourrir de sa morale ; il faut l'encenser et le *mépriser*. — Qu'il est pitoyable, ce Voltaire ! Qu'il est lâche ! Il s'excuse, il s'excuse ; il se noie dans son crachat pour avoir craché sans besoin ; il chante la palinodie, il souffle le froid, le chaud. Il fait pitié et dégoût. »

J'emprunte aux *Lettres inédites de la marquise de Créqui* ce passage, daté du 7 mai 1789 : « J'ai lu la *Correspondance de Voltaire*, et, comme je lis *moralistement*, elle me fait beaucoup de plaisir. Un homme tel que lui, si vil par gloriole, est un spectacle pour des yeux observateurs. Ne croyez pas qu'il fût dupe des dieux qu'il encensait, mais il voulait être encensé, prôné et couru : il l'a été, et certainement, sans cette manigance honteuse, il n'aurait pas été aussi célèbre avec le même mérite. J'y ai souvent réfléchi : les vicieux sont plus célébrés et plus aimables que les vertueux modestes. La raison ni les principes n'arrêtent jamais les premiers ; ils se permettent tout, et ils obtiennent tout. On les craint, on les désire, on s'en vante, et le talent modeste est mésestimé et souvent oublié. »

Mme de Genlis n'a pas été moins sincère. Elle confirme tous les jugements précédents par des appréciations bien senties de l'homme et de l'écrivain.

Mme de Staël a écrit sur Voltaire, dans son livre sur *l'Allemagne*, des arrêts dont nous ne citerons que ces mots : « Il fit *Candide*, cet ouvrage d'une gaieté infernale, car il semble écrit par un être d'une autre nature que nous, indifférent à notre sort, content de nos souffrances, et riant, comme un démon ou comme un singe, des misères de cette espèce humaine avec laquelle il n'a rien de commun. »

Mme Necker, oubliant la statue qu'elle avait puissamment contribué à faire élever à Voltaire par les gens de lettres, parle d'un trait de colère qui faillit aboutir à l'assassinat ; elle confesse que Voltaire ne lisait pas assez, qu'il ne passait pas une heure sans changer de principes, qu'il poussait très loin la méprise et l'inexactitude en histoire, qu'il était très inégal dans son style, et qu'il ne s'élève pas bien haut dans le domaine de l'imagination.

Qu'attendre maintenant des hommes ?

Collini a fait des confidences des plus accablantes contre Voltaire.

En dépit de ses réticences, Wagnière laisse bien à penser.

Il en est de même des *Mémoires de Lekain.*

Quand on lit Chabanon, on n'est nullement tenté de regretter de n'avoir pas été en relations intimes avec Voltaire.

Haller a écrit sur Voltaire une lettre dont ce dernier ne s'est jamais vanté.

Le président Bouhier n'était pas fort engoué de Voltaire.

Buffon, pourtant peu caustique, s'est perpétuellement moqué de l'ignorance et de la mauvaise foi de Voltaire ; il lui écrivit rarement et il affecta de paraître brouillé avec lui. Il s'est peint dans cette lettre au président de Brosses, tirée de sa *Correspondance inédite* : « Comme je ne lis *aucune des sottises de Voltaire*, je n'ai su que par mes amis le mal qu'il a voulu dire de moi ; je lui pardonne comme un mal métaphysique qui ne réside que dans sa tête, et qui vient d'une association d'idées de Needham et Buffon. Il est irrité de ce que Needham m'a prêté ses microscopes et de ce que j'ai dit que c'était un bon observateur. Voilà son motif particulier, qui, joint au motif général et toujours subsistant de ses prétentions à l'universalité et de sa *jalousie contre toute célébrité,* aigrit sa bile recuite par l'âge, en sorte qu'il semble avoir formé le projet de vouloir enterrer de son vivant tous ses contemporains. »

De Brosses, Crébillon et Jean-Baptiste Rousseau étaient regardés comme ses ennemis déclarés.

Jean-Jacques Rousseau avait commencé par le rechercher et l'aduler ; il finit par l'exécrer et par le traiter de scélérat.

Le comte Desaleurs mandait en 1749, à Mme du Deffand : « Nous avons trop souvent parlé ensemble de Voltaire, pour s'étendre là-dessus. On peut admirer ses vers, on doit faire cas de son esprit ; mais son caractère dégoûtera toujours de ses talents. » C'était aussi l'opinion du président Hénault et du salon de Mme du Deffand.

Collé abhorrait Voltaire.

Piron ne cessa de décocher contre lui ses épigrammes les plus violentes. Il avait quatre-vingts ans, qu'il en faisait encore. Nous lisons, dans une de ses *Lettres* récemment publiées : « Le sot et méchant homme, que Voltaire : il n'a pas plus d'esprit que de science dans les trois quarts de ce qu'il fait : excepté la paresse, on pourrait dire que les péchés mortels sont ses Muses. *Impie, superbe, envieux, furieux*, tout est marqué à ce joli coin-là. »

Montesquieu a dit : « Voltaire n'est pas beau, il n'est que joli. Il serait honteux pour l'Académie que Voltaire en fût. Les ouvrages de Voltaire sont comme les visages mal proportionnés qui brillent de jeunesse. Voltaire n'écrira jamais une bonne histoire. L'auteur de *Charles XII* manque quelquefois de sens. »

Galiani riait de l'ignorance de Voltaire; il regardait sa prétendue tolérance comme une sottise; il devinait qu'il n'était point aimé et ne le serait jamais.

Formey estimait que Voltaire resterait la risée de tous ceux qui prendraient la peine de relever ses contradictions.

Duclos qualifiait Voltaire de brigand ; il laissa prouver et conclure chez lui que Voltaire n'occuperait le premier rang dans aucun genre, et qu'il serait la fable de tous ceux qui reprendraient ses travaux en sous-œuvre.

Diderot ne fit qu'une visite à Voltaire, en 1778 ; il n'eut presque aucun rapport avec lui et ne lui écrivit que quelques lettres ; il l'estimait très peu, soit comme homme, soit comme philosophe. Il l'appelait le méchant et extraordinaire enfant des Délices ; il se plaignait de sa susceptibilité, de sa frivolité, de son ignorance, de ses paradoxes, de son injustice, de sa méchanceté incroyable, et même de son envie. Il dit, à propos de cette envie de Voltaire, en 1762 : « Je ne saurais passer cette petitesse-là à un si grand homme. *Il en veut à tous les piédestaux.* Il travaille à une édition de Corneille. Je gage, si l'on veut, que les notes, dont elle sera farcie, seront autant de petites satires. Il aura beau faire, beau dégrader, je vois une douzaine d'hommes chez la nation, qui, sans s'élever sur la pointe du pied, le passeront toujours de la tête. *Cet homme n'est que le second dans tous les genres.* »

Les **Lettres de Clément à Voltaire** sont, pour ainsi dire les pièces justificatives de cette sentence de Diderot ; car Clément a fait, à propos de Voltaire, un cours complet de littérature qui nous donne la mesure la plus exacte de Voltaire.

Dans tout son *Lycée*, la Harpe a-t-il prouvé autre chose que l'assertion de Diderot ?

Le cadre de l'abbé Guénée est plus restreint ; n'est-ce pas encore une pièce à joindre au dossier que ces *Lettres* qui sont un modèle de discussion, d'érudition, d'atticisme, qu'aucun apôtre de la tolérance et de la fraternité n'a jamais égalé ?

Voltaire disait de Rivarol : « C'est le Français par excellence. » Or, ce Rivarol jugeait ainsi Voltaire : « Voltaire a employé la mine de plomb pour l'épopée, le crayon pour l'histoire, et le pinceau pour la poésie fugitive. J'aime mieux Racine que Voltaire par la raison que j'aime mieux le jour et les ombres que l'éclat et les taches. » Rivarol n'a pas oublié Voltaire dans ses épigrammes.

Chamfort et le prince de Ligne n'ont pu résister à la tentation de nous conserver bien des anecdotes qui ne tournent pas à la gloire de Voltaire.

En 1778, dans ses *Lettres à Sophie*, Mirabeau reprochait à Voltaire d'avoir outragé Rousseau ; il le croyait aussi digne du mépris que de l'admiration de ses semblables ; il ne le jugeait qu'un bel esprit en histoire et en philosophie. Il ajoutait : « Le *Siècle de Louis XV* est une fort mauvaise rapsodie ; et, en général, tout ce qu'a fait Voltaire depuis *Tancrède*, deux ou trois pièces de poésie, telles que l'*Épître à Boileau*, exceptées, aurait dû être brûlé avant d'être rendu

public, par respect pour lui. Il a *outragé* M. de Buffon
comme *tous les grands hommes ;* je dis *tous,* sans en oublier
un seul, mort ou vivant, si ce n'est Newton, son favori,
parce qu'il l'avait assez mal compris et expliqué. M. de
Buffon ne lui a répondu que par des éloges publics et la
véritable affiche du génie et de la supériorité, la simplicité
et la modestie. Je ne crois pas qu'il y ait rien de plus ridicule au monde que tout ce que Voltaire a écrit sur l'histoire
naturelle, tant l'ignorance et la satire peuvent avilir même le
génie ; mais je ne conçois pas comment l'envie la plus infernale avait pu germer dans l'âme d'un si grand homme. »

Alfieri n'était pas beaucoup passionné pour les vers de
Voltaire ; il se moquait de son *Brutus,* et abhorrait sa *Pucelle.*

Citons ce témoignage plus grave et plus compétent de
Robertson : « Dans toutes mes discussions sur les progrès du
gouvernement, des mœurs, de la littérature et du commerce
pendant les siècles du moyen âge, ainsi que dans l'esquisse
que j'ai tracée de la constitution politique des divers États de
l'Europe, au commencement du seizième siècle, je n'ai pas
cité une seule fois M. de Voltaire, qui dans son *Essai sur
l'histoire générale,* a traité les mêmes sujets et examiné la
même période d'histoire. Ce n'est pas que j'aie négligé les
ouvrages de cet homme extraordinaire, dont le génie aussi
hardi qu'universel s'est essayé dans presque tous les genres
de compositions littéraires. Il a excellé dans la plupart ; il
est agréable et instructif dans tous ; on regrette seulement
qu'il n'ait pas respecté davantage la Religion. Mais, comme
il imite rarement l'exemple des historiens modernes, qui
citent les sources où ils ont puisé les faits qu'ils rapportent,
je n'ai pas pu m'appuyer de son autorité pour confirmer
aucun point obscur ou douteux. Je l'ai cependant suivi
comme un guide dans mes recherches, et il m'a indiqué
non seulement les faits sur lesquels il était important de

s'arrêter, mais encore les conséquences qu'il fallait en tirer. S'il avait en même temps cité les livres originaux où les détails peuvent se trouver, il m'aurait épargné une grande partie de mon travail ; et plusieurs de ses lecteurs qui ne le regardent que comme un écrivain ingénieux et intéressant verraient encore en lui un historien savant et profond ! »

Tout le monde sait par cœur ce que de Maistre et de Bonald ont écrit sur Voltaire.

A propos des *Types en littérature*, Charles de Nodier a dit : « Voltaire vint, qui était un type à lui seul. Courtisan assidu des pouvoirs finis et des pouvoirs commencés, classique frondeur et romantique méticuleux; un de ces génies remuants, mais indécis, qui servent de pivot aux révolutions du monde, il savait rompre des chaînes, et il traînait des lisières. Ses personnages sont presque toujours des calques où l'on trouve à peine des linéaments d'une physionomie humaine. Depuis Orosmane, qui est une contrefaçon maniérée d'Othello, jusqu'à Pangloss, qui est une contre-épreuve effacée de Panurge, il n'a pas fait mouvoir une image vraie, une image typique de l'homme. On croirait souvent qu'il a pris à tâche de la travestir et de la parodier. Ses Guèbres ne sont pas des Guèbres, ses Scythes ne sont pas des Scythes, ses Musulmans ne sont pas des Musulmans, ses Américains ne sont pas des Américains. Ce sont des comparses du club d'Holbach qui débitent en vers alexandrins des lambeaux de philosophie rimée. Le type de Mahomet était à prendre et à faire. Il l'a tenté, il l'a manqué ; et c'est pourtant dans cet ouvrage qu'il a prouvé une fois qu'il n'était pas dénué de l'esprit d'invention. Séide est un type, et il est devenu un substantif : c'est une pierre de touche infaillible. »

Chateaubriand a eu occasion d'apprécier Voltaire comme poète, comme historien, comme philosophe ; il n'a caché ni son ignorance, ni sa mauvaise foi, ni sa perversité, ni ses contradictions, ni son hypocrisie, ni son infériorité dans bien des genres ; il a même écrit sur les mœurs de Voltaire deux lignes qui sont tout à fait incompréhensibles, si on ne les applique pas aux rapports équivoques de Voltaire avec sa nièce.

Joubert, qui doit occuper parmi les critiques la place accordée depuis longtemps en philosophie à Pascal, a laissé ces lignes : « En aucun temps un Voltaire n'est bon à rien. Voltaire a, comme le singe, les mouvements charmants et les traits hideux. On voit toujours en lui, au bout d'une habile main, un laid visage. Il est impossible que Voltaire contente, et impossible qu'il ne plaise pas. Il avait le besoin de plaire plus encore que celui de dominer et trouvait plus de plaisir à mettre en jeu ses séductions que sa force. Il mit surtout un grand soin à ménager les gens de lettres, et ne traita jamais en ennemis que les esprits qu'il n'avait pu gagner. A la fois actif et brillant, il occupait la région placée entre la folie et le bon sens, et il allait perpétuellement de l'une à l'autre. Il avait beaucoup de ce bon sens qui sert à la satire, c'est-à-dire une grande pénétration pour découvrir les maux et les défauts de la société ; mais il n'en cherchait point le remède. Il n'est jamais sérieux. Ses grâces mêmes sont effrontées. Il y a en lui du *cadédis*. Voltaire connut la clarté, et se joua dans la lumière, mais pour l'éparpiller et en briser tous les rayons, comme un méchant. C'est un farfadet que ses évolutions font quelquefois paraître un génie grave. *Voltaire est l'esprit le plus débauché, et ce qu'il y a de pire, c'est qu'on se débauche avec lui.* »

Dans son *Don Juan*, Byron reproche à Voltaire d'avoir trop flatté les Russes. Dans *Child-Harold*, il a chanté : « Lausanne, Ferney, vous rappelez des noms qui ont rendu les vôtres célèbres ! Vous accueillîtes jadis des mortels qui cherchèrent la gloire dans de dangereux sentiers ; esprits gigantesques, dans leurs orgueilleux desseins, ils voulurent comme les Titans, attaquer de nouveau le ciel par des pensées audacieuses et des doutes impies qui eussent attiré la foudre sur leurs têtes, si l'homme et ses outrages pouvaient exciter autre chose que le sourire du ciel. L'un (Voltaire) était tout inconstance et tout feu, bizarre dans ses désirs comme un enfant, mais doué de l'esprit le plus varié ; tour à tour gai ou sérieux, inspiré par la sagesse ou par la folie ; historien, poète, philosophe, véritable Protée du génie, il se multipliait au milieu des hommes ; son arme favorite était le ridicule, qui, comme un vent capricieux, renverse tout sur son passage, tantôt pour attaquer la sottise et tantôt pour ébranler les trônes. »

Tous nos contemporains se sont plus ou moins piqués de ne pas adorer Voltaire.

Il est inutile de rappeler les vers de M. de Musset cités tous les jours.

M. Guizot n'a pas manqué de tirer sur Voltaire, toutes les fois qu'il l'a rencontré dans le domaine de l'histoire et de la littérature. Dans le tome III de son *Histoire de la civilisation en France*, il a examiné le rôle du poète et le rôle du critique dans les ouvrages de Voltaire ; il a plus de penchant pour l'instinct du poète que pour les élucubrations de l'historien ; c'est pulvériser fort poliment l'érudition du philosophe, qui n'a pas plus de solidité qu'un château de cartes.

Sismonde de Sismondi appartenait à cette école historique qui croyait pouvoir se passer du flambeau de Voltaire, pour avancer dans les catacombes de l'histoire.

Dans un article sur Voltaire, Victor Hugo a parlé de ses *OEuvres* comme d'un temple monstrueux où il y a des témoignages pour tout ce qui n'est pas la vérité, un culte pour tout ce qui n'est pas Dieu. Il ne peut prononcer ce nom sans indignation. Il gémit sur ce beau génie qui n'a pas compris sa sublime mission, sur cet ingrat qui a profané la chasteté de la muse et la sainteté de la patrie, sur ce transfuge qui ne s'est pas souvenu que le trépied du poète a sa place près de l'autel. Dans *Notre-Dame de Paris*, il a profité de l'occasion de ridiculiser ses connaissances artistiques et de lui reprocher encore son rire diabolique. Lorsque l'Académie française proposa de mettre au concours l'*Éloge de Voltaire*, Victor Hugo déclara avec énergie à ses confrères, qu'il ne donnerait jamais sa voix pour l'éloge d'un homme qui a trouvé le moyen d'offenser du même coup la religion, la patrie et la pudeur.

Royer-Collard assistait à cette séance académique ; à peine eut-il entendu cette protestation de Victor Hugo, qu'il s'écria . « Très bien, très bien, M. Victor Hugo. »

Tous les ouvrages de Balzac ne sont qu'une guerre acharnée au Voltairianisme.

M. Alex. Dumas a écrit ces lignes dans *le Mousquetaire* : « Je n'aime pas Voltaire, je l'avoue ; pas plus comme homme que comme historien, pas plus comme historien que comme poète dramatique, pas plus comme poète dramatique que comme poète épique. Il a fait deux épopées, comme on appelait cela au dix-huitième siècle, l'une sérieuse, *la Henriade*, — c'est un mauvais livre, — l'autre comique, *la Pucelle*, — et c'est une mauvaise action. Pourquoi Voltaire a-t-il écrit cette obscénité qu'on appelle *la Pucelle?* c'est que Voltaire, poète d'esprit, n'est pas poète de cœur. »

Dans son article sur le président de Brosses, Sainte-Beuve avait à traiter une de ces questions délicates qu'il laisse habituellement de côté et se contente d'effleurer. Cette fois, il s'est élevé à la hauteur de son sujet et de son époque avec tant de franchise et de fermeté, qu'il a formulé un arrêt terrible contre Voltaire.

Le P. Lacordaire recourait à des périphrases pour s'épargner la honte de prononcer le nom de Voltaire dans une chaire chrétienne. On se souvient encore de la manière dont il a flétri le sourire sardonique de l'impie, et de la force avec laquelle il a frappé de sa main de dominicain sur ces lèvres toujours prêtes à vomir le blasphème.

Les champions de la démocratie se réclament peu de Voltaire.

Louis Blanc reconnaît que Voltaire ne fut, par ses opinions, ses intérêts et son but direct que l'homme de la bourgeoisie : qu'il ne substitua qu'une tyrannie à une tyrannie ; qu'il n'eut ni amour ni commisération pour le peuple ; qu'il fut le plus obséquieux des coursisans de la royauté comme de la grandeur, et qu'à l'exemple de Luther et de Calvin, il tomba dans la plus grande contradiction, en affectant de prêcher le respect pour le trône et la haine contre l'autel.

Timon croit que Voltaire dut la moitié de sa gloire à la délicatesse chevaleresque et fine de ses flatteries. N'est-ce pas avouer que Voltaire ne fut qu'un charlatan et un hypocrite, malgré cette indépendance dont il aurait fait tant de cas, à ce que disent maints libéraux ?

Béranger n'a pas craint de signer ces lignes : « Mes amis se sont parfois étonnés du peu de goût que m'inspira Voltaire, malgré mon admiration pour son rôle de réformateur et pour la merveilleuse fécondité de son puissant génie. Cette espèce de froideur dans l'appréciation d'une partie de ses œuvres n'a pas attendu qu'on en fît une mode en France ; elle date du jour où, jeune encore, je crus m'apercevoir de ses préférences injustes pour les étrangers, et je le pris presque en haine, lorsque plus tard je lus le poème où il outrage Jeanne d'Arc, véritable divinité patriotique, qui dès l'enfance fut l'objet de mon culte. »

Si Voltaire fut, bien longtemps après sa mort, transporté en triomphe au Panthéon, il le dut cependant à ce parti dont Louis Blanc et Timon sont l'organe. Comment expliquer cette contradiction ? Recourons à l'*Histoire parlementaire de la Révolution française*, et méditons ces lignes qui terminent le compte rendu de la séance du 30 mai 1791, où l'Assemblée constituante décréta l'Apothéose de Voltaire : « Il est difficile de trouver un exemple plus remarquable de la puissance et de la fascination du préjugé, que cette apothéose de Voltaire votée par la partie libérale d'une assemblée telle que la Constituante. Certes, Voltaire n'était rien moins que patriote, rien moins qu'ennemi de la noblesse, rien moins que partisan de l'égalité. S'il eût assez vécu pour être député aux états généraux, il est probable qu'il se fût assis parmi les aristocrates. Il n'aurait certainement pas voté pour les noirs, lui qui était intéressé dans la traite des nègres. Il se fût grandement moqué de tous ces amis de la perfectibilité humaine, de tous ces prôneurs de vertus populaires, de tous ces zélateurs d'égalité qui occupaient les tribunes de l'Assemblée et remplissaient les colonnes de la presse. Quelques membres de l'Assemblée avaient sans doute trouvé opportun, au moment de la grande effervescence des opinions religieuses, lorsque partout on voyait, dans l'émotion des fidèles, le danger d'une guerre civile, d'afficher un hardi dédain, de jeter en quelque sorte un défi au parti dévot, et rien ne leur avait paru plus convenable dans ce but que d'exalter le principal apôtre de l'incrédulité dans le dix-huitième siècle ; la majorité, moitié par conviction, moitié par esprit de concession aux passions du jour, s'était laissée entraîner. » L'Assemblée nationale ne pouvait pas mieux justifier tout le mal que Voltaire avait dit si souvent des sociétés délibérantes. Le nom de Voltaire ne fut évidemment qu'un prétexte dans cette fameuse apothéose. Sans s'en douter, l'Assemblée constituante se servit du cadavre de Voltaire pour distraire les badauds. Puisqu'il fallait une fête au peuple, ou à la *canaille*, comme l'appelait Voltaire, il était convenable qu'on lui donnât les os de Voltaire à ronger, en attendant d'autres victimes.

Mais plusieurs mois auparavant, en octobre 1790, Claude Fauchet avait pu tenir ce discours devant huit à neuf mille personnes, sans être interrompu, ni hué, ni injurié, ni mis en morceaux :

« Voltaire a dit, avec cet accent de mépris si familier dans ses ouvrages, que les mystères des francs-maçons étaient fort plats. Mais il en parlait comme de tous les mystères de la nature et de la divinité, que personne ne connut jamais moins, et qu'il semblait railler par dépit de ne pas les entendre. Il exerçait sur tous les objets qui exigent des réflexions profondes, hors de sa mesure, un despotisme moqueur qu'applaudissaient les têtes vides, et qui faisait sourire les vrais savants. D'ailleurs, toutes les idées d'égalité répugnaient à son orgueil. Il trouvait la plupart des abus de notre ordre social fort bons, à raison de ce qu'il était gentilhomme ordinaire, seigneur châtelain, homme à grand ton, et fort aristocrate en société comme en littérature, parce qu'il y était fort riche. Ce philosophe qui ne creusait aucune idée par lui-même, mais qui revêtissait avec grâce les pensées données, n'a pas eu le génie de concevoir que des traditions toujours cachées et toujours transmises par toute la terre, ne pouvaient avoir qu'un objet d'un intérêt universel, et qui tenait aux premiers principes de la nature. Je dirai à cet écrivain aussi étonnant par les inconstances de son esprit que par les beautés de son talent, qui a versé dans l'opinion publique tant de vérités et tant d'erreurs, qui passait par une alternative journalière d'un déisme exalté à un matérialisme absurde ; je lui dirai que ce sont les mystères des matérialistes eux-mêmes qui sont *fort plats*, et qui ne sont propres qu'à éteindre toutes les lumières et toutes les vertus, en méconnaissant la dignité de l'homme et l'esprit de l'univers. Je lui dirai, ainsi qu'à tous les menteurs en philosophie, que ce sont ceux qui font du genre humain un troupeau sans âme, et de tous les mondes harmonieux qui emplissent l'immensité une production sans principe et sans dessein, qui sont en cela des penseurs fort étroits, fort méprisables, et pour reprendre son expression, *fort plats.* »

Brissot n'était guère plus indulgent. Aussi dit-il dans ses
« *Mémoires :* Une chose digne de remarque, c'est que les
« plus acharnés détracteurs des *Confessions de Jean-Jacques*
« étaient tous les plus grands partisans de Voltaire. Ils trou-
« vaient surtout indécent, affreux, abominable que Rousseau
« eût osé mettre par écrit et révéler au public et ses faiblesses
« et celles de Mme de Warens. Et pourtant, comment s'est
« conduit Voltaire ? Il raconte des anecdotes cent fois plus
« horribles d'un de ses bienfaiteurs, de son ami, du Salomon
« du Nord ; et cet écrit voit la lumière, du vivant même du
« prince qu'il outrage ! et les amis de Voltaire n'ont pas,
« pour cela, cessé de l'admirer. Cependant, comme le carac-
« tère de l'Aristippe moderne me paraît à nu dans ses *Mé-*
« *moires !* On l'y voit louer, admirer en public un prince
« dont il ravale en secret le mérite, dont il ridiculise les
« vices ; on le voit jeter le ridicule et l'opprobre à pleines
« mains sur une foule de personnages qui en versent encore
« aujourd'hui des larmes ; on le voit détruire par ses satires
« les réputations qu'il avait créées par ses éloges ; barbouiller
« de fumée les idoles qu'il avait parfumées de son encens ;
« on le voit ironique, jaloux, méchant, et s'applaudissant de
« ses méchancetés et de ses sarcasmes. Comparez-le donc à
« Jean-Jacques ! Celui-ci est faible, et il s'accuse ; celui-là
« est vicieux et coupable, et il s'élève et se pavane. Certes,
« nul plus que moi n'admire le génie de Voltaire, et ne lui
« tient plus de compte du bien qu'il a fait à la philosophie
« et à l'humanité ; dans plus d'un de mes écrits, j'ai prouvé
« cette admiration ; mais entre son génie et son cœur, entre
« ses confessions et celles de Rousseau, je crois qu'il y a un
« immense intervalle. » Brissot ne se contente pas de juger
Voltaire ; il raconte des anecdotes qui confirment sa réserve,
notamment celle-ci, qui aide si bien à comprendre *notre*
mort de Voltaire : « Tronchin venait d'apprendre à Voltaire

21.

la mort de l'épouse de Vernes, jeune femme douée de mille qualités, qu'il voyait souvent ainsi que son mari, quoiqu'il en eût été maltraité dans ses *Confidences philosophiques* et dans plusieurs autres ouvrages. Le philosophe fut frappé de cette nouvelle, et ne sortit de ses réflexions que pour s'écrier : « Quoi ! mourir si jeune ! » Tronchin lui dit : « Vous craignez donc bien la mort, vous vieux et cassé ? » — « Si je la crains ! lui répondit Voltaire, en lui serrant le bras ; mettez-moi sur un échafaud ; étendez-moi sur une roue ; là, brisé, rompu, prêt à périr, si je pouvais conserver la vie en évitant le coup de grâce, je dirais encore : épargnez-moi ce coup, et laissez-moi la vie. — Voilà donc, s'écria Tronchin, le fruit de vos beaux systèmes : vous tremblez à l'approche de la mort, tandis qu'une femme, qui n'a que sa religion pour la soutenir, est morte avec la plus grande tranquilité. » D'après tout ce que m'a dit Vernes, Voltaire respectait, craignait Tronchin. C'est un trait de ressemblance entre cet écrivain et Louis XI. Ils en avaient plus d'un autre dans le caractère. »

On finirait par former un volume, si l'on s'appliquait à évoquer les ombres des morts ou à recueillir les sentiments de nos célébrités contemporaines.

Il est évident que Voltaire ne gagne pas à être vu ni lu par des intelligences supérieures et des esprits sagaces.

Il est bon de clore cette liste avec un nom digne de fixer l'attention publique.

Autrefois, quand le bourreau conduisait à l'échafaud quelques grands criminels, il lui était enjoint de les souffleter et de les outrager avant de leur porter le dernier coup. Voltaire avait pressenti la Révolution ; il avait proclamé bienheureux ceux qui jouiraient des bienfaits de cette Révolution. Que ceux qui révèrent en Voltaire l'auteur de la Révolution approchent. Voici un être qui mérite d'être regardé comme l'exécuteur des hautes œuvres de cette Révolution ; tout ce qu'il fut, c'est à cette Révolution qu'il le dut ; il lui est consubstantiel ; il surgit de son sein avec cette soif insatiable de sang humain que Milton donne à la mort engendrée par le péché ; il rappelle tant d'horreurs et d'infamies qu'on est tenté de croire à la métempsycose, car la vie pour lui c'était d'envoyer les autres par myriades à la mort, et il a eu des séides, des sectaires, des adorateurs, des apothéoses, des temples, des autels, des fêtes, comme Voltaire en avait eu ; il a un nom, c'est Marat. Or, dans l'*Ami du peuple*, du mois d'avril 1791, Marat se rua sur Voltaire, pour lui appliquer avec un fer rouge cette marque : « Voltaire, adroit plagiaire, qui eut l'art d'avoir l'esprit de tous ses devanciers, et qui ne montra d'originalité que dans la finesse de ses flagorneries ; écrivain scandaleux, qui pervertit la jeunesse par les leçons d'une fausse philosophie, et dont le cœur fut le trône de l'envie, de l'avarice, de la malignité, de la vengeance, de la perfidie et de toutes les passions qui dégradent l'espèce humaine. » Quel poisson d'avril pour Voltaire et ses admirateurs ! Concevra-t-on enfin pourquoi le comte de Maistre regarde Voltaire comme le dernier des hommes, après ceux qui l'aiment ? Qui donc osera se réclamer encore d'un personnage flétri par la main de Marat ?

Aussi les esprits les plus circonspects commencent-ils à ne plus vouloir de Voltaire. Le 23 décembre 1854, dans une lettre écrite au nom de l'Académie, M. Villemain n'a pas hésité à dire de la *Correspondance de Voltaire* que c'est *peut-être un de ses plus curieux ouvrages*. Il faut que Voltaire n'ait plus guère de partisans, pour que l'Institut ose préférer aux ouvrages de Voltaire, si travaillés, si soignés, si souvent revus et corrigés, les lettres qu'il écrivait sans attention, presque toujours avec passion, et qu'il dictait habituellement à des secrétaires sans intelligence.

Esprit plus positif, plus profond, plus hardi, M. Nisard a formulé le même jugement que M. Villemain, mais en supprimant ce *peut-être* qui fut une précaution oratoire, une politesse de convenance sous la plume du Secrétaire perpétuel de l'Académie française.

Malheureusement pour Voltaire, c'est l'opinion de tous les hommes de lettres.

Ainsi, nous voilà loin du temps où Delille disait avec raison dans l'*Homme des Champs;*

On relit tout Racine, on choisit dans Voltaire.

Dans vingt ou trente ans, le Secrétaire perpétuel de l'Académie française et le Directeur de l'École Normale supérieure auront-ils la même indulgence pour ces *Lettres* qu'on nous donne actuellement pour les restes de Voltaire? Les *OEuvres complètes* ont été sacrifiées aux *OEuvres choisies;* les *OEuvres choisies* sont délaissées pour la *Correspondance générale*. Les *Lettres* une fois *choisies*, à quoi se réduira le bagage de Voltaire?

En refusant le cœur de Voltaire dont on lui faisait hommage, l'Académie française semble avoir confirmé, comme une Cour de cassation littéraire, la multitude de jugements que nous avons évoqués, et nous renvoyer, comme à un arrêt définitif, à cette sentence émise par l'un des principaux rédacteurs du *Siècle* : « Qu'est-il arrivé à Voltaire? Du moment que la populace des écrivains et des pamphlétaires politiques répéta ses idées, tout ce qu'il disait si bien devint ignoble, et tout fut perdu. L'esprit et le tact disparurent de la France. *Aujourd'hui enfin, le châtiment de Voltaire, de cet homme d'esprit, c'est d'être devenu le dieu des imbéciles.* »

Un pareil arrêt mérite ce contreseing de Stendhal : « Les critiques étrangers ont remarqué qu'il y a toujours un fond de méchanceté dans les plaisanteries les plus gaies de *Candide* et de *Zadig*. Le riche Voltaire se plaît à clouer nos regards sur la vue des malheurs inévitables de la pauvre nature humaine. Comique continuellement souillé par l'odieux, l'homme méchant perce partout... »

C'est à Victor Hugo qu'appartient, pour le *Regard jeté dans une mansarde* à travers *les Rayons et les Ombres*, l'honneur de signifier cet arrêt à ceux qui se sentiraient encore attirés vers *ce singe de génie, le doute, l'ironie.*

> Oh! tremble! ce sophiste a sondé bien des fanges!
> Oh! tremble! ce faux sage a perdu bien des anges!
> Ce démon, noir milan, fond sur les cœurs pieux,
> Et les brise, et souvent, sous ses griffes cruelles
> Plume à plume j'ai vu tomber ces blanches ailes
> Qui font qu'une âme vole et s'enfuit dans les cieux!
>
> Louis Nicolardot.

Revue du monde catholique, du 25 juin 1864.

FIN DU SECOND ET DERNIER VOLUME.

TABLE DES MATIÈRES

CHAPITRE QUATRIÈME (*suite*)

HISTOIRE DES LIBÉRALITÉS DE VOLTAIRE.

		Pages.
III.	Voltaire et la famille Corneille.	1
IV.	Voltaire et Belle et Bonne.	30
V.	Voltaire et ses amis.	33
VI	Voltaire et les personnes gênées.	115
VII.	Voltaire et les pauvres.	127
VIII.	Voltaire et sa colonie de Ferney.	131
IX.	Voltaire et les comédiens.	163
X.	Voltaire et les libraires.	191
XI.	Mort de Voltaire.	269
XII.	Testament de Voltaire.	300

POST-SCRIPTUM POUR LES CURIEUX.

Comment Voltaire eut toute sa vie des maîtresses qui ne lui coûtaient rien.	317
CONCLUSIONS.	331
APPENDICE. Les Antivoltairiens.	343

FIN DE LA TABLE DES MATIÈRES.

www.ingramcontent.com/pod-product-compliance
Lightning Source LLC
Chambersburg PA
CBHW050253170426
43202CB00011B/1665